A Tributação de Lucros Auferidos no Exterior

Marco Antônio Chazaine Pereira

Senior Level em Tratados Internacionais pela Akademie der Wirtschaftstreuhänder (Viena, Áustria). Especialização em Direito Internacional pela Universidade de Leiden (Holanda) e pela Universidade de Columbia (Nova York). Gestão de Comércio Exterior e Negócios Internacionais pela FGV (GVPEC). LLM (Master of Laws) em Direito do Mercado Financeiro e de Capitais pelo Insper (Ibmec São Paulo). LLM (Master of Laws) em Direito Tributário pelo Insper (Ibmec São Paulo). Bacharel em Direito pela FMU. Membro da International Fiscal Associacion (IFA). Membro do Instituto Brasileiro de Direito Financeiro (IBDF). Advogado em São Paulo. Head da Área Tributária Corporativa do Grupo Voith na América Latina.

A Tributação de Lucros Auferidos no Exterior

- Atualizado com a nova versão da Convenção Modelo OCDE, de 22 de julho de 2010
- Convenção de Viena sobre Tratados, aprovada pelo Decreto n. 7.030, de 14 de dezembro de 2009
- Nova lista de jurisdição de tributação favorecida e regime fiscal privilegiado (Instruções Normativas RFB ns. 1.037/10 e 1.045/10)
- Jurisprudência completa do STF, STJ e CARF (antigo Conselho de Contribuintes)
- Compatibilidade com os Tratados Internacionais celebrados pelo Brasil
- Compatibilidade com as regras de preços de transferência (*transfer pricing*)
- Legislação CFC da Alemanha, Reino Unido, França, Japão e Estados Unidos
- Jurisprudência da *European Court of Justice* (ECJ)

Dados Internacionais de Catalogação na Publicação (CIP)
(Câmara Brasileira do Livro, SP, Brasil)

Pereira, Marco Antônio Chazaine

A tributação de lucros auferidos no exterior / Marco Antônio Chazaine Pereira. — São Paulo : LTr, 2010.

Bibliografia.
ISBN 978-85-361-1637-2

1. Direito internacional tributário 2. Lucros I. Título.

10-12309   CDU-341.5:34:336.2

Índice para catálogo sistemático:

1. Lucros auferidos no exterior : Direito internacional tributário
   341.5:34:336.2

Produção Gráfica e Editoração Eletrônica: **R. P. TIEZZI**

Design de Capa: **R. P. TIEZZI**

Impressão: **PIMENTA GRÁFICA**

© Todos os direitos reservados

EDITORA LTDA.

Rua Jaguaribe, 571 — CEP 01224-001— Fone (11) 2167-1101
São Paulo, SP — Brasil — www.ltr.com.br

LTr 4334.1   Novembro, 2010

*À minha tia, Sara Faitlowicz,
cuja doce lembrança ainda guardo no meu coração.*

Gostaria de expressar meus agradecimentos aos Drs. Ricardo Pereira Ribeiro, Rodrigo Brunelli Machado, Douglas Yamashita, Philip Schneider, Rogério Peres e professor André Franco de Moraes, pelas suas valiosas contribuições à reflexão desse estudo.

Sumário

Introdução 15

Capítulo 1. A Tributação Internacional de Rendimentos 17
1.1. Princípio da territorialidade *versus* princípio da universalidade 18
1.2. Critério da residência *versus* critério da fonte *versus* critério da nacionalidade .. 19
Considerações finais 26

Capítulo 2. A Tributação de Lucros Auferidos no Exterior por Pessoas Jurídicas Domiciliadas no Brasil — Evolução da Legislação e Questões Controvertidas 27
2.1. Regras vigentes até 1995 27
2.2. Regras vigentes a partir de 1996 29
    2.2.1. A contabilização dos investimentos realizados no exterior — Resultado de Equivalência Patrimonial — REP 40
    2.2.2. Variação cambial 45
    2.2.3. Possibilidade de compensação dos tributos pagos no exterior 48
    2.2.4. Compensação de prejuízos incorridos no exterior 55
2.3. Tributação de lucros auferidos no exterior e o controle dos preços de transferência 61

Capítulo 3. Discussão Judicial — Atual Posicionamento do Supremo Tribunal Federal — STF e do Superior Tribunal de Justiça — STJ sobre a Matéria 72
3.1. Principais argumentos da ADIn n. 2.588/01 72
3.2. Julgamento da ADIn n. 2.588 pelo STF 76
    3.2.1. Voto da ministra Ellen Gracie (relatora) 77
    3.2.2. Votos dos ministros Marco Aurélio de Melo, Sepúlveda Pertence e Ricardo Lewandowski 78

3.2.3. Votos dos ministros Nelson Jobim e Eros Grau 81
3.3. Decisões do STJ 81
3.4. Efeitos de uma eventual declaração de inconstitucionalidade do art. 74 da Medida Provisória n. 2.158-35/01 83
Considerações finais 85

Capítulo 4. Regras Especiais de Tributação de Lucros Auferidos no Exterior Contidas em Tratados Internacionais Celebrados pelo Brasil em face da Legislação Interna 86
4.1. Lucro das empresas (art. 7º) 88
4.2. Dividendos (art. 10) 93
4.3. Métodos para eliminar a dupla tributação (art. 23) 97
4.4. Possibilidade de não aplicação do tratado 100
4.5. A Contribuição Social sobre o Lucro Líquido — CSLL nos tratados internacionais 101
4.6. A superioridade hierárquica do tratado internacional em face da legislação tributária interna 105
Considerações finais 111

Capítulo 5. Discussão Administrativa — Contexto e Posicionamentos do CARF sobre a Matéria 114
5.1. Casos que envolveram a análise de tratados 115
    5.1.1. Caso Refratec (Acórdão n. 108-08.765, de 23 de março de 2006) 115
        5.1.1.1. Portugal 116
            5.1.1.1.1. Breves anotações sobre a alienação do investimento no exterior e o "emprego dos lucros em favor da beneficiária" 117
        5.1.1.2. Espanha 121
    5.1.2. Caso BBA (Acórdão n. 101-95.476, de 26 de abril de 2006) 124
    5.1.3. Caso Eagle (Acórdãos ns. 101-95.802, de 19 de outubro de 2006, e 101-97.070, de 17 de dezembro de 2008) 128
        5.1.3.1. Primeiro julgamento (Acórdão n. 101-95.802/06) 131
        5.1.3.2. Segundo julgamento (Acórdão n. 101-97.070/08) 133
            5.1.3.2.1. Possíveis efeitos da manutenção do entendimento adotado pelo CARF no segundo julgamento do caso Eagle 144
5.2. Casos que não envolveram a análise de tratados 148
    5.2.1. Caso Casablanc (Acórdão n. 101-94.747, de 22 de outubro de 2004) 148

5.2.2. Caso Boston (Acórdão n. 103-22.230, de 22 de março de 2006) 152

5.2.3. Caso Ediva (Acórdão n. 103-22.451, de 24 de maio de 2006) 154

5.2.4. Caso Safra (Acórdão n. 101-96.652, de 16 de abril de 2008) 157

5.2.5. Caso Traffic (Acórdão n. 103-23.465, de 28 de maio de 2008) 158

5.2.6. Caso Marcopolo (Acórdão n. 105-17.084, de 25 de junho de 2008) 163

Capítulo 6. Panorama Internacional — Breve Comparativo entre as Regras Brasileiras e as Regras de outros Países 170

6.1. Alemanha 173

    6.1.1. Breves considerações 173

    6.1.2. Alíquota aplicável às pessoas jurídicas 174

    6.1.3. Origem e condições das regras "CFC" 175

        6.1.3.1. Não enquadramento do investimento no regulamento de tributação de investimentos 175

        6.1.3.2. Detenção de controle 176

        6.1.3.3. Enquadramento dos rendimentos como "renda passiva" 176

        6.1.3.4. Residência da sociedade em país com tributação favorecida 177

    6.1.4. Aplicação das regras "CFC" 178

    6.1.5. Dividendos recebidos 178

    6.1.6. Prejuízos fiscais 178

    6.1.7. Regras "CFC" alemãs versus tratados internacionais 178

    6.1.8. Regras antielisão 179

    6.1.9. Caso Columbus Container Services (Processo C-298/05, Acórdão de 6 de dezembro de 2007) 180

    6.1.10. Reflexos do caso Cadbury versus Schweppes (Reino Unido) 182

6.2. Reino Unido 183

    6.2.1. Caso Cadbury Schweppes (Processo C-196/04, Acórdão de 2 de maio de 2006) 186

    6.2.2. The Test Claimants in the CFC and Dividend Group Litigation (Processo C-201/05, Acórdão de 23 de abril de 2008) 190

6.3. França 194

    6.3.1. Caso Schneider (Processo n. 232276, Acórdão de 28 de junho de 2002) 196

6.3.2. Caso *Hughes de Lasteyrie du Saillant* (Processo C-9/02, Acórdão de 11 de março de 2004) 198

6.4. Japão 200

6.5. Estados Unidos da América 203

Capítulo 7. O Brasil tem, de fato, uma Regra "CFC"? 206

Conclusões 215

Resumo 221

Referências Bibliográficas 229

Os ideais são como estrelas;
você não conseguirá tocá-las com suas mãos.
Mas como os marinheiros nas águas desertas,
elas podem guiá-lo e, seguindo as estrelas,
você chegará ao seu destino.

Carl Schurz

Introdução

Embora a tributação de lucros auferidos por sociedades domiciliadas no exterior seja um fenômeno mundial, a legislação brasileira que versa sobre o assunto é extremamente recente e possui uma série de pontos controvertidos, além de destoar completamente das melhores práticas internacionais.

Ainda, pela maneira que foi instituída, a legislação brasileira de tributação de lucros auferidos no exterior — por meio de sociedades nas quais as empresas brasileiras detenham participação — vem sendo amplamente contestada nos poderes judiciário e administrativo, tanto quanto à sua constitucionalidade e legalidade, quanto em relação à sua incompatibilidade com os tratados celebrados pelo Brasil para evitar a dupla tributação internacional.

Em face desse contexto, o objetivo desse estudo é fazer uma análise ampla do tema, passando inicialmente por uma análise conceitual e histórica e então por uma análise detalhada dos seus diversos pontos controvertidos, analisando também a jurisprudência dos poderes judiciário e administrativo sobre o tema.

Também será objeto do presente estudo uma breve comparação das regras brasileiras de tributação de lucros auferidos no exterior por pessoas jurídicas detentoras de participação em sociedades estrangeiras com as regras de mesma natureza contidas nos ordenamentos jurídicos de outros países (regras "CFC"), como a Alemanha, o Reino Unido, a França, o Japão e os Estados Unidos, de modo a responder à seguinte pergunta: "O Brasil tem, de fato, uma regra CFC?".

Por fim, cumpre-nos mencionar que não será objeto do presente trabalho a análise das implicações tributárias referentes a outras espécies de rendimentos ou ganhos de capital auferidos no exterior por pessoa jurídica domiciliada no Brasil. O estudo limitar-se-á aos efeitos tributários do auferimento de lucros no exterior por meio de empresas/participações estrangeiras detidas por pessoas jurídicas brasileiras.

Este trabalho tem por objetivo permitir que o leitor, além de conhecer as regras nacionais referentes à tributação de lucros auferidos no exterior, e suas respectivas discussões judiciais e administrativas, possa compará-las com as regras atualmente existentes na legislação tributária de outros países a respeito do assunto, bem como analisar a compatibilidade de tais regras com os tratados celebrados pelo Brasil para evitar a dupla tributação internacional, possibilitando uma análise crítica sobre o tema.

 Capítulo 1

A Tributação Internacional de Rendimentos

Ao conceder competência à União Federal para instituir o Imposto sobre a Renda e Proventos de Qualquer Natureza (Imposto de Renda), a Constituição Federal de 1988 determinou que tal imposto fosse informado pelos critérios da generalidade, universalidade e progressividade, na forma da lei.[1]

De acordo com a redação original do art. 43 do Código Tributário Nacional — CTN,[2] o imposto de renda tem como fato gerador a aquisição da disponibilidade econômica ou jurídica, representada pelo efetivo acréscimo patrimonial.[3]

Com a publicação da Lei Complementar n. 104, de 10 de janeiro de 2001, o art. 43 do CTN passou a prever que a renda "independe da denominação da receita ou do rendimento, da localização, condição jurídica ou nacionalidade da fonte, da origem e da forma de percepção" (§ 1º), prevendo ainda que "na hipótese de receita ou de rendimentos oriundos do exterior, a lei estabelecerá as condições e o momento em que se dará sua disponibilidade, para fins de incidência do imposto previsto nesse artigo" (§ 2º).

A evolução da caracterização do fato gerador do imposto de renda para fins tributários será analisada com mais profundidade no capítulo seguinte, porém consideramos oportuno observar que o legislador procurou alcançar

---

(1) Constituição Federal, art. 153, § 2º, I.
(2) Lei n. 5.172/66, recepcionada pela Constituição Federal de 1988 com natureza de Lei Complementar.
(3) Henry Timberly entende que a função desse artigo não é a de dar uma definição ao fato gerador, mas a de estabelecer limites de sua conceituação, que cabe à lei ordinária federal (MARTINS, Ives Gandra da Silva (coord.). *Comentários ao Código Tributário Nacional*. 3. ed. São Paulo: Saraiva, 2002. v. I, p. 316-317).

uma maior abrangência de rendimentos com esses novos dispositivos legais, dando aplicabilidade ao princípio da universalidade a que se refere o texto constitucional precitado (art. 153), o qual abordaremos no tópico a seguir.

1.1. Princípio da territorialidade *versus* princípio da universalidade

A tributação de lucros auferidos no exterior decorre do princípio de tributação da renda conhecido como **universalidade**, isto é, o sujeito passivo da obrigação tributária está sujeito à incidência do imposto sobre **toda sua renda produzida**, dentro ou fora do território nacional.

De acordo com os ensinamentos do professor Heleno Tôrres, o alcance de rendimentos obtidos no exterior decorre da "conexão pessoal que o sujeito mantém com o ordenamento jurídico, como 'residente' para fins fiscais".[4] Assim, uma vez considerado residente para fins fiscais, toda renda (universalidade) gerada pelo contribuinte passa a ser passível de tributação pelo imposto de renda.

Conforme abordaremos com mais detalhes adiante, a tributação de lucros auferidos no exterior por pessoas jurídicas domiciliadas no Brasil ("residentes") é uma decorrência da aplicação do princípio da universalidade a que se refere o art. 153 da Constituição Federal de 1988, e teve início efetivo no ordenamento jurídico brasileiro a partir da publicação da Lei n. 9.249/95, que em seu art. 25 dispôs que "os lucros, rendimentos e ganhos de capital auferidos **no exterior** serão computados na determinação do lucro real[5] das pessoas jurídicas correspondente ao balanço levantado em 31 de dezembro de cada ano". São exemplos de países que adotam o critério da universalidade para fins fiscais, além do Brasil, a Alemanha, a Argentina, o Reino Unido, o Peru e os Estados Unidos.

Vitor Uckmar ensina que "a adequação do sistema fiscal de um país ao desenvolvimento econômico se traduz com frequência na passagem de um sistema de tributação de base territorial para um sistema de tributação sobre a base mundial".[6]

Por outro lado, de acordo com o **princípio da territorialidade**, somente a renda gerada dentro do território nacional do contribuinte é passível de

---

(4) TÔRRES, Heleno Taveira (coord.). *Direito tributário internacional aplicado*. São Paulo: Quartier Latin, 2006. v. III.
(5) É importante notar que a legislação se refere sempre às pessoas jurídicas tributadas com base no lucro real, uma vez que as pessoas jurídicas que tiverem lucros, rendimentos ou ganhos de capital oriundos do exterior estão obrigatoriamente sujeitas ao pagamento do imposto de renda por essa sistemática (inciso III do art. 14 da Lei n. 9.718/98).
(6) UCKMAR, Victor. I trattati internazionali in materia tributaria. Corso di diritto tributário internazionale. In: TAVOLARO, Agostinho Tafolli. *O princípio da fonte no direito tributário internacional atual*. Disponível em: <http://www.tavolaroadvogados.com/doutrina/cs453.pdf> Acesso em: 5 jun. 2008.

tributação pelo imposto de renda, não repercutindo qualquer efeito a renda auferida pelo contribuinte em outros países. O art. 337 do antigo Regulamento do Imposto de Renda de 1994[7] estabelecia que "O lucro proveniente de atividades exercidas no País e parte no exterior somente será tributado na parte produzida no País".[8] Como exemplos de países que adotam o critério da territorialidade para fins tributários podemos citar a Bélgica, a Costa Rica, a França e o Paraguai.

Esse capítulo apresentará uma análise mais detalhada dos dispositivos legais acima citados.

1.2. Critério da residência *versus* critério da fonte *versus* critério da nacionalidade

Como critério para se determinar a tributação da renda, também há três elementos de conexão possíveis:[9] o da fonte, o da residência e o da nacionalidade.

De acordo com o **critério da fonte**, o imposto de renda deve incidir no local onde se encontra a fonte geradora da renda, independentemente de ser o sujeito passivo residente ou não do território para fins fiscais. Assim, por exemplo, o pagamento de rendimento a um estrangeiro pode estar sujeito à incidência do imposto de renda "na fonte" porque, por mais que seu beneficiário esteja localizado no exterior, a fonte da renda gerada encontra-se no território nacional, isto é, o acréscimo patrimonial disponível ocorreu nesse país, pouco importando que seu beneficiário esteja em outro.

Segundo Eyvani Antônio da Silva, o princípio da fonte:

> (...) é aquele segundo o qual o poder de tributar a renda é do Estado em cujo território os rendimentos foram produzidos (critério da fonte produtora), ou em cujo território foi obtida a sua disponibilidade econômica ou jurídica (critério da fonte pagadora). Esse critério é justificado pelo fato de que o Estado, cuja economia produziu a renda recebida, deve tributá-la, tendo em vista que a obtenção dessa renda somente se tornou possível graças às condições políticas, econômicas sociais e jurídicas ali existentes.[10]

---

(7) RIR/94, instituído pelo Decreto n. 1.041/94.
(8) Lei n. 4.506, art. 63, e Decreto-lei n. 2.429/88, art. 11.
(9) Isto é, conexão entre o sujeito passivo (contribuinte) e o sujeito ativo (ente tributante).
(10) SILVA, Eyvani Antonio da. Direito tributário internacional e globalização — dupla tributação — elementos de conexão. In: BRITO, Edvaldo; ROSAS, Roberto (coords.). *Dimensão jurídica do tributo* — homenagem ao professor Dejalma de Campos. São Paulo: Meio Jurídico, 2003. p. 275.

Um exemplo que podemos dar como aplicação do princípio da fonte no Brasil é o regramento da legislação tributária referente aos pagamentos efetuados ao exterior.

O Capítulo V do Regulamento do Imposto de Renda, aprovado pelo Decreto n. 3.000/99 (RIR/99), ao dispor sobre os rendimentos de residentes ou domiciliados no exterior, determina, em seu art. 682, que:

Art. 682. Estão sujeitos ao imposto na fonte, de acordo com o disposto neste Capítulo, a renda e os proventos de qualquer natureza provenientes de fontes situadas no País, quando percebidos:

I — pelas pessoas físicas ou jurídicas residentes ou domiciliadas no exterior;

II — pelos residentes no País que estiverem ausentes no exterior por mais de doze meses, salvo os mencionados no art. 17;[11]

III — pela pessoa física proveniente do exterior, com visto temporário, nos termos do § 1º do art. 19;[12]

IV — pelos contribuintes que continuarem a perceber rendimentos produzidos no País, a partir da data em que for requerida a certidão, no caso previsto no art. 879.[13]

Assim, ao se pagar do Brasil ao exterior, nas condições acima, renda ou proventos de qualquer natureza, ocorre, de acordo com a lei brasileira, o fato gerador do imposto de renda. Essa mesma regra de tributação no Brasil — conhecida como tributação de fonte — é aplicada a outros tipos de pagamentos efetuados ao exterior, como juros, *royalties* etc. Em todos os casos, o entendimento é de que a renda foi produzida ou gerada no território nacional.[14]

Dessa forma, o critério da fonte se correlaciona ao princípio da territorialidade, pois o país que adota esse critério, exercendo sua soberania, determina a tributação de toda renda em seu território produzida.

---

(11) O art. 17 do RIR/99 se refere às pessoas físicas domiciliadas no Brasil, ausentes no exterior a serviço do país, que recebam rendimentos do trabalho assalariado, em moeda estrangeira, de autarquias ou repartições do Governo brasileiro situadas no exterior.
(12) O art. 19 do RIR/99, por sua vez, determina a caracterização de "residente" para fins fiscais da pessoa física proveniente do exterior que ingressar no Brasil, com visto temporário e por qualquer motivo aqui permanecer por período superior a 183 dias, consecutivos ou não, contados, dentro de um intervalo de 12 meses, da data de qualquer chegada. O conceito de residente para fins fiscais será analisado logo a seguir.
(13) O art. 879 determina que a prova de quitação do imposto ("certidão") será exigida na hipótese de transferência de domicílio do contribuinte para o exterior.
(14) Veremos mais adiante que nos tratados internacionais celebrados para evitar a dupla tributação o lucro de uma empresa somente pode ser tributado no país de seu domicílio, a não ser que ela exerça no outro país uma atividade através de um Estabelecimento Permanente (art. 7º). A Receita Federal do Brasil infelizmente não vem respeitando essa regra, de modo que muitos contribuintes vêm obtendo decisões judiciais para efetuar remessas para pagamento de determinados serviços (a países com os quais o Brasil mantém tratado para evitar a dupla tributação internacional) sem a retenção do Imposto de Renda da Fonte — IRRF.

O **critério da residência**, por sua vez, determina que o imposto de renda seja pago na jurisdição em que resida o contribuinte. Assim, não importa o local em que foi gerado o rendimento, pois, se o sujeito passivo for considerado "residente" em determinado território para fins tributários, o imposto de renda será devido ao Estado em que este reside. Esse elemento de conexão (residência) dá aplicação ao princípio da universalidade que mencionamos.

É importante notar que o conceito de residente é dado pela legislação interna de cada país, sendo também utilizado na Convenção Modelo da Organização para Cooperação e Desenvolvimento Econômico — OCDE para evitar a dupla tributação internacional, em seu art. 4º.[15]

No Brasil, a lei civil brasileira adota o conceito de domicílio para definir o local onde a pessoa física[16] estabelece sua residência com ânimo definitivo (art. 70).[17]

Quanto às pessoas jurídicas, o art. 75, IV, do Código Civil estabelece que se considera o domicílio das "demais pessoas jurídicas" — isto é, nem a União, nem o Estado, nem os Municípios — o lugar onde funcionarem as respectivas diretorias e administrações, ou onde elegerem domicílio especial no seu estatuto ou atos constitutivos.[18]

---

(15) "Residência ou Domicílio Fiscal:
1. Para os fins desta Convenção, a expressão 'residente de um Estado Contratante' significa toda pessoa que, em virtude da legislação desse Estado, aí esteja sujeita a tributação, em razão de seu domicílio, residência, sede de direção, lugar de constituição ou qualquer outro critério de natureza análoga.
2. Quando, por força das disposições do § 1º, uma pessoa física for residente de ambos os Estados Contratantes, sua situação será determinada da seguinte forma:
a) esta pessoa será considerada residente do Estado em que disponha de uma habitação permanente; se ela dispuser de uma habitação permanente em ambos os Estados, será considerada residente do Estado com o qual suas ligações pessoais e econômicas sejam mais estreitas (centro de interesses vitais);
b) se o Estado em que essa pessoa tem o centro de seus interesses vitais não puder ser determinado, ou se ela não dispuser de uma habitação permanente em nenhum dos Estados, será considerada residente do Estado em que permanecer habitualmente;
c) se permanecer habitualmente em ambos os Estados ou se não permanecer habitualmente em nenhum deles, será considerada residente do Estado de que for nacional;
d) se não for nacional de um dos Estados ou se, de acordo com a legislação de um dos Estados Contratantes, for nacional de ambos os Estados, as autoridades competentes dos Estados Contratantes resolverão a questão de comum acordo." (OCDE Model tax convention on Income and on Capital — *Materials on international e EC tax law*. Selecionado e editado por Kees van Raad. Leiden: International Tax Center Leiden, 2005. v. 1, p. 9-10 — tradução livre).
(16) O Código Civil se refere a pessoa natural.
(17) O art. 71 desse mesmo diploma, por sua vez, estabelece que, caso a "pessoa natural" tenha diversas residências, onde, alternadamente, viva, considerar-se-á domicílio seu qualquer delas.
(18) "Art. 75. Quanto às pessoas jurídicas, o domicílio é:
(...)
IV — das demais pessoas jurídicas, o lugar onde funcionarem as respectivas diretorias e administrações, ou onde elegerem domicílio especial no seu estatuto ou atos constitutivos."

Admite ainda o § 1º do referido artigo que, na hipótese de a pessoa jurídica ter diversos estabelecimentos em lugares diferentes, cada um deles será considerado domicílio para os atos nele praticados.[19]

Também a Lei n. 8.884/94, que transforma o Conselho Administrativo de Defesa Econômica — Cade em autarquia, além de dispor sobre a prevenção e a repressão às infrações contra a ordem econômica e dar outras providências,[20] estabelece, no § 1º de seu art. 1º, que "Reputa-se **domiciliada no Território Nacional** a empresa estrangeira que opere ou tenha no Brasil filial, agência, sucursal, escritório, estabelecimento, agente ou representante".[21]

De acordo com o art. 127 do CTN, "na falta de eleição, pelo contribuinte ou responsável, de domicílio tributário, na forma da legislação aplicável, considera-se como tal: I — quanto às pessoas naturais, a sua residência habitual, ou, sendo esta incerta ou desconhecida, o centro habitual de sua atividade; II — quanto às pessoas jurídicas de direito privado ou às firmas individuais, o lugar da sua sede, ou, em relação aos atos ou fatos que derem origem à obrigação, o de cada estabelecimento". Determinando ainda o § 1º desse artigo que "quando não couber a aplicação das regras fixadas em qualquer dos incisos deste artigo, considerar-se-á como domicílio tributário do contribuinte ou responsável o lugar da situação dos bens ou da ocorrência dos atos ou fatos que deram origem à obrigação", podendo ainda a autoridade administrativa recusar o domicílio eleito, quando este impossibilite ou dificulte a arrecadação ou a fiscalização tributária.[22]

De acordo com tributarista Ana Cláudia Akie Utumi, "A residência fiscal é definida por lei, com base em critérios que não necessariamente são coincidentes com aqueles utilizados para identificar a residência ou domicílio para fins cíveis. É ela — a residência fiscal — que faz com que um determinado país possa passar a aplicar o regime da universalidade da tributação, na medida em que se configura como o critério de conexão entre os fatos ocorridos fora do seu território e a sua lei tributária".[23]

O art. 12 da Lei n. 9.718/98 estabelece critérios de caracterização de "residente" aos "não residentes" de pessoas físicas para fins tributários da seguinte forma:

> Art. 12. Sem prejuízo das normas de tributação aplicáveis aos não residentes no País, sujeitar-se-á à tributação pelo imposto de renda, como residente, a pessoa física que ingressar no Brasil:

---

(19) "§ 2º Se a administração, ou diretoria, tiver a sede no estrangeiro, haver-se-á por domicílio da pessoa jurídica, no tocante às obrigações contraídas por cada uma das suas agências, o lugar do estabelecimento, sito no Brasil, a que ela corresponder."
(20) Também conhecida como "Lei Antitruste" (grifos nossos).
(21) Redação dada pela Lei n. 10.149, de 21 de dezembro de 2000.
(22) CTN, art. 127, § 2º.
(23) O não residente na legislação do imposto de renda. In: TÔRRE, Heleno (coord.). *Direito Tributário internacional aplicado*. São Paulo: Quartier Latin, 2006. v. V, p. 134.

I — com visto temporário:

a) **para trabalhar com vínculo empregatício**, em relação aos fatos geradores ocorridos a partir da data de sua chegada;

b) por qualquer outro motivo, e **permanecer por período superior a cento e oitenta e três dias, consecutivos ou não, contado, dentro de um intervalo de doze meses**, da data de qualquer chegada, em relação aos fatos geradores ocorridos a partir do dia subsequente àquele em que se completar referido período de permanência. (grifos nossos)

Assim, ainda que não residente no Brasil, a pessoa física que nele ingressar (1) para trabalhar com vínculo empregatício; ou (2) por qualquer outro motivo aqui permanecer por mais de 183 dias (aproximadamente seis meses) no período de um ano, sujeitar-se-á ao imposto de renda nacional como se "residente" no País fosse.

Importante mencionar que o art. 27 da Lei n. 12.249/10 estabelece que a transferência do domicílio fiscal da pessoa física residente e domiciliada no Brasil para país ou dependência com tributação favorecida ou regime fiscal privilegiado somente terá seus efeitos reconhecidos a partir da data em que o contribuinte comprove (i) ser residente[24] de fato naquele país ou dependência; ou (ii) sujeitar-se a imposto sobre a totalidade dos rendimentos do trabalho e do capital, bem como o efetivo pagamento desse imposto.[25]

Parágrafo único. Consideram-se residentes de fato, para os fins do disposto no inciso I do *caput*, deste artigo, as pessoas físicas que tenham efetivamente permanecido no país ou dependência por mais de 183 (cento e oitenta e três) dias, consecutivos ou não, no período de até 12 (doze) meses, ou que comprovem ali se localizarem a residência habitual de sua família e a maior parte de seu patrimônio.

As pessoas jurídicas, da mesma forma, se sujeitam ao imposto de renda brasileiro se aqui residirem.

O RIR/99 estabelece critérios destinados à equiparação de uma pessoa jurídica "não residente" a uma pessoa jurídica "residente" para fins fiscais, conforme expresso no art. 147:

Art. 147. Consideram-se pessoas jurídicas, para efeito do disposto no inciso I[26] do artigo anterior:

---

(24) O parágrafo único do art. 27 da referida Lei considera residentes de fato, para esses fins, as pessoas físicas que tenham efetivamente permanecido no país ou dependência por mais de 183 (cento e oitenta e três) dias, consecutivos ou não, no período de até 12 (doze) meses, ou que comprovem ali se localizarem a residência habitual de sua família e a maior parte de seu patrimônio.

(25) De acordo com a Exposição de Motivos da Medida Provisória n. 472/09 (posteriormente convertida na Lei n. 12.249/10), essa regra dificulta a transferência das pessoas físicas, de forma artificial e sem substância econômica, visando coibir as práticas de expatriação fiscal. O objetivo dessa regra foi atingir as pessoas físicas que "efetuam a transferência de sua residência fiscal para país ou dependência com tributação favorecida, muito embora seus interesses econômicos permaneçam no Brasil, com o intuito de não serem alcançados pela legislação tributária brasileira".

(26) O inciso I do art. anterior (146) do RIR/99 determina que são contribuintes do Imposto de Renda as pessoas jurídicas.

I — as pessoas jurídicas de direito privado domiciliadas no País, sejam quais forem seus fins, nacionalidade ou participantes no capital;

II — **as filiais, sucursais, agências ou representações no País das pessoas jurídicas com sede no exterior;**

III — **os comitentes domiciliados no exterior, quanto aos resultados das operações realizadas por seus mandatários ou comissários no País.** (grifos nossos)

Portanto, além das pessoas jurídicas de direito privado domiciliadas no Brasil, as filiais, sucursais, agências ou representações no território nacional de pessoas jurídicas com sede no exterior, bem como os comitentes domiciliados no exterior que realizem operações no País, através de seus mandatários ou comissários, são considerados pessoas jurídicas nele residentes para fins tributários no Brasil.

Internacionalmente, há uma série de critérios para se identificar a residência das pessoas jurídicas para fins tributários (domicílio fiscal), como o local de registro, da administração ou controle, da sede estatutária, da efetiva administração, do principal propósito negocial, entre outros. Os tratados internacionais celebrados para evitar a dupla tributação internacional trazem, em geral, o conceito de estabelecimento permanente,[27] que caracteriza, para fins tributários, a residência da pessoa jurídica. Nesse sentido, é comum encontrar nos tratados internacionais as expressões "uma sede de direção", "uma sucursal", "um escritório", "uma fábrica", "uma oficina" etc.

A título exemplificativo, podemos citar a Convenção celebrada entre o Brasil e o Equador, aprovada pelo Decreto n. 95.717, de 11 de fevereiro de 1988, em que, no seu art. 4º, determina:

> Para os fins da presente Convenção, a expressão residente de um Estado Contratante designa qualquer pessoa que, em virtude da legislação desse Estado, está aí sujeita a imposto em razão do seu domicílio, da sua residência, da sua sede de direção ou de qualquer outro critério de natureza análoga.[28]

Cumpre-nos mencionar que, na sua versão da Convenção Modelo de junho de 2008, a OCDE previu uma disposição mais genérica para deter-

---

(27) De acordo com o § 1º do art. 5º da OCDE, "Para os propósitos dessa Convenção, o termo Estabelecimento Permanente significa a sede fixa de negócios onde a empresa exerça, no todo ou em parte, as suas atividades" (OCDE. Model tax convention 2003. *Materials on international e EC tax law*. Selecionado e editado por Kees van Raad, v. 1, p. 11).

(28) O § 2º do art. 4º em comento estabelece os critérios para resolver as situações em que uma pessoa natural ou física for ao mesmo tempo residente de ambos os "Estados Contratantes":
"a) esta pessoa será considerada como residente do Estado Contratante em que disponha de uma habitação permanente. Se dispuser de uma habitação permanente em ambos os Estados Contratantes, será considerada como residente do Estado Contratante com o qual suas relações pessoais e econômicas sejam mais estreitas (centro de interesses vitais);

minação da residência para fins tributários, que consiste no local em que são realizadas, "em substância", as principais decisões gerenciais e comerciais necessárias para a condução da atividade da empresa como um todo, considerando-se os fatos envolvidos.[29]

Também é relevante salientar que o art. 126 do CTN determina que "a capacidade tributária passiva independe de estar a pessoa jurídica regularmente constituída, bastando que configure uma unidade econômica ou profissional" (inciso III). Segundo lição de Luiz Antônio Caldeira Miretti:[30]

> Nas prescrições desse dispositivo, uma vez mais, o legislador do CTN assevera **a autonomia das normas do direito tributário, tendo sempre como objetivo o alcance do conteúdo econômico das relações** reguladas por este ramo do direito, desconsiderando-se os ditames do direito civil, mais especificamente do Código Civil, a respeito da capacidade civil das pessoas, para a busca da exigência do cumprimento da obrigação tributária. (grifos nossos)

Já o **critério da nacionalidade** é aplicável apenas para pessoas físicas, e determina a tributação de rendimentos pela conexão com a nacionalidade do sujeito passivo. Isto é, não importa a fonte, não importa a residência, onde quer que esteja o sujeito passivo (sempre pessoa física), este será sempre contribuinte do imposto de renda em conformidade com as regras do país adotante do critério da nacionalidade. Dois grandes exemplos de países que adotam esse critério são Estados Unidos e Filipinas.

De acordo com Alberto Xavier, "a soberania pessoal é o poder de legislar sobre as pessoas que, pela nacionalidade, se integram no Estado, seja qual for o território em que se encontrem".[31]

---

b) se o Estado Contratante em que tenha o centro de seus interesses vitais não puder ser determinado ou se não dispuser de uma habitação permanente em nenhum dos Estados Contratantes, será considerada como residente do Estado Contratante em que permanecer de forma habitual;
c) se permanecer de forma habitual em ambos os Estados Contratantes ou se não permanecer de forma habitual em nenhum deles, será considerada como residente do Estado Contratante de que for nacional;
d) se for nacional de ambos os Estados Contratantes ou se não o for de nenhum deles, as autoridades competentes dos Estados Contratantes resolverão a questão de comum acordo."
Ainda, o § 3º do referido dispositivo determina que, quando uma pessoa, que não seja uma pessoa natural ou física — isto é, pessoa jurídica —, for residente de ambos os "Estados Contratantes", será considerada residente de Estado Contratante em que estiver situada a sua sede de direção ou administração efetiva.
(29) Conforme RUSSO, Rafaelle. O modelo da OCDE de 2008: uma visão geral. *Revista de Direito Tributário Internacional*, São Paulo: Quartier Latin, v. 10, p. 71, 2005-2008.
(30) MIRETTI, Luiz Antônio Caldeira. In: MARTINS, Ives Gandra da Silva. *Comentários ao Código Tributário Nacional*. São Paulo: Atlas, 2002. p. 215.
(31) XAVIER, Alberto. *Direito tributário internacional do Brasil*. 4. ed. Rio de Janeiro: 2007. p. 13.

O critério da nacionalidade, portanto, decorre da soberania pessoal de determinada jurisdição.

Considerações finais

Conforme vimos, a tributação em bases universais decorre da aplicação do princípio da universalidade da renda, que, por meio do critério de conexão "residência", alcança todos aqueles (contribuintes) considerados residentes para fins tributários em determinado país (soberania tributária). Em alguns casos, como o do Brasil, há a aplicação concomitante desse critério com o critério da fonte para fins tributários, por ocasião da obrigatoriedade de tributação de rendimentos produzidos ou gerados no território em que o país exerce sua soberania.

Cabe-nos observar, ainda, que nas relações internacionais, dependendo do critério de tributação adotado pelos países envolvidos, é perfeitamente possível que um mesmo rendimento esteja sujeito a tributação por mais de um país, resultando inevitavelmente em uma dupla tributação internacional.[32]

Essa dupla tributação internacional pode ser evitada com determinadas medidas, que podem ser unilaterais ou bilaterais. De forma unilateral, os países podem evitar a dupla tributação internacional mediante a concessão de créditos sobre impostos pagos no exterior ou até mesmo com a isenção de determinados rendimentos percebidos no exterior.

Como forma de se evitar a dupla tributação internacional por meio de medidas bilaterais, temos os tratados e as convenções internacionais, que geralmente limitam a competência dos entes tributantes, segundo critérios razoáveis entre o país de fonte e o de residência, conforme analisaremos posteriormente.

---

(32) De acordo com a Convenção Modelo da OCDE: "A Dupla Tributação Jurídica Internacional ocorre com a incidência de impostos equiparáveis em dois (ou mais) Estados relativamente a um mesmo contribuinte, ao mesmo fato gerador de imposto e a períodos de tempo idênticos" (OCDE. Model tax convention 2003. *Materials on international e EC tax law*. Selecionado e editado por Kees van Raad, v. 1, p. 9).

Capítulo 2

A Tributação de Lucros Auferidos no Exterior por Pessoas Jurídicas Domiciliadas no Brasil — Evolução da Legislação e Questões Controvertidas

O objetivo deste capítulo é demonstrar a evolução histórica da legislação brasileira que dispõe sobre a tributação de lucros auferidos no exterior por pessoas jurídicas que detenham participação societária no exterior, bem como as principais questões controvertidas relacionadas à matéria. Como o grande marco dessa mudança na legislação foi a publicação da Lei n. 9.249/95, este capítulo está estruturado em basicamente duas partes: (2.1) regras vigentes até 1995; e (2.2) regras vigentes a partir de 1996.

2.1. Regras vigentes até 1995

Conforme já mencionamos, ao definir os critérios de tributação da renda no Brasil, a Constituição Federal de 1988 instituiu o princípio da universalidade, pelo qual o imposto de renda deve incidir sobre a totalidade das rendas auferidas pelos contribuintes no exercício fiscal (período-base).

No entanto, até o ano de 1995, o Brasil adotava como critério de tributação da renda o princípio da territorialidade, isto é, somente seria submetida ao imposto de renda a renda auferida dentro do território nacional, quer por pessoas nacionais, quer por pessoas estrangeiras.

Ao adotar tal princípio, o legislador brasileiro pretendeu fazer incidir tributos somente sobre a renda cuja fonte produtora estivesse localizada no território nacional. Se, portanto, uma empresa nacional tivesse rendimentos no estrangeiro, a tributação brasileira não a alcançaria.

O Regulamento do Imposto de Renda de 1980 — RIR/80, aprovado pelo Decreto n. 85.450, confirmava a aplicação do princípio da territorialidade, determinando que, no caso de a pessoa jurídica perceber lucro proveniente de atividades exercidas parte no País e parte no exterior, somente seria tributada a parte produzida no País.[33]

Em 1987, o Decreto-lei n. 2.397/87 pretendeu introduzir o princípio da universalidade, estabelecendo o cômputo no lucro real dos resultados diretamente obtidos no exterior ou por meio de filiais, sucursais, agências ou representações da pessoa jurídica domiciliada no território nacional, também permitindo que o imposto de renda pago no exterior pudesse reduzir o tributo devido no País, desde que esse não fosse menor do que seria nele devido sem a inclusão dos resultados obtidos no exterior.[34] Um ano mais tarde, no dia 10 de fevereiro de 1988, o Decreto-lei n. 2.413 incluiu também as subsidiárias de pessoas jurídicas brasileiras no rol das atividades exercidas no exterior sujeitas à tributação.[35]

Porém, alguns meses depois, no dia 14 de abril do mesmo ano, o Decreto-lei n. 2.429/88 estabeleceu o retorno ao princípio da territorialidade, ao revogar a nova legislação até então vigente (princípio da universalidade) e determinar a aplicação da legislação anterior.[36]

---

(33) O art. 337 do RIR/80 reproduzia o art. 63 da Lei n. 4.506/64 e o art. 11 do Decreto-lei n. 2.429/88:
"Art. 337. O lucro proveniente de atividades exercidas parte no País e parte no exterior somente será tributado na parte produzida no País.
§ 1º Considera-se lucro de atividades exercidas parte no País e parte no exterior o proveniente (Lei n. 4.506/64, art. 63, § 1º):
a) das operações de comércio e outras atividades lucrativas iniciadas no Brasil e ultimadas no exterior, ou vice-versa;
b) da exploração de matéria-prima no território nacional para ser beneficiada, vendida ou utilizada no exterior, ou vice-versa;
c) dos transportes e meios de comunicação com os países estrangeiros."
(34) Dizia o art. 7º do Decreto-lei:
"Art. 7º Serão computados no lucro real das pessoas jurídicas de direito privado domiciliadas no País os resultados obtidos no exterior, diretamente ou através de filiais, sucursais, agências ou representações.
Parágrafo único. O Imposto de Renda pago no exterior será considerado redução do Imposto de Renda brasileiro, mas a redução não poderá implicar imposto menor que o que seria devido sem a inclusão dos resultados obtidos no exterior."
(35) Rezava o texto legal: "Art. 8º Serão computados no lucro real das pessoas jurídicas de direito privado domiciliadas no País os resultados obtidos no exterior, diretamente, ou através de subsidiárias, filiais, sucursais, agências ou representações".
(36) Vejamos a redação de seu art. 11:
"Art. 11. Fica revogado o art. 8º do Decreto-lei n. 2.413, de 10 de fevereiro de 1988. A tributação dos resultados das atividades de navegação marítima, aérea, de outros transportes e meios de comunicação com países estrangeiros continuará regida pelas disposições do art. 63 da Lei n. 4.506, de 30 de novembro de 1964."

Até o ano de 1995, portanto, a legislação brasileira permaneceu tributando as pessoas jurídicas somente com base nos resultados por elas auferidos dentro do território nacional, embora tenha o legislador demonstrado a intenção, não bem-sucedida, de tributar toda renda adquirida em nível global.[37]

Cabe-nos ressaltar que, já em 5 de outubro de 1988, com a promulgação da Constituição Federal brasileira, surgiu a determinação de que o imposto de renda fosse informado pelos critérios da generalidade, **universalidade** e progressividade, na forma da Lei (art. 153, § 2º, I).

2.2 Regras vigentes a partir de 1996

Em 1995 foi editada a Lei n. 9.249, que, em seus arts. 25, 26 e 27, estabeleceu o princípio da universalidade da renda no Brasil — conhecido como *worldwide income taxation* —, segundo o qual todo o universo de rendas auferidas pela pessoa física ou jurídica residente em território nacional deve ser tributado, independentemente da localidade em que essa renda foi produzida. Observemos a redação do art. 25 da referida Lei:

> **Art. 25.** Os lucros, rendimentos e ganhos de capital auferidos no exterior serão computados na determinação do lucro real das pessoas jurídicas correspondente ao balanço levantado em 31 de dezembro de cada ano.
>
> (...)
>
> § 2º Os lucros auferidos por filiais, sucursais ou controladas, no exterior, de pessoas jurídicas domiciliadas no Brasil serão computados na apuração do lucro real com observância do seguinte:
>
> I — **as filiais, sucursais e controladas deverão demonstrar a apuração dos lucros que auferirem em cada um de seus exercícios fiscais, segundo as normas da legislação brasileira**;
>
> II — os lucros a que se refere o inciso I serão adicionados ao lucro líquido da matriz ou controladora, na proporção de sua participação acionária, para apuração do lucro real;
>
> III — se a pessoa jurídica se extinguir no curso do exercício, deverá adicionar ao seu lucro líquido os lucros auferidos por filiais, sucursais ou controladas, até a data do balanço de encerramento;
>
> (...). (grifos nossos)

Assim, a partir de 1996, ano em que entrou em vigor a Lei n. 9.249/95, os lucros, rendimentos e ganhos de capital auferidos no exterior por residentes

---

(37) Apesar de se estar referindo ao "legislador", é notório que à época os atos normativos tributários eram basicamente Decretos-leis, instrumento editado pelo presidente da República em caso de relevância e urgência (atualmente existente no ordenamento jurídico brasileiro como "Medida Provisória", conforme previsão do art. 62 da Constituição Federal de 1988).

e domiciliados no Brasil passaram a ser tributados por meio do Imposto de Renda por ocasião do "levantamento do balanço correspondente", em 31 de dezembro.

De acordo com a Exposição de Motivos n. 325/95, a intenção do Governo Federal com a publicação dessa lei era combater os casos de excessivas filiais e subsidiárias de contribuintes brasileiros localizadas em paraísos fiscais, bem como promover uma paridade entre a sistemática que se submetiam as pessoas físicas (desde 1939[38]), vejamos:

> Adota-se, com a tributação da renda auferida fora do País, medida tendente a combater a elisão e o planejamento fiscais, uma vez que o sistema atual — baseado na territorialidade da renda — propicia que as empresas passem a alocar lucros a filiais ou subsidiárias situadas em "paraísos fiscais". Intenta-se, ainda, harmonizar o tratamento tributário dos rendimentos, equalizando a tributação das pessoas jurídicas a das pessoas físicas, cujos rendimentos externos já estão sujeitos ao imposto de renda na forma da legislação em vigor.

Dessa forma, a Lei n. 9.249/95 estabeleceu a **tributação automática** dos lucros auferidos no exterior por pessoas jurídicas brasileiras, através de suas filiais, sucursais, controladas ou coligadas, independentemente de tais lucros serem ou não distribuídos à empresa brasileira, na medida em que simplesmente determinou o cômputo, ao lucro tributável da sociedade brasileira, do resultado dessas sociedades estrangeiras correspondente ao balanço levantado em 31 de dezembro de cada ano.

Assim, por desconsiderar o conceito de renda, como a disponibilidade jurídica ou econômica representada pelo efetivo acréscimo patrimonial, a Lei n. 9.249/95 foi amplamente criticada, e seria facilmente combatida judicialmente, razão pela qual as autoridades ficais editaram logo em seguida a Instrução Normativa SRF n. 38, de 27 de junho de 1996. Tal Instrução Normativa trazia em seu preâmbulo a clara intenção do Secretário da Receita Federal de adequar a Lei n. 9.249/95 ao art. 43 do Código Tributário Nacional, que dispõe sobre o conceito de renda:

> O SECRETÁRIO DA RECEITA FEDERAL, no uso das suas atribuições **e tendo em vista o que dispõem o art. 43 da Lei n. 5.172**, de 25 de outubro de 1966 (CTN) e os arts. 25, 26 e 27 da Lei n. 9.249, de 26 de dezembro de 1995. (grifos nossos)

E nesse sentido, a Instrução Normativa SRF n. 38/96 limitou a tributação dos lucros auferidos no exterior à **disponibilidade** de tais rendimentos, estabelecendo inclusive as situações e operações em que considerava ocorrer tais "disponibilizações". Vejamos a seguir o seu art. 2º:

---

(38) Decreto-lei n. 1.168/39, de acordo com a regra de tributação de rendimentos auferidos pelas pessoas físicas brasileiras, estas somente devem recolher o imposto de renda incidente sobre tais rendimentos quando efetivamente os receberem (regime de caixa).

Art. 2º Os lucros auferidos no exterior, por intermédio de filiais, sucursais, controladas ou coligadas serão adicionados ao lucro líquido do período-base, para efeito de determinação do lucro real correspondente ao balanço levantado em 31 de dezembro do ano calendário **em que tiverem sido disponibilizados.**

§ 1º **Consideram-se disponibilizados os lucros pagos ou creditados** à matriz, controladora ou coligada, no Brasil, pela filial, sucursal, controlada ou coligada no exterior.

§ 2º Para efeito do disposto no parágrafo anterior, considera-se:

I — **creditado o lucro, quando ocorrer a transferência do registro de seu valor para qualquer conta representativa de passivo exigível** da filial, sucursal, controlada ou coligada, domiciliada no exterior;

II — **pago o lucro, quando ocorrer:**

a) o **crédito do valor em conta bancária** em favor da matriz, controladora ou coligada, domiciliada no Brasil;

b) **a entrega, a qualquer título,** a representante da beneficiária;

c) **a remessa,** em favor da beneficiária, para o Brasil ou para qualquer outra praça;

d) **o emprego do valor, em favor da beneficiária,** em qualquer praça, inclu-sive no aumento de capital da filial, sucursal, controlada ou coligada, domiciliada no exterior. (grifos nossos)

Assim, a Instrução Normativa SRF n. 38/96 retirou a tributação automática/imediata dos rendimentos auferidos no exterior por pessoas jurídicas brasileiras que detinham participação em sociedades estrangeiras, criando na verdade um novo fato gerador de imposto de renda: a disponibilização dos lucros auferidos no exterior.

Isto é, pela redação da Lei n. 9.249/95, o lucro da sociedade estrangeira a ser tributado no Brasil seria o lucro apurado no balanço do exercício (31 de dez.). E pela Instrução Normativa SRF n. 38/96, o lucro a ser tributado no Brasil passou a ser somente o **lucro disponibilizado,** na exata medida em que ocorresse a sua disponibilização.

Para tanto, a Instrução Normativa SRF n. 38/96 estabeleceu expressamente as situações que caracterizariam a disponibilização de tais lucros para fins tributários: o pagamento ou crédito, nos termos em que definia. Além disso, a Instrução Normativa SRF n. 38/96 elencou determinadas operações e situações em que o lucro auferido no exterior seria considerado disponibilizado ainda que não houvesse ocorrido o seu respectivo pagamento ou crédito, quais sejam:

I. Extinção da empresa brasileira (art. 2º, § 4º);

II. Encerramento das atividades no exterior da sociedade estrangeira (art. 2º, § 5º);

III. Incorporação, fusão ou cisão da sociedade estrangeira (art. 2º, § 7º);[39]

IV. Alienação do patrimônio da sociedade estrangeira (art. 2º, § 9º).

Dessa forma, a Instrução Normativa também acabou criando uma situação de insegurança jurídica, na medida em que negava a aplicação da legislação em vigor (Lei n. 9.249/95) e criava outras hipóteses de fato gerador não previstas em Lei. Segundo o professor Alberto Xavier, a Instrução Normativa SRF n. 38/96 "deu origem a uma situação jurídica de profunda ambiguidade e incerteza, pois, por um lado, recusava a aplicação do único sistema legalmente vigente (o da adição automática ao lucro líquido) e, por outro, criava um novo fato gerador — a 'disponibilização' do lucro — sem lei que o previsse".[40]

Por outro lado, a Instrução Normativa buscou a tributação dos lucros pela sua disponibilidade à empresa brasileira, e não pelo simples fato de serem apurados no balanço da empresa estrangeira. Já que, nos termos do art. 43 do CTN, a renda consiste no acréscimo patrimonial **disponível**, podendo tal disponibilidade ser verificada sob o aspecto jurídico ou econômico.

Ou seja, para que se caracterize o fato gerador do imposto de renda, a renda auferida deve estar disponível ao contribuinte, quer pelo seu efetivo recebimento (disponibilidade econômica), quer pelo seu direito líquido, certo e exigível de recebê-lo (disponibilidade jurídica).

No entanto, como a Instrução Normativa não tem força de Lei, poder-se-ia dizer que a regra ainda vigente à época era a da Lei n. 9.249/95 (tributação automática dos lucros, por ocasião da apuração do Balanço de 31 de dez.). Como todavia a Instrução Normativa foi mais benéfica ao contribuinte na maioria dos casos (isto é, exceto na hipótese em que previa disponibilização presumida dos lucros sob determinadas situações), muitos contribuintes decidiram não discutir a referida Instrução Normativa, ignorando dessa forma a aplicação da regra de tributação automática prevista na Lei n. 9.249/95.

Mas isso durou pouco, porque logo no ano seguinte foi publicada a Lei n. 9.532/97, que em grande parte reproduziu os dispositivos da Instrução Normativa n. 38/96, passando a definir como fato gerador do imposto de renda sobre os lucros auferidos no exterior também a **disponibilização**, fazendo, ainda, algumas alterações, que comentaremos após a reprodução do seu art. 1º, conforme segue:

---

(39) De acordo com o § 7º do referido art. 2º: "No caso de cisão, total ou parcial, a responsabilidade da cindida e de cada sucessora será proporcional aos valores do patrimônio líquido remanescente e absorvidos". Logo em seguida, o § 8º também determina a caracterização de "disponibilização" quando ocorrer a absorção do patrimônio da sociedade estrangeira por qualquer outra forma, já que não faz menção a operação que originou tal absorção (fusão, cisão ou incorporação).

(40) *Direito tributário internacional do Brasil*. 6. ed. Rio de Janeiro: Forense, 2007. p. 454.

Art. 1º Os lucros auferidos no exterior, por intermédio de filiais, sucursais, controladas ou coligadas serão adicionados ao lucro líquido, para determinação do lucro real correspondente ao balanço levantado no dia 31 de dezembro do ano calendário em que tiverem sido disponibilizados para a pessoa jurídica domiciliada no Brasil.

§ 1º Para efeito do disposto neste artigo, os lucros serão considerados disponibilizados para a empresa no Brasil:

a) no caso de filial ou sucursal, na data do balanço no qual tiverem sido apurados;

b) no caso de controlada ou coligada, na data do pagamento ou do crédito em conta representativa de obrigação da empresa no exterior.

(...)

§ 2º Para efeito do disposto na alínea *b* do parágrafo anterior, considera-se:

a) creditado o lucro, quando ocorrer a transferência do registro de seu valor para qualquer conta representativa de passivo exigível da controlada ou coligada domiciliada no exterior;

b) pago o lucro, quando ocorrer:

1. o crédito do valor em conta bancária, em favor da controladora ou coligada no Brasil;

2. a entrega, a qualquer título, a representante da beneficiária;

3. a remessa, em favor da beneficiária, para o Brasil ou para qualquer outra praça;

4. o emprego do valor, em favor da beneficiária, em qualquer praça, inclusive no aumento de capital da controlada ou coligada, domiciliada no exterior.

De acordo com o dispositivo legal acima reproduzido, verificamos que a primeira grande alteração da Lei n. 9.532/97 foi estabelecer uma diferença entre filial/sucursal e controladas/coligadas. Permanecendo a tributação automática dos resultados das filiais/sucursais, na data do balanço em quais houverem sido apurados, nos mesmos moldes da Lei n. 9.249/95, que a Instrução Normativa SRF n. 38/96 tentou afastar a aplicação.

Já os resultados auferidos pelas sociedades coligadas e controladas de sociedades brasileiras passaram a ser tributados no Brasil somente quando disponibilizados, nos mesmos termos anteriormente estabelecidos pela Instrução Normativa SRF n. 213/02: pagamento ou crédito.

Por outro lado, a Lei n. 9.532/97 não manteve as demais hipóteses de presunção de disponibilização previstas na Instrução Normativa n. 213/02: (i) extinção da empresa brasileira, (ii) encerramento das atividades no exterior da sociedade estrangeira, (iii) absorção do patrimônio da sociedade estrangeira em virtude de incorporação, fusão ou cisão da sociedade estrangeira, ou a qualquer título; (iv) ou ainda a alienação do patrimônio da sociedade estrangeira.

Mais adiante, no Capítulo V, veremos que a alienação do patrimônio da sociedade estrangeira, em diversos casos, foi considerada pelas autoridades fiscais como "emprego em favor da beneficiária", hipótese de pagamento para fins de disponibilização de lucros auferidos no exterior. Em alguns casos, esse entendimento das autoridades fiscais foi até mesmo confirmado pelo CARF, conforme analisaremos oportunamente no Capítulo V.

Essas regras foram posteriormente alteradas pelo art. 3º da Lei n. 9.959/00, que ampliou o momento de caracterização da disponibilização dos lucros nas seguintes hipóteses:

(1) contratação de operações de mútuo, se a mutuante, coligada ou controlada possuir lucros ou reservas de lucros;

(2) adiantamento de recursos, efetuado pela coligada ou controlada, por conta de venda futura, cuja liquidação, pela remessa do bem ou serviço vendido, ocorra em prazo superior ao ciclo de produção do bem ou serviço.

A Lei n. 9.959/00 objetivou alcançar determinadas situações em que o contribuinte brasileiro possivelmente poderia fazer uso dos lucros auferidos no exterior por meio de suas coligadas ou controladas sem, no entanto, reconhecê-los no Brasil para fins tributários, restringindo a prática de eventuais planejamentos tributários que podiam ser utilizados por alguns contribuintes.

A primeira hipótese mencionada — item (1) — é a contratação de mútuo. A lei passou a considerar "disponibilizados" para fins tributários os valores recebidos a título de "mútuo" em que a mutuante (coligada ou controlada domiciliada no exterior) possuía lucros ou reservas de lucros. O art. 3º da Lei n. 9.959/00 também estabeleceu a indedutibilidade, para efeito de apuração das bases de cálculo do Imposto de Renda da Pessoa Jurídica — IRPJ e da Contribuição Social sobre o Lucro Líquido — CSLL, dos juros pagos ou creditados a empresas situadas no exterior, nos casos em que o responsável pelo pagamento dos referidos juros fosse controlador da empresa situada no exterior e que possuía lucros registrados em suas respectivas demonstrações financeiras. Nessa hipótese, a referida indedutibilidade tinha como limite os lucros registrados (e não distribuídos/disponibilizados) na controlada situada no exterior.

A segunda hipótese — item (2) — é o adiantamento de recursos, que também não deixa de ser uma espécie de mútuo. Nesse caso, também passaram a ser considerados disponibilizados os adiantamentos de recursos (efetuados pela coligada ou controlada domiciliada no exterior), por conta de venda futura cuja liquidação, pela remessa do bem ou serviço vendido, ocorra em prazo superior ao ciclo de produção do bem ou serviço, que também caracterizava a distribuição artificial dos lucros.

Em ambos os casos mencionados — itens (1) e (2) —, o legislador procurou coibir as remessas de valores de coligadas ou controladas no exterior para empresas brasileiras livres de tributação. Em razão do fato de que os recebimentos desses valores como dividendos seriam tributados no Brasil (já que o pagamento caracterizava lucros disponibilizados), verificou-se que algumas empresas brasileiras estavam trazendo os recursos ao País como forma de empréstimo ou adiantamento, em valores equivalentes àqueles registrados no exterior e não distribuídos. A Lei n. 9.959/00 encerrou essas possibilidades.

É oportuno observar que tanto a Lei n. 9.249/95 quanto a Lei n. 9.532/97 e posteriores alterações não previram a incidência da CSLL sobre os lucros auferidos no exterior. Ambas as lei previram apenas a incidência do imposto de renda, determinando que tais rendimentos devessem ser "computados na base do Lucro Real".

Com isso, a legislação então estabeleceu que os resultados das filiais ou sucursais[41] estariam disponibilizados já no momento em que houvesse sido apurado o balanço, ao passo que os resultados das controladas ou coligadas[42] somente seriam considerados disponibilizados no momento em que fosse efetuado o pagamento (nas hipóteses expressamente definidas) ou crédito em conta representativa de tais resultados da empresa no exterior.

Como, no entanto, a maior parte das empresas estrangeiras detidas por pessoas jurídicas domiciliadas no Brasil está sob a forma de controlada ou coligada[43] (participação societária), a Lei n. 9.532/97 e suas posteriores

---

(41) As expressões "filial" e "sucursal" são frequentemente usadas como sinônimos pela legislação tributária. De Plácido e Silva ensina que, "Em geral, na linguagem vulgar, os estabelecimentos fundados sob dependência e direção geral de outro, dizem-se *agências, filiais e sucursais*. Em verdade, todos eles resultam numa ramificação do estabelecimento principal, ou matriz, que se estabelece em localidade diferente em que a matriz se encontra. A *sucursal*, porém, bem se distingue da filial e da agência. *Filial* é o estabelecimento que opera sob direta orientação da matriz, que lhe dirige os negócios, autorizando-os e aprovando-os. Possui relativa autonomia. *Agência* revela-se a outorga de uma representação, através de mandatário, que se diz agente, e que, por vezes, nem se entende preposto do estabelecimento principal, porquanto pode manter a agência como um negócio próprio. A *sucursal* já se mostra organização mais ampla. Embora ligada à matriz, sendo obrigada a acompanhá-la nos mesmos objetivos, em geral, é mantida com uma certa autonomia, possuindo uma direção, a que se atribui uma faculdade de decidir e operar com maior liberdade. Assim, apropria sucursal, tendo sob sua direção um determinado território, pode, por seu turno, manter filiais e agências, que ficam subordinadas a ela, em vez de se entenderem com a matriz. Desse modo, a sucursal tem categoria superior e categoria mais elevada que a filial. E, em certas circunstâncias, com as próprias agências e filiais, compõe um *departamento regional*" (SILVA, De Plácido e. *Vocabulário jurídico*. Rio de Janeiro, 2001. p. 782).

(42) Dependendo do grau de influência sobre a administração da investida, esta será considerada controlada e coligada. Esse conceito será abordado neste capítulo, no tópico 2.2.1, A Contabilização dos Investimentos Realizados no Exterior — Resultado de Equivalência Patrimonial — REP.

(43) As sociedades estrangeiras que detêm investimentos em participações societárias no Brasil, por sua vez, em geral adotam a forma de subsidiárias, uma vez que o art. 59 do Decreto-lei n. 2.627, de 26 de setembro de 1940, determina que "a sociedade mercantil estrangeira, que desejar estabelecer filial, sucursal, agência ou estabelecimento no Brasil, deverá solicitar autorização do Governo Federal para instalação e funcionamento, em requerimento dirigido ao Ministro de Estado do Desenvolvimento, Indústria e Comércio,

alterações não atingiram o objetivo almejado, de trazer ao Brasil os resultados auferidos pelas controladas e coligadas de empresas brasileiras de forma imediata para fins tributários.

Assim, mesmo com todas as alterações na legislação, ainda assim as empresas brasileiras que detinham participação no exterior poderiam ter os seus respectivos lucros considerados "não disponibilizados" para fins tributários, na medida em que decidissem não distribuí-los, nos limites da lei estrangeira ou até mesmo do estatuto da sociedade investida. Mais ainda, na maior parte dos casos, a decisão de distribuir ou não esses lucros não dependia em nada da pessoa jurídica brasileira, mas de deliberação do órgão diretivo da sociedade da qual esta não detinha o total controle.

Com efeito, a exemplo das sociedades por ações, os lucros dependem de decisão dos acionistas, em assembleia geral, para serem distribuídos. Assim, no caso dos investimentos detidos em coligadas ou controladas, os lucros não poderiam ser tributados antes de considerados "disponíveis", o que implicaria o cumprimento das formalidades do país em que se situa a empresa investida.

Como dessa forma a legislação brasileira ainda não havia alcançado todos os investimentos detidos no exterior de forma ampla e incondicional, o fisco continuou a evoluir com a edição da Lei Complementar n. 104/01, onde foram acrescidos dois parágrafos ao art. 43 do CTN, atribuindo à lei a função de determinar as condições e o **momento** da disponibilidade da renda auferida no exterior, para fins de incidência do Imposto de Renda. O referido dispositivo é reproduzido a seguir:

> **Art. 43.** O imposto, de competência da União, sobre a renda e proventos de qualquer natureza tem como fato gerador a aquisição da disponibilidade econômica ou jurídica:
>
> I — de renda, assim entendido o produto do capital, do trabalho ou da combinação de ambos;
>
> II — de proventos de qualquer natureza, assim entendidos os acréscimos patrimoniais não compreendidos no inciso anterior.
>
> § 1º A incidência do imposto independe da denominação da receita ou do rendimento, da localização, condição jurídica ou nacionalidade da fonte, da origem e da forma de percepção.
>
> § 2º Na hipótese de receita ou de rendimento oriundos do exterior, **a lei estabelecerá as condições e o momento em que se dará sua disponibilidade**, para fins de incidência do imposto referido neste artigo. (grifos nossos)

A publicação da Lei Complementar n. 104/01, portanto, abriu espaço para que a lei ordinária definisse, para fins tributários, o momento em que seria considerada a "disponibilidade" da renda auferida no exterior.

---

protocolizado no Departamento Nacional de Registro do Comércio — DNRC, que o examinará sem prejuízo da competência de outros órgãos federais".

É importante comentarmos que o § 2º acrescido ao *caput* do art. 43 do CTN não pode a ele se sobrepor. O art. 11 da Lei Complementar n. 95/98, ao estabelecer técnicas para a elaboração, redação, alteração e consolidação das leis, estabelece que "As disposições normativas serão redigidas com clareza, precisão e ordem lógica, observadas, para esse propósito, as seguintes normas: (...) III — para a obtenção de ordem lógica: (...) *c)* **expressar por meio dos parágrafos os aspectos complementares à norma enunciada** no *caput*, do artigo e as exceções à regra por este estabelecida. (grifos nossos).

Assim, se o *caput* do art. 43 do CTN estabelece como fato gerador do imposto de renda a aquisição de disponibilidade jurídica ou econômica representada pelo efetivo acréscimo patrimonial, não poderia um parágrafo subsequente, que tem a **finalidade de complementar essa regra**, criar uma nova hipótese de configuração do fato gerador, ou ainda, estabelecer uma regra complementar que seja com o próprio *caput* incompatível.

De todo modo, parece-nos que o poder executivo interpretou o § 2º acima mencionado como uma forma de autorização legislativa para estabelecer o momento da ocorrência do fato gerador do imposto de renda, de modo a alcançar os lucros auferidos no exterior por coligadas e controladas de pessoas jurídicas brasileiras de forma automática, nos mesmos moldes da Lei n. 9.249/95.

Isso foi o que aconteceu com edição da Medida Provisória n. 2.158-35/01, que em seu art. 74 assim determinou:

> **Art. 74.** Para fim de determinação da base de cálculo do imposto de renda e da CSLL, nos termos do art. 25 da Lei n. 9.249, de 26 de dezembro de 1995, e do art. 21 desta Medida Provisória, os lucros auferidos por controlada ou coligada no exterior serão considerados disponibilizados para a controladora ou coligada no Brasil **na data do balanço no qual tiverem sido apurados,** na forma do regulamento.
>
> **Parágrafo único.** Os lucros apurados por controlada ou coligada no exterior até 31 de dezembro de 2001 serão considerados disponibilizados em 31 de dezembro de 2002, salvo se ocorrida, antes desta data, qualquer das hipóteses de disponibilização prevista na legislação em vigor. (grifos nossos)

Com isso, a legislação brasileira passou a considerar fictamente disponibilizados os lucros auferidos no exterior por sociedades investidas de pessoas jurídicas brasileiras (correspondente ao final de cada exercício), independentemente da distribuição efetiva de tais lucros ou do cumprimento dos preceitos e formalidades legais do país em que estiver localizada a empresa investida.

Abrimos aqui um breve parênteses para melhor explicar o emprego da expressão "fictamente", quando nos referimos à disponibilização imediata dos lucros auferidos no exterior instituída pela Medida Provisória. Enquanto a legislação anterior (Lei n. 9.532/97) estabelecia as situações em que o lucro seria considerado disponibilizado (pagamento, crédito, extinção da empresa no exterior etc.), a Medida Provisória estabelece que, caso não tenha sido disponibilizado por alguma dessas formas previstas na lei, no momento da apuração do balanço esses lucros serão considerados (automaticamente) disponibilizados para fins tributários. Ou seja, sabe-se que tal disponibilização não ocorreu, porém, por ficção legal, considera-se que a empresa brasileira já tem a disponibilidade sobre tais lucros para fins de incidência do imposto de renda brasileiro.

Nesse sentido, esclarecedoras são as reflexões da conselheira Sandra Faroni, na fundamentação de seu voto no caso Eagle (2º Julgamento):

> Muito embora tanto a legislação precedente como a MP n. 2.158-35 usem a expressão "serão considerados disponibilizados", na legislação anterior essa expressão tem a conotação de presunção legal, enquanto na nova legislação a conotação é de ficção legal. Essa é uma diferença relevante porque, enquanto as presunções se baseiam no que ordinariamente acontece, a ficção se baseia naquilo que se sabe, com certeza, não ter acontecido.[44]

Fechamos parênteses e retornamos à análise da Medida Provisória n. 2.158-35/01.

O art. 21 Medida Provisória estende a aplicação dessas regras de disponibilização também para a Contribuição Social sobre o Lucro Líquido — CSLL.[45] Assim, uma vez apurado o balanço do exercício fiscal (31 de dezembro de cada ano), os lucros auferidos em decorrência de participações acionárias no exterior serão considerados disponibilizados, incidindo sobre eles então tanto o IRPJ quanto a CSLL.[46]

Adicionalmente, de acordo com o parágrafo único do art. 74 da Medida Provisória, as empresas brasileiras também ficaram obrigadas a disponibilizar, em 31 de dezembro de 2002, todo lucro acumulado entre 1996 e 2001 que não haviam sido tributados.

Nesse ponto a Medida Provisória também causou bastante confusão. Por um lado, não respeitou o princípio constitucional da irretroatividade da lei tributária, por tentar tributar fatos geradores ocorridos após a sua publicação, e pelo outro, introduziu uma regra praticamente inócua, porque possui a

---

(44) Voto relator do Acórdão n. 101-97.070, de 17 de dezembro de 2008, p. 10.
(45) A bem da verdade, a tributação de tais resultados por meio da CSLL ocorreu somente com a edição da Medida Provisória n. 1.858-6, de 29 de julho de 1999. Portanto, considerando a anterioridade nonagesimal (Constituição Federal, art. 195, § 6º), somente a partir do encerramento do ano calendário de 1999 passou a incidir CSLL sobre o lucro do exterior.
(46) A CSLL somente a partir de 1º de janeiro de 2000.

mesma fragilidade do *caput* do art. 74 da Medida Provisória, que se baseia no fato de que a lei pode definir o momento e as condições da ocorrência do fato gerador do imposto de renda desconsiderando a ocorrência da disponibilidade econômica ou jurídica da renda.

Pois bem, no que pese a discussão sobre a constitucionalidade e legalidade da Medida Provisória n. 2.158-35/01, que será melhor explorada adiante, o fato é que a legislação brasileira então eliminou por vez as lacunas que possibilitavam às pessoas jurídicas brasileiras que detêm participação em empresas no exterior a não tributarem o lucro auferido no exterior antes de sua efetiva disponibilização (real ou presumida).

Mizabel Derzi e Sacha Calmon Navarro ensinam que,

> Através da nova regra fechou-se a brecha utilizada pelas empresas para reduzir a carga tributária de investimentos realizados no exterior. Trata-se de mais uma das medidas das quais o Fisco vem se valendo desde 1995, no sentido de tentar eliminar lacunas na legislação que permitam às empresas usar suas filiais, controladas e coligadas em outros países como forma de reduzir os impostos. Tal situação permitia às empresas brasileiras realizar aplicações financeiras em outros países por intermédio de suas controladas, muitas vezes situadas em paraíso fiscal, a um custo tributário muito vantajoso em relação às operações normais de mercado. De acordo com aquela sistemática, as empresas podiam adiar quase indefinidamente o pagamento do IRPJ e da CSLL se não colocassem o lucro de suas controladas à disposição, caracterizando flagrante privilégio sobre as coligadas e controladas que exercem atividade no país.[47]

No entanto, para penalizar as empresas brasileiras que se aproveitavam da legislação anterior (de tributação dos lucros somente quando disponibilizados) para evitar a tributação no Brasil por meio de estruturas ou operações abusivas, o legislador pátrio acabou por penalizar todas as empresas nacionais que têm negócios no exterior, independentemente de tais negócios se referirem a estruturas criadas para reduzir ou postergar a tributação no Brasil ou a reais atividades exercidas e mantidas de boa-fé, como também reconhecem Mizabel Derzi e Sacha Calmon Navarro.[48] Esse assunto será melhor explorado no Capítulo 7.

Por fim, visando regulamentar as disposições trazidas pela Medida Provisória em comento, a Secretaria da Receita Federal editou a Instrução Normativa n. 213, de 7 de outubro de 2002.

---

(47) DERZI, Mizabel; NAVARRO, Sacha Calmon. A tributação dos lucros auferidos no exterior por subsidiárias, controladas e coligadas e os paraísos fiscais. In: ROCHA, Valdir de Oliveira (coord.). *Grandes questões atuais de direito tributário*. São Paulo: Dialética, 2005. v. 9, p. 423.
(48) Cf. DERZI, Mizabel; NAVARRO, Sacha Calmon. *Op. cit.*, p. 424.

Tal Instrução Normativa trouxe uma série de regras a serem seguidas pelas pessoas jurídicas brasileiras detentoras de participação societária no exterior, como a obrigatoriedade de se manter à disposição da fiscalização as demonstrações financeiras da sociedade investida no exterior e de se registrarem cópias de tais demonstrações no Livro Diário da pessoa jurídica no Brasil.[49]

A Instrução Normativa estabelece também a obrigatoriedade de se computar no Lucro Real e na base de cálculo da CSLL o lucro auferido no exterior (e ainda não disponibilizado) nas hipóteses de encerramento da pessoa jurídica brasileira ou estrangeira,[50] ou ainda na hipótese de absorção do patrimônio da pessoa jurídica sediada no Brasil, em virtude de incorporação, fusão ou cisão.[51]

Estabelece ainda critérios para se aferir o valor tributável dos resultados auferidos no exterior, pelo cálculo da equivalência patrimonial, gerando também questionamentos acerca da tributação da variação cambial dos investimentos detidos pelas pessoas jurídicas brasileiras, conforme verificaremos a seguir.

2.2.1. A CONTABILIZAÇÃO DOS INVESTIMENTOS REALIZADOS NO EXTERIOR — RESULTADO DE EQUIVALÊNCIA PATRIMONIAL — REP

A avaliação de investimentos detidos em outras empresas (participação societária) é feita de acordo com o art. 248 da Lei n. 6.404/76 — também conhecida como Lei das S.A. —, com a redação que lhe deram as Lei ns. 11.638/08 e 11.941/09:

> Art. 248. No balanço patrimonial da companhia, os investimentos em coligadas ou em controladas e em outras sociedades que façam parte de um mesmo grupo ou estejam sob controle comum serão avaliados pelo método da equivalência patrimonial, de acordo com as seguintes normas:
>
> I — o valor do patrimônio líquido da coligada ou da controlada será determinado com base em balanço patrimonial ou balancete de verificação levantado, com observância das normas desta Lei, na mesma data, ou até 60 (sessenta) dias, no máximo, antes da data do balanço da companhia; no valor de patrimônio líquido não serão computados os resultados não realizados decorrentes de negócios com a companhia, ou com outras sociedades coligadas à companhia, ou por ela controladas;

---

(49) Não é objeto deste estudo analisar as obrigações acessórias instituídas pela Secretaria da Receita Federal (hoje Receita Federal do Brasil) relativas à tributação de lucros auferidos no exterior, apenas as inovações referentes à obrigação principal.
(50) Art. 2º, § 1º.
(51) Art. 2º, § 5º.

II — o valor do investimento será determinado mediante a aplicação, sobre o valor de patrimônio líquido referido no número anterior, da porcentagem de participação no capital da coligada ou controlada;

III — a diferença entre o valor do investimento, de acordo com o número II, e o custo de aquisição corrigido monetariamente; somente será registrada como resultado do exercício:

a) se decorrer de lucro ou prejuízo apurado na coligada ou controlada;

b) se corresponder, comprovadamente, a ganhos ou perdas efetivos;

c) no caso de companhia aberta, com observância das normas expedidas pela Comissão de Valores Mobiliários.

§ 1º Para efeito de determinar a relevância do investimento, nos casos deste artigo, serão computados como parte do custo de aquisição os saldos de créditos da companhia contra as coligadas e controladas.

§ 2º A sociedade coligada, sempre que solicitada pela companhia, deverá elaborar e fornecer o balanço ou balancete de verificação previsto no número I.

Quanto ao conceito de sociedade controlada e coligada, o art. 243 da Lei das S.A. estabelece que "são **coligadas** as sociedades nas quais a investidora detenha ao menos 10% do capital e tenha influência significativa"[52] (§ 1º), ao passo que "considera-se **controlada** a sociedade na qual a controladora, diretamente ou através de outras controladas, é titular de direitos de sócio que lhe assegurem, de modo permanente, preponderância nas deliberações sociais e o poder de eleger a maioria dos administradores" (§ 2º).

Portanto, para calcular o valor correspondente ao lucro ou prejuízo de investimentos em participações societárias (em coligadas ou controladas) considerados "influentes",[53] no Brasil ou no exterior, as empresas devem utilizar o método da equivalência patrimonial,[54] que consiste em aplicar o

---

(52) Redação dada pela Lei n. 11.941/09, a redação anterior dizia que "São coligadas as sociedades quando uma participa, com 10% (dez por cento) ou mais, do capital da outra, sem controlá-la". De acordo com a Exposição de Motivos Interministerial n. 161/08 — MF/MP/MAPA/AGU, item 41.8: "Também se propõe nova qualificação dos investimentos societários sujeitos à avaliação pelo método da equivalência patrimonial, em virtude da alteração do art. 243 para adequar a definição de coligada àquela prevista nas normas internacionais de contabilidade e que não atribuem um percentual mínimo para que uma investida seja classificada como coligada. Em termos técnicos, a referida proposição é substancialmente mais relevante para a tomada de decisões do que a anterior, pois se utiliza do conceito de 'influência' na investida".
(53) De acordo com a Lei das S.A., art. 243, § 4º: "Considera-se que há influência significativa quando a investidora detém ou exerce o poder de participar nas decisões das políticas financeira ou operacional da investida, sem controlá-la".
(54) Os investimentos não considerados influentes devem ser avaliados pelo custo de aquisição. O art. 183, III, da Lei das S.A. determina que os investimentos em participação no capital social de outras sociedades, ressalvado o disposto nos arts. 248 a 250 (investimentos influentes, avaliados pelo método da equivalência patrimonial), serão avaliados pelo custo de aquisição, deduzido de provisão para perdas prováveis na realização do seu valor, quando essa perda estiver comprovada como permanente, e que não será modificado em razão do recebimento, sem custo para a companhia, de ações ou quotas bonificadas.

percentual de sua participação no capital social da investida sobre o valor do patrimônio líquido daquele, obtendo assim a equivalência patrimonial do investimento.

Esse método, como vimos, deve ser aplicado tanto em relação às sociedades na qual a investidora detenha participação direta, quanto nas sociedades em que detenha participação indireta.[55]

O lucro (ou prejuízo) será apurado pela diferença entre o valor do patrimônio líquido da investida no momento da aquisição das participações e o valor do patrimônio líquido da investida no momento da equivalência. Esse resultado deve ser contabilizado no ativo da investidora, na subconta onde está registrado o investimento, como "resultado de equivalência patrimonial", e a contrapartida no seu resultado, como receita (ou despesa). É o que a legislação denomina "contrapartida do ajuste do valor do investimento".

A obrigação do cálculo de equivalência patrimonial não está prevista somente na legislação societária (Lei Federal n. 6.404/76, art. 248[56]), mas também na legislação tributária (Decreto-lei n. 1.598/77, art. 67, XI).

Exemplo:

A empresa "A" detém 70% do capital da empresa "B", domiciliada no Brasil. Tal participação societária foi adquirida a R$ 120, no momento em que 70% do capital da empresa "B" valia R$ 100:

Ativo da empresa "A"

Investimento em "B" (70% das ações)

Custo de aquisição 120

Patrimônio líquido 100

Ágio 20

---

(55) Veja que o art. 243, § 2º, que reproduzimos há pouco estabelece que "Considera-se controlada a sociedade na qual a controladora, diretamente ou através de outras controladas, é titular de direitos de sócio que lhe assegurem, de modo permanente, preponderância nas deliberações sociais e o poder de eleger a maioria dos administradores", ao passo que o art. 2º, parágrafo único, da Instrução CVM n. 247/96 equipara às sociedades coligadas "as sociedades quando uma participa indiretamente com 10% (dez por cento) ou mais do capital votante da outra, sem controlá-la".

(56) A Instrução da Comissão de Valores Mobiliários (CVM) n. 247/96, com base na legislação em vigor, consolidou os procedimentos a serem adotados na avaliação de investimentos em sociedades coligadas e controladas e os procedimentos para elaboração e divulgação das demonstrações contábeis consolidadas, para o pleno atendimento aos Princípios Fundamentais de Contabilidade. Com base na publicação da Medida Provisória n. 449/08, a Instrução (CVM) agora deve ser atualizada.

Após o encerramento do exercício, a empresa "B" apura um lucro de R$ 20. Como "A" detém 70% das ações de "B", "A" reconhecerá 70% desse valor em seu ativo, registrando contabilmente o Resultado de Equivalência Patrimonial — REP desse investimento da seguinte forma:

Ativo da empresa "A"

Investimento em "B" (70% das ações)

Custo de aquisição 134

Patrimônio líquido 100

Ágio 20

REP 14

A contrapartida desse ajuste no valor do investimento que "A" detém em "B" (70% de R$ 20, isto é, R$ 14) é registrada no resultado do exercício da empresa "A", como receita, o que poderia aumentar o seu lucro tributável. Mas aqui também cabe uma consideração importante: a legislação brasileira determina a tributação de **lucros** auferidos no exterior, e não se **receitas** como é o caso do REP. Caso a tributação do imposto de renda alcançasse uma receita em vez de um lucro estaríamos diante de uma situação de flagrante inconstitucionalidade, mas essa foi apenas mais uma imperfeição técnica da Instrução Normativa n. 213/02, que veremos adiante.

No que pesem as exigências comerciais e societárias relativas à avaliação de investimentos influentes pelo método da equivalência patrimonial, tal avaliação não tem efeitos fiscais, isto é, sendo positiva, deve ser excluída da apuração do IRPJ e da CSLL, e, sendo negativa, adicionada nas respectivas bases, nos termos do art. 428 do RIR/99:

> **Art. 428.** Não será computado na determinação do lucro real o acréscimo ou a diminuição do valor de patrimônio líquido de investimento, decorrente de ganho ou perda de capital por variação na percentagem de participação do contribuinte no capital social da coligada ou controlada.
>
> **Parágrafo único.** Os resultados da avaliação dos investimentos no exterior, pelo método da equivalência patrimonial, decorrentes da variação no percentual de participação, no capital da investida, terão o tratamento previsto no art. 394.

O art. 394 do RIR/99 (a que se refere o parágrafo único do dispositivo acima reproduzido) dispõe sobre as regras de disponibilização de lucros auferidos no exterior trazidas pela Lei n. 9.249/95 anteriormente mencionada, que trouxe definitivamente a legislação tributária brasileira para a aplicação do princípio da tributação em bases universais. Isto é, muito embora exista uma regra de tributação de lucros auferidos no exterior, a avaliação de investimentos pelo método da equivalência patrimonial continuou a ser uma obrigação puramente contábil e societária, sem quaisquer efeitos tributários. Isso foi confirmado pela Lei n. 9.249/95, art. 25, § 6º, cujo texto determina que "Os resultados da avaliação dos investimentos no exterior, pelo método da equivalência patrimonial, **continuarão a ter o tratamento previsto na legislação vigente**". (grifos nossos)

Nesse contexto, a grande inovação da Instrução Normativa n. 213/02 foi a de atribuir efeitos tributários à equivalência patrimonial,[57] determinando que os lucros auferidos no exterior sejam trazidos para as bases de IRPJ e CSLL pelo cálculo da equivalência patrimonial. Vejamos a redação do art. 7º da referida Instrução Normativa:

> **Art. 7º** A contrapartida do ajuste do valor do investimento no exterior em filial, sucursal, controlada ou coligada, avaliado pelo método da equivalência patrimonial, conforme estabelece a legislação comercial e fiscal brasileira, deverá ser registrada para apuração do lucro contábil da pessoa jurídica no Brasil.
>
> § 1º Os valores relativos ao resultado positivo da equivalência patrimonial, não tributados no transcorrer do ano calendário, deverão ser considerados no balanço levantado em 31 de dezembro do ano calendário para fins de determinação do lucro real e da base de cálculo da CSLL.
>
> § 2º Os resultados negativos decorrentes da aplicação do método da equivalência patrimonial deverão ser adicionados para fins de determinação do lucro real trimestral ou anual e da base de cálculo da CSLL, inclusive no levantamento dos balanços de suspensão e/ou redução do imposto de renda e da CSLL.
>
> (...).

Assim, o valor de lucro auferido no exterior a ser oferecido à tributação no Brasil passou a ser, conforme disposição da Instrução Normativa n. 213/02, "a contrapartida do ajuste do valor do investimento". Dessa forma, além de ir de encontro às disposições legais vigentes, a Instrução Normativa causou uma série de distorções no critério de determinação do resultado tributável, na medida em que não determina a origem do resultado apurado em equivalência patrimonial (que deve ser tributado), abrindo a possibilidade de haver tributação inclusive de outras contas do patrimônio líquido além da conta de lucros, como, por exemplo, alguma conta da reserva de capital, e sobre **todo o valor de variação cambial relacionada ao investimento.**

Outra incongruência da tributação de lucros auferidos no exterior através do método da equivalência patrimonial é que o cômputo da equivalência

---

(57) Também os investimentos detidos no exterior avaliados pelo custo de aquisição foram disciplinados na Instrução Normativa n. 213/02. O seu art. 8º estabelece que "Os lucros decorrentes de investimento no exterior avaliado pelo custo de aquisição, conforme estabelece a legislação comercial e fiscal brasileira, serão reconhecidos pela pessoa jurídica investidora, domiciliada no Brasil, quando disponibilizados pela investida domiciliada no exterior, mediante pagamento ou crédito".

patrimonial é feito com base no lucro líquido da sociedade estrangeira (após os impostos), e pela sistemática de tributação da Medida Provisória n. 2.158--35/01 o lucro a ser considerado no Brasil é o lucro antes dos impostos.[58]

A questão da tributação da variação cambial de investimentos detidos no exterior será analisada a seguir.

2.2.2. VARIAÇÃO CAMBIAL

Conforme dissemos, a conta de equivalência patrimonial é utilizada para registrar nos balanços de uma companhia a evolução do patrimônio líquido de suas controladas e coligadas.

No entanto, quando essas empresas (investidas) estão localizadas no exterior, o resultado de equivalência reflete não somente seus lucros ou prejuízos, como também a variação cambial do investimento, entre outros fatores. Isso porque o valor da equivalência patrimonial considera também a variação cambial apurada em decorrência da conversão do valor do patrimônio do investimento, mensurado em moeda estrangeira, em moeda nacional.

Assim, ao disciplinar a obrigatoriedade de disponibilização dos lucros ou prejuízos auferidos no exterior, não distinguindo a origem do resultado apurado em equivalência patrimonial, a SRF acabou por abranger também a variação cambial dos investimentos detidos no exterior.

Desse modo, uma empresa que apurou prejuízo em sua sociedade investida no exterior poderia vir a ser obrigada a recolher IRPJ e CSLL pelo simples fato da desvalorização da moeda brasileira em face do dólar, euro, peso, iene etc.

Tal Instrução Normativa foi bastante criticada na época de sua edição. Em razão disso, muitas empresas passaram a deixar de recolher o IRPJ e a CSLL sobre a variação cambial positiva de seus investimentos no exterior, por entenderem que uma Instrução Normativa não seria um instrumento hábil para a cobrança de um tributo que não esteja previsto em lei e que ela, portanto, ofendia o princípio da legalidade tributária de acordo com o estabelecido na Constituição Federal (art. 150, I).

O Governo Federal decidiu, então, "legalizar" a norma estabelecida pela SRF na Instrução Normativa n. 213/04, tornando obrigatório o reconhecimento, como receita ou despesa financeira, da variação cambial de investimentos no exterior, para apuração do IRPJ e da CSLL.

---

(58) O próprio § 7º do art. 1º da Instrução Normativa n. 213/02 estabelece que "os lucros, rendimentos e ganhos de capital de que trata este artigo a serem computados na determinação do lucro real e da base de cálculo de CSLL, serão considerados pelos seus valores *antes de descontado o tributo pago no país de origem*". (grifos nossos)

Tal tentativa de legalização ocorreu em duas ocasiões distintas: pela Medida Provisória n. 135/03[59] (posteriormente convertida na Lei n. 10.833/04) e pela Medida Provisória n. 232/04.[60]

A Medida Provisória n. 135/03 dispunha, em seu art. 46, que

> Art. 46. A variação cambial dos investimentos no exterior avaliados pelo método da equivalência patrimonial é considerada receita ou despesa financeira, devendo compor o lucro real e a base de cálculo da CSLL relativos ao balanço levantado em 31 de dezembro de cada ano calendário.

Tempos depois, por ocasião da conversão em Lei da Medida Provisória, o art. 46 foi vetado com base no fundamento de que:

> Não obstante tratar-se de norma de interesse da administração tributária, a falta de disposição expressa para sua entrada em vigor certamente provocará diversas demandas judiciais, patrocinadas pelos contribuintes, para que seus efeitos alcancem o ano calendário de 2003, quando se registrou variação cambial negativa de, aproximadamente, quinze por cento, o que representaria despesa dedutível para as pessoas jurídicas com controladas ou coligadas no exterior, provocando, assim, perda de arrecadação, para o ano de 2004, de significativa monta, comprometendo o equilíbrio fiscal.[61]

Já o art. 9º da Medida Provisória n. 232/04[62] estabelecia que:

> Art. 9º A variação cambial dos investimentos no exterior avaliados pelo método da equivalência patrimonial é considerada receita ou despesa financeira, devendo compor o lucro real e a base de cálculo da Contribuição Social sobre o Lucro Líquido — CSLL do período de apuração.[63]

Tal medida também não foi aprovada pelo Congresso Nacional, jamais sendo aplicada na prática. Segundo nota não oficial do Governo Federal, uma importante razão para não se aprovar essa regra foi a de que no ano de 2005 o real teve uma valorização sobre o dólar (da mesma forma como na Medida Provisória n. 135/03), de maneira que a maior parte das empresas teria uma redução no valor a pagar de IRPJ e CSLL com a dedução da despesa de variação cambial como despesa financeira.

---

(59) A Medida Provisória que instituiu a Contribuição para o Financiamento da Seguridade Social — Cofins pela sistemática não cumulativa.
(60) Posteriormente convertida na Lei n. 11.119/05, que apenas corrigiu a tabela do imposto de renda das pessoas físicas, a maior parte da Medida Provisória n. 232/04 foi rejeitada pelo Congresso Nacional.
(61) Mensagem de veto n. 795, de 29 de dezembro de 2003.
(62) Pelas medidas polêmicas trazidas pela Medida Provisória n. 232/04, esta ficou conhecida como "MP do mal". Tal Medida Provisória, após significativas alterações, foi posteriormente convertida na Lei n. 11.119/05, trazendo em seu texto apenas a correção da tabela do imposto de renda das pessoas físicas.
(63) Posteriormente, ao disciplinar o período de vacância da regra trazida, o art. 14 da Medida Provisória n. 232/04 estabeleceu que entraria em vigor: I. a partir de 1º de abril de 2005, para a Contribuição Social sobre o Lucro Líquido; II. a partir de 1º de janeiro de 2006, para o imposto de renda das pessoas jurídicas.

É importante salientar também que a Medida Provisória n. 232/04 foi editada em um momento em que as Companhias Abertas pleiteavam na Comissão de Valores Mobiliários — CVM uma alteração na Instrução CVM n. 247/96, que obriga a contabilização, em conta de resultado, das variações cambiais sobre os investimentos externos das companhias abertas (art. 16, I, b).[64] Todavia, entendemos que o fato de a variação cambial, que compõe o Resultado de Equivalência Patrimonial, ser demonstrada em separado no balanço não significa que esta perde a sua natureza de equivalência patrimonial, não tributável de acordo com a legislação brasileira.

Após sucessivos questionamentos sobre o tema, a SRF manifestou seu entendimento no sentido de que:

> A contrapartida de ajuste do valor do investimento em sociedades estrangeiras, coligadas ou controladas que não funcionem no País, decorrente da variação cambial, não será computada na determinação do lucro real e da base de cálculo da CSLL.[65]

Também a 1ª Câmara do antigo Conselho de Contribuintes entendeu que a variação cambial de investimentos detidos no exterior não deveria ser tributada, conforme podemos verificar na ementa do acórdão reproduzido a seguir:

> IRPJ — LUCROS AUFERIDOS NO EXTERIOR — CONVERSÃO — Ao teor do disposto do § 7º do art. 394 do RIR/99, que reiterou o disposto no art. 25, § 4º da Lei n. 9.249/95, para efeito de conversão para o Real, os lucros auferidos no exterior devem ser convertidos em reais pela taxa de câmbio, para a venda, dos dias das demonstrações financeiras em que tenham sido apurados os lucros da controlada e coligada.
>
> VARIAÇÃO CAMBIAL — Tendo em vista as razões contidas na da mensagem de veto ao art. 46 do projeto de conversão da MP n. 135/03, **a variação cambial de investimento no exterior não constitui nem despesa dedutível nem receita tributável, indicando necessidade de lei expressa nesse sentido**.[66] (grifos nossos)

Desse modo, embora a variação cambial deva ser reconhecida contabilmente para fins de cálculo da equivalência patrimonial, entendemos que não há necessidade de esse valor ser computado ao Lucro Real e base da CSLL no momento da disponibilização dos lucros auferidos no exterior.

---

(64) Art. 16. A diferença verificada, ao final de cada período, no valor do investimento avaliado pelo método da equivalência patrimonial, deverá ser apropriada pela investidora como:
I — Receita ou despesa operacional, quando corresponder:
a) (...)
b) a variação cambial de investimento em coligada e controlada no exterior.
(65) Processos de consulta ns. 54 e 55, ambos de 7 de abril de 2003, da 9ª Região Fiscal.
(66) Acórdão n. 101-96.468, *DOU* de 13 de maio de 2008.

E, embora em alguns casos a variação cambial positiva seja exigida pela RFB, o CARF vem entendendo de forma pacífica que tal variação não se sujeita à incidência do imposto de renda.

Entendemos que eventualmente a variação cambial de investimentos detidos no exterior pode ser tributada como ganho de capital, no caso de alienação do investimento com variação cambial positiva, mas para tanto deveria haver previsão expressa na legislação, porque atualmente a variação cambial sendo computada dentro do cálculo da equivalência patrimonial do investimento, que compõe o seu custo de aquisição, não há meio para que essa tributação ocorra.

2.2.3. Possibilidade de compensação dos tributos pagos no exterior

Conforme salientamos, para eliminar a dupla tributação internacional, a maior parte dos países adota medidas unilaterais ou medidas bilaterais. As medidas bilaterais se consubstanciam na celebração de tratados e convenções, que serão analisados no Capítulo 4 — Regras Especiais de Tributação dos Lucros Auferidos no Exterior Contidas em Tratados Internacionais Celebrados pelo Brasil em face da Legislação Interna.

Entre as medidas unilaterais adotadas para evitar a dupla tributação internacional estão o método da isenção e o método da compensação.

O método da isenção consiste na atribuição de isenção aos resultados auferidos no exterior por meio de participação societária, isto é, os resultados auferidos no exterior são reconhecidos e consolidados no país do contribuinte, mas, por ocasião da apuração do imposto devido, esses valores são excluídos da base tributável.

O segundo método, que vem sendo adotado pelo Brasil, é o método da compensação. De acordo com esse método, ao disponibilizar os lucros auferidos no exterior o contribuinte tem o direito de compensar com o imposto devido no País o imposto de renda pago no exterior.

Consoante os ensinamentos de Heleno Tôrres:

> O uso do método do crédito do imposto, como se dessome, não evita a dupla tributação, antes, incide para reverter os seus efeitos, tomando-a como pressuposto. Por isso, quanto às condições de sua aplicação, exige-se, inexoravelmente, a presença de uma dupla tributação internacional efetiva a recair sobre o sujeito requerente do benefício, que deve demonstrar vínculo de residência com o respectivo Estado. E diversamente do método isentivo, o *crédito de*

imposto pressupõe, além da localização e qualificação dos rendimentos forâneos, a necessária identificação dos impostos *pagos* no exterior.⁽⁶⁷⁾

Ou seja, pelo critério do crédito do imposto não se evita a dupla tributação internacional, mas se elimina seus efeitos já existentes.

No Brasil, esse foi o critério adotado. Ao estabelecer a aplicação da tributação em bases universais, a Lei n. 9.249/95 permitiu que o imposto de renda pago no exterior fosse compensado com o imposto de renda aqui devido.

Conforme o art. 26, a referida Lei determina que:

> **Art. 26**. A pessoa jurídica poderá compensar o imposto de renda incidente, no exterior, sobre os lucros, rendimentos e ganhos de capital computados no lucro real, até o limite do imposto de renda incidente, no Brasil, sobre os referidos lucros, rendimentos ou ganhos de capital.⁽⁶⁸⁾

Com isso, observados os critérios estabelecidos, a pessoa jurídica domiciliada no Brasil, ao disponibilizar os lucros auferidos no exterior por meio de suas filiais, sucursais, coligadas ou controladas, passou também a ter o direito de compensar o imposto pago no exterior sobre esses mesmos lucros.

Essa regra elimina os efeitos de uma possível dupla tributação internacional, na medida em que a mesma base tributável somente é tributada na prática uma única vez. Se a alíquota do imposto de renda estrangeiro for maior do que a alíquota do imposto de renda e contribuição social no Brasil, o contribuinte brasileiro, utilizando-se dessa possibilidade de compensação, não pagará, na prática, tributo algum no País.⁽⁶⁹⁾ Porém, se a alíquota do imposto de renda estrangeiro for menor, o contribuinte brasileiro pagará apenas a diferença entre aquela alíquota e a alíquota brasileira (25% de IRPJ e 9% de CSLL), representando maior oneração para o contribuinte brasileiro.

A desvantagem que o contribuinte brasileiro também pode ter ocorre na hipótese em que o lucro auferido no exterior não é tributado em determinadas condições, como, por exemplo, quando não distribuído ou reinvestido. Nessa

---

(67) TÔRRES, Heleno. Lucros auferidos por meio de controladas e coligadas no exterior. In: TÔRRES, Heleno (coord.). *Direito tributário internacional aplicado*. São Paulo: Quartier Latin, 2003. v. 1, p. 117.

(68) Os § 1º a 3º do art. 26 retromencionado estabelecem as condições e critérios para essa compensação, como, por exemplo, a obrigatoriedade de o documento relativo ao imposto de renda incidente no exterior ser reconhecido pelo respectivo órgão arrecadador e pelo Consulado da Embaixada Brasileira no país em que for devido o imposto. O art. 15 da Instrução Normativa prevê a possibilidade de o saldo do tributo pago no exterior, que exceder o valor compensável com o imposto de renda e adicional devidos no Brasil, ser compensado com a CSLL devida em consequência da adição, à sua base de cálculo, dos lucros, rendimentos e ganhos de capital oriundos do exterior, até o valor devido em decorrência dessa adição.

(69) A legislação brasileira adotou o *sistema de imputação ordinária*, pois permite a compensação do imposto pago no Brasil somente até o limite do imposto pago no exterior, ao contrário do *sistema de imputação integral*, que permite a compensação do valor total pago a título de imposto sobre a renda no exterior.

situação, ainda que não distribuído o lucro auferido no exterior, será considerado disponibilizado para fins tributários nos termos do art. 74 da Medida Provisória n. 2.158-35/01.

Da mesma forma, se a empresa brasileira registrar prejuízo fiscal, ou já tiver elevados saldos de créditos tributários federais, o crédito do imposto de renda pago no exterior sobre seu investimento poderá não ser utilizado no período, prejudicando seu fluxo de caixa.

Imaginemos, por exemplo, uma empresa brasileira que participa de uma sociedade coligada no Chile, que decide reinvestir o lucro lá auferido. De acordo com as regras desse país, sobre o lucro não distribuído incide somente o imposto de renda de primeira categoria[70] (alíquota geral de 17%), ao passo que o lucro distribuído aos acionistas é tributado também pelo imposto de renda de segunda categoria[71] (alíquota adicional de 18%, totalizando 35%). Nesse caso, a sociedade brasileira teria que reconhecer o resultado de sua coligada chilena, e tributá-lo no Brasil à alíquota total de 34% (correspondente ao IRPJ e a CSLL), podendo compensar no Brasil somente o imposto de renda efetivamente pago no Chile (17%). Em um segundo momento, caso o lucro auferido e reinvestido no Chile seja distribuído, a sociedade chilena pagaria os 18% adicionais de imposto de renda e somente aí é que a sociedade brasileira poderia compensá-los com o imposto de renda devido no Brasil.

Ou seja, além de ter que antecipar o imposto de renda sobre uma renda que ainda não lhe ocorreu, a sociedade Brasileira tem um custo financeiro de ter que retirar do seu caixa recursos que somente em um momento posterior lhe serão "devolvidos" (via possibilidade de compensação). Se, ainda assim, a sociedade Brasileira neste período não apurar lucro tributável, então de pouco lhe adianta ter antecipado o imposto de renda ao fisco brasileiro porque a legislação somente lhe autorizará compensar esse valor no momento em que esta auferir lucro tributável.

Outro exemplo dos diversos danos que a aplicação da Medida Provisória n. 2.158-35/01 pode causar ao contribuinte brasileiro é que o lucro auferido no exterior pode não lhe estar disponível por uma série exigências estabelecidas pela legislação local. No Equador, por exemplo, o art. 98 de seu Código Trabalhista de 1997 estabelece que 15% do lucro líquido das empresas deve ser distribuído aos seus empregados. Nesse caso, como poderia a empresa brasileira reconhecer e pagar tributos no Brasil sobre tais valores?

Sacha Calmon e Mizabel Derzi trazem outro interessante e elucidativo exemplo sobre o assunto:

> (...) suponhamos um investimento em participação societária em país com alta carga tributária, como, por exemplo, a França. Nesse país,

---

[70] Conforme prevê o art. 20 da *Ley de Impuesto a la Renta* – LIR, aprovada pelo DL n. 824/74.
[71] Nos termos do art. 42 da *Ley de Impuesto a la Renta* — LIR, aprovada pelo DL n. 824/74.

no ano de 2001, os chamados tributos sobre a sociedade, que incorporam os impostos e contribuições incidentes sobre a renda da pessoa jurídica, correspondiam a 36,43%. Uma empresa que, no mesmo ano, tenha apurado prejuízo fiscal no Brasil, deverá reconhecer os lucros, rendimentos e ganhos de capital oriundos das atividades da empresa controlada na França, não obstante não tenha disponibilidade sobre eles, e recolher o tributo devido, à alíquota de 34% (15% + 10% a título de adicional de IR + 9% referente à CSLL) aos cofres públicos do Brasil. Como não obteve lucro tributável no Brasil, a empresa brasileira não poderá compensar o imposto pago na França por meio de sua controlada, de modo que a carga tributária total sobre a renda obtida no exterior será de 70,43% (36,43% + 34%) o que configura uma tributação confiscatória.[72]

Também é importante mencionarmos que a Lei n. 9.532/97 estabeleceu que o crédito relativo ao imposto de renda pago no exterior somente será compensado com o imposto de renda devido no Brasil se os lucros da sociedade estrangeira forem computados na base de cálculo do imposto de renda brasileiro (disponibilizados) até o final do segundo ano-calendário subsequente ao de sua apuração (art. 1º, § 4º). Isto é, caso fosse pago algum imposto de renda no exterior sobre lucros ainda não disponibilizados à sociedade brasileira, para que a sociedade brasileira pudesse aproveitar o imposto de renda lá pago (compensando-o com o imposto de renda aqui devido), tais lucros deveriam ser disponibilizados ao Brasil em até dois anos.

Como essa regra foi criada em dezembro de 1997, a Lei n. 9.532 determinou que, relativamente aos lucros apurados nos anos de 1996 e 1997, considera-se vencido o prazo de disponibilização de lucros para o aproveitamento do imposto de renda pago no exterior somente no dia 31 de dezembro de 1999.

Atualmente, as regras e os critérios para compensação do imposto de renda pago no exterior encontram-se detalhados no art. 14 da Instrução Normativa SRF n. 213/02. Dentre as regras contidas no referido artigo, vale a pena mencionar o § 7º, que determina que o tributo pago no exterior, passível de compensação no Brasil, será sempre proporcional ao montante dos lucros que houverem sido computados na determinação do lucro real.

O § 11 do dispositivo em comento estabelece que o imposto passível de compensação não poderá exceder o valor do imposto de renda devido no Brasil, porém o § 15 estabelece a possibilidade de compensar com o imposto devido nos anos-calendários subsequentes o imposto (pago sobre lucros auferidos no exterior) que não puder ser compensado em virtude de a pessoa

---

(72) DERZI, Mizabel; CALMON, Sacha. A tributação dos lucros auferidos no exterior por subsidiárias, controladas e coligadas e os paraísos fiscais. In: ROCHA, Valdir de Oliveira (coord.). *Grandes questões atuais de direito tributário*, v. 9, p. 424-425.

jurídica no Brasil, no respectivo ano-calendário, não ter apurado lucro real positivo (ou seja, apurar prejuízo fiscal).[73]

Controvertida situação referente à possibilidade de compensação de tributos pagos **no exterior** se verifica nos casos de empresas brasileiras que detêm participação em empresas no exterior que, por sua vez, detêm participação em empresas no Brasil, conforme ilustramos a seguir:

Figura 1

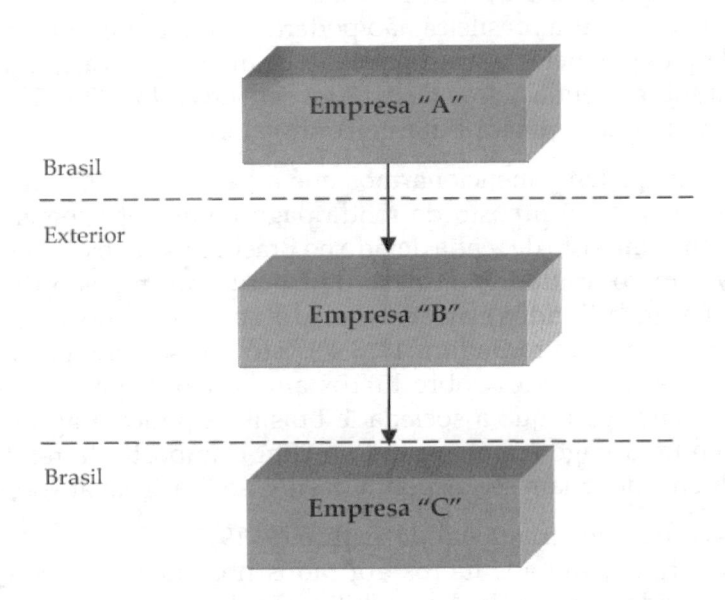

Suponhamos que a empresa "A" considere disponibilizado no Brasil, para fins tributários, o lucro auferido na empresa "B" (domiciliada no exterior), que já reconheceu no exterior (por equivalência patrimonial) o lucro auferido pela empresa "C", domiciliada no Brasil.

Como a legislação determina que o imposto devido no Brasil poderá ser compensado com o imposto pago **no exterior**, poderiam as autoridades fiscais entender que o imposto de renda pago **no Brasil** pela empresa "C" não seria passível de compensação pela empresa "A" no Brasil.

Embora essa situação pareça um estranho absurdo, as autoridade fiscais confirmaram esse entendimento na Solução de Consulta n. 40, proferida pela Superintendência Regional da Receita Federal do Brasil da 8ª Região Fiscal, vejamos abaixo a ementa:

---

(73) Para tanto, de acordo com o § 16 do art. 14 da Instrução Normativa RFB n. 213/02, a pessoa jurídica deverá, após calcular o montante do imposto a compensar em anos-calendários subsequentes, controlar o seu valor na Parte B do Livro de Apuração do Lucro Real — Lalur.

Não há previsão legal para se excluir da base de calculo do Imposto de Renda da Pessoa Jurídica, pela controladora brasileira, o valor do resultado de equivalência patrimonial integrante do lucro da controlada no exterior em decorrência de sua participação em empresa domiciliada em território brasileiro.

Não há, também, previsão legal para compensação, pela controladora brasileira, de qualquer imposto que tenha incidido no Brasil em parte do lucro apurado pela controlada no exterior, podendo apenas ser compensado, pela controladora, ate o limite do imposto renda incidente no Brasil, em virtude da adição o, a sua base de calculo, dos lucros, rendimentos e ganhos de capital oriundos do exterior, ate o valor devido em decorrência dessa adição, o valor do imposto pago no domicilio da controlada (...).[74]

Ou seja, de acordo com o entendimento das autoridades fiscais, não há na legislação brasileira previsão expressa para que o imposto de renda pago no Brasil por controlada de controlada de empresa brasileira seja compensado no Brasil (pois a lei se refere ao imposto pago **no exterior**), tampouco previsão para que tal resultado que lhe deu origem seja excluído na apuração do lucro tributável da sociedade brasileira.

Em sua fundamentação, a Receita Federal do Brasil alegou que, para que fosse possível a exclusão de tais resultados na apuração, deveria haver uma regra expressa na legislação, pois a exclusão de resultados no lucro líquido da pessoa jurídica (sujeita à apuração do imposto de renda pelo lucro real) tem natureza de isenção tributária e as regras que outorgam isenção tributária devem ser interpretadas em sua literalidade, nos termos do art. 111 do CTN. Por outro lado, a previsão na legislação da possibilidade de compensação do imposto de renda pago no exterior se refere somente ao imposto pago no domicílio da controlada, no entendimento da Receita Federal do Brasil adotado nessa consulta.

Embora se discuta, nesse caso, tanto a possibilidade de exclusão do lucro auferido pela empresa brasileira (computado no resultado de sua controladora estrangeira) quanto a possibilidade de compensação do imposto de renda por ela pago aqui no país, entendemos que o mais adequado seria a exclusão do lucro auferido pela empresa brasileira (empresa "C", no exemplo que desenhamos) na apuração do lucro tributável pela outra empresa brasileira (empresa "A"), já consolidado no balanço da empresa estrangeira "B".

Isso porque, na legislação brasileira, tanto a equivalência patrimonial[75] quanto até mesmo o dividendo[76] recebido de pessoas jurídicas brasileiras não são tributados no Brasil, até porque o lucro da empresa brasileira (que originou tal equivalência ou dividendo) já foi tributado no País. O fato de

---

(74) Publicada em 12 de fevereiro de 2009.
(75) Art. 428 do RIR/99.
(76) Lei n. 9.249/95, art. 10.

haver uma sociedade intermediária (domiciliada no exterior) entre a primeira e a segunda empresa brasileira não tira a natureza desse rendimento como de **lucro já tributado no País**.[77]

Tributá-los novamente, além de contrariar a própria legislação que estabelece, a nosso ver, expressamente sua não tributação, implicaria uma dupla tributação descomedida e indiscutível ofensa ao princípio constitucional da isonomia tributária, já que se estaria atribuindo tratamento desigual às pessoas jurídicas brasileiras que detêm o controle direto de outras pessoas jurídicas brasileiras em detrimento das pessoas jurídicas brasileiras que detêm o mesmo controle de outras pessoas jurídicas brasileiras, porém de forma indireta.

Por outro lado, ainda que tais lucros não fossem excluídos na apuração da controladora brasileira (como entendemos que deveria), também não haveria razão para restringir a possibilidade de compensação do imposto de renda sobre eles pago. Se as autoridades fiscais, para fins de exclusão do lucro auferido pela empresa brasileira na apuração do lucro tributável de sua controladora indireta também brasileira, consideram que esse lucro não pode ser excluído por ter natureza de lucro auferido no exterior (de modo que para que fosse permitida tal exclusão a legislação deveria expressamente assim permitir), então para fins de compensação do imposto de renda pago sobre tal lucro não se pode adotar outro critério, isto é, de que agora o imposto pago sobre o lucro não teria mais o caráter de imposto pago no exterior, mas de imposto brasileiro.

Ora, como o próprio art. 1º, § 6º, da Instrução Normativa n. 213/02 estabelece que "os resultados auferidos por intermédio de outra pessoa jurídica, na qual a filial, sucursal, controlada ou coligada, no exterior, mantenha qualquer tipo de participação societária, ainda que indiretamente, serão consolidados no balanço da filial, sucursal, controlada ou coligada para efeito de determinação do lucro real e da base de cálculo da CSLL da beneficiária no Brasil", logo em seguida o § 6º do art. 14 da mesma Instrução Normativa, que dispõe sobre a possibilidade de compensação do imposto de renda pago no exterior, estabelece que:

> § 6º A filial, sucursal, controlada ou coligada, no exterior, deverá consolidar os tributos pagos correspondentes a lucros, rendimentos ou ganhos de capital auferidos por meio de outras pessoas jurídicas nas quais tenha participação societária.

---

(77) Note que a sociedade brasileira não deixa de ser sua acionista, pois, ainda que detenha participação indireta, não deixa de ser controladora ou coligada (a depender do percentual de capital) da sociedade brasileira. O § 2º do art. 243 da Lei das S.A., por exemplo, estabelece que "Considera-se controlada a sociedade na qual a controladora, *diretamente ou através de outras controladas*, é titular de direitos de sócio que lhe assegurem, de modo permanente, preponderância nas deliberações sociais e o poder de eleger a maioria dos administradores". (grifos nossos)

Nada mais natural. Ou seja, se o resultado das controladas da controlada brasileira devem ser nela consolidados para fins tributários, o imposto de renda correspondente deve também ser nela consolidado. Aqui, tanto para fins de consolidação dos lucros, quanto para fins de compensação do imposto de renda pago, o critério adotado é de que ambos têm origem no exterior. Mas a Receita Federal do Brasil entendeu que somente o lucro tem natureza de rendimento auferido no exterior, sendo o imposto pago sobre esse mesmo lucro um imposto brasileiro não passível de compensação. Quanta incoerência!

Portanto, no que pese entendermos que o lucro auferido no Brasil não pode ser novamente aqui tributado (pela equivalência patrimonial, ou até mesmo dividendo) por haver **expressa** previsão na legislação brasileira (ainda que tal lucro seja reconhecido no Brasil por intermédio de uma outra pessoa jurídica domiciliada no exterior), entendemos que, caso tal lucro não fosse aqui excluído da base tributável do IRPJ e da CSLL, o imposto de renda pago sobre esse lucro (que na verdade é o próprio IRPJ, e a CSLL — a ele substancialmente semelhante[78]) seria aqui passível de compensação.

Infelizmente a Solução de Consulta n. 40 mostra mais uma vez a postura totalmente arrecadatória do fisco brasileiro: quando é para exigir tributação, desconsidera a empresa intermediária,[79] porém, quando lhe convém, a considera para não permitir a compensação de tributo pago ao próprio Brasil.

2.2.4. COMPENSAÇÃO DE PREJUÍZOS INCORRIDOS NO EXTERIOR

Quando a legislação brasileira determina a obrigatoriedade de tributação automática do lucro auferido no exterior por meio de sociedades nas quais a empresa brasileira detenha participação, ela não permite a compensação no Brasil de prejuízos incorridos por essas sociedades. Isto é, se a sociedade estrangeira obtiver lucro, esse lucro é tributável no Brasil. Se incorrer em perdas, essas perdas não são aqui dedutíveis; ao fisco brasileiro somente o lucro interessa.

De acordo com o § 5º do art. 25 da Lei n. 9.249/95 — que trata da obrigatoriedade de tributação de lucros, rendimentos e ganhos de capital auferidos no exterior —, "os prejuízos e perdas decorrentes das operações referidas neste artigo não serão compensados com lucros auferidos no Brasil". Ou seja, tais prejuízos podem apenas ser compensados com eventuais lucros auferidos fora do Brasil, mas não dentro do país.

O professor Alberto Xavier ensina que "em matéria de operações externas de pessoas jurídicas brasileiras, a lei consagra um método de *tributação separada*,

---

(78) O conceito de "substancialmente semelhante" é melhor explorado no tópico 4.5 desse trabalho.
(79) Veremos mais adiante outro caso típico, o segundo julgamento do caso Eagle.

isolando claramente duas esferas de tributação independente — a *esfera interna e a esfera externa* — de tal modo que 'os prejuízos e perdas decorrentes das operações referidas nesse artigo (no exterior) não serão compensados com os lucros auferidos no Brasil' (art. 25, § 5º)".[80]

E como o imposto de renda somente pode incidir sobre o efetivo acréscimo patrimonial disponível, essa sistemática de tributação vai de encontro ao fundamento constitucional de tributação universal sobre a renda, pois um contribuinte que apurou lucro no Brasil e prejuízo equivalente no exterior de fato não auferiu lucro algum, razão pela qual essa restrição é amplamente criticada pela doutrina.

O próprio professor Alberto Xavier, por exemplo, tece severas críticas à essa regra, vejamos:

> Em nossa opinião, as vedações à compensação de prejuízos auferidos no exterior com lucros obtidos no Brasil (e também, em certos casos, com lucros obtidos no exterior), aliada à plena tributação dos lucros obtidos no exterior, conduzem a uma tributação "fragmentada" ou "segmentada" da renda, tributação esta inconstitucional, por distorção ao conceito de renda do art. 43 do CTN e por violação do princípio da globalidade, corolário do princípio da universalidade, consagrado no art. 153, § 2º, inciso I da Constituição Federal.[81]

Pois bem. Ao regulamentar a questão, a Instrução Normativa SRF n. 213/02 define como prejuízos "aqueles apurados com base na escrituração contábil da filial, sucursal, controlada ou coligada, no exterior, efetuada segundo as normas legais do país de seu domicílio, correspondentes aos períodos iniciados a partir do ano-calendário de 1996", e traz as seguintes inovações em seu art. 4º:

i. Limita a possibilidade de compensação de prejuízos incorridos por uma sociedade estrangeira com lucros auferidos por outra sociedade estrangeira;

ii. Estabelece como exceção a regra anterior apenas no caso de filiais e sucursais domiciliadas em um mesmo país, nas hipóteses em que a matriz brasileira indicar uma dessas sociedades como "entidade líder";

iii. Esclarece que a limitação de compensação de prejuízos fiscais a que se sujeitam as pessoas jurídicas brasileiras, de valor equivalente a até no máximo 30% do lucro do período,[82] não se aplica às sociedades estrangeiras;

iv. Estabelece que a pessoa jurídica brasileira que absorver patrimônio de filial, sucursal, controlada ou coligada, no exterior, de outra pessoa jurídica brasileira, e continuar a exploração das atividades no exterior, poderá compensar os

---

(80) *Direito tributário internacional do Brasil*. Rio de Janeiro: Forense, 2007. p. 493.
(81) *Ibidem*, p. 495.
(82) Limitação prevista no art. 15 da Lei n. 9.065, de 1995.

prejuízos acumulados pela referida filial, sucursal, controlada ou coligada, correspondentes aos períodos iniciados a partir do ano calendário de 1996.

A limitação descrita no item (i) acima, embora não possua previsão legal, tem como fundamento a regra prevista do art. 16, I, da Lei n. 9.430/96, que determina que os lucros auferidos no exterior serão considerados de forma individualizada, por filial, sucursal, controlada ou coligada. Assim, embora a legislação não tenha estabelecido que a compensação de prejuízos incorridos no exterior também deva ser feita de forma individualizada, com base nesse dispositivo legal é que a Secretaria da Receita Federal estabeleceu essa limitação. Entendemos, no entanto, que há argumentos para se afastar tal limitação, pois a legislação estabelece a **possibilidade de compensação de prejuízos incorridos no exterior, com lucros auferidos no exterior**, não vedando expressamente a possibilidade de compensação de eventual prejuízo incorrido por uma sociedade domiciliada no exterior com o lucro de outra sociedade também no exterior, de modo que não cabe à SRF, por meio de uma Instrução Normativa, estabelecer essas limitações.

De acordo com os ensinamentos do professor Heleno Tôrres:

> Na síntese das três normas jurídicas, construídas a partir das disposições legais citadas (§ 5º, do art. 25, da Lei n. 9.249/95, e o art. 15, da Lei n. 9.065/95), uma conclusão é pacífica: a territorialidade prevalece na determinação dos efeitos pertinentes ao exercício do direito de compensação de prejuízos, de tal modo que **aqueles prejuízos fiscais apurados no exterior somente poderão ser compensados com lucros auferidos no exterior**, segundo a legislação fiscal, ou seja, apurados com base na escrituração contábil da filial, sucursal, controlada ou coligada, no exterior, segundo as normas legais do país de domicilio.[83] (grifos nossos)

Assim, para tributação do imposto sobre a renda, a sociedade brasileira possui em uma esfera os lucros que obtém no Brasil e, na outra, os lucros que obtém no exterior. Se a legislação brasileira, ainda que de forma descabida, não permite a dedução no Brasil de prejuízos incorridos no exterior, não cabe à Instrução Normativa restringir ainda mais os direitos do contribuinte em efetuar a compensação de seus prejuízos no exterior.

---

(83) *Revista de Direito Tributário Internacional*, São Paulo: Quartier Latin, v. 4, 2006.

Vejamos abaixo um singelo exemplo:

Figura 2

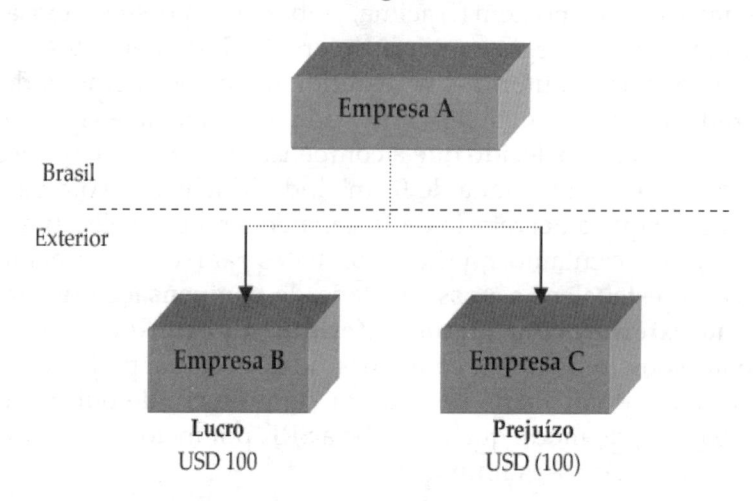

```
                    Empresa A
Brasil
- - - - - - - - - - - - - - - - - - - - - - - - - - - - - - -
Exterior
           ↓                              ↓
       Empresa B                      Empresa C
         Lucro                          Prejuízo
        USD 100                        USD (100)
```

De acordo com a figura acima, a empresa "A" teria que disponibilizar no Brasil, para fins tributários, somente o lucro que auferiu na empresa "B", pagando, portanto, IRPJ e CSLL sobre USD 100, sendo que na verdade o resultado que registrou decorrente de suas participações societárias no exterior foi zero. Assim, mais uma vez, a legislação tributária brasileira alcança lucros que na verdade não existiram. Ora, se o fundamento constitucional de tributação sobre a renda permite que a legislação alcance apenas o acréscimo patrimonial (disponível), e na legislação tributária há apenas a restrição (altamente questionável) de compensação de prejuízos incorridos no exterior com lucros auferidos no País, não poderia uma empresa brasileira ter que pagar imposto de renda (e contribuição social sobre o lucro líquido) sobre um resultado apurado no exterior que de fato não configura renda, sob pena de se ferir todo arcabouço constitucional de tributação sobre a renda.

No exemplo acima, fica claro que a empresa "A" não teve renda alguma. Fica claro também que a exceção feita pela Instrução Normativa n. 213/02, de possibilidade de compensação de prejuízos apenas entre filiais e sucursais domiciliadas em um mesmo país quando a matriz brasileira nomeie uma destas como entidade líder (item ii acima), fica aquém das necessidades de uma multinacional brasileira, que tem a necessidade cada vez maior de otimizar os seus custos tributários e se estruturar de maneira a se tornar competitiva.

Quanto ao item iii acima, entendemos que a Instrução Normativa nada mais faz do que esclarecer a não limitação de compensação dos prejuízos das sociedades estrangeiras (a 30% do valor do lucro auferido no período pelas mesmas) na qual a empresa brasileira participa, porque na verdade não há na legislação brasileira qualquer previsão legal para tal limitação.

Em relação ao item iv acima, a princípio a regra pode causar uma certa estranheza, pois como pode uma empresa brasileira absorver o patrimônio de uma empresa no exterior? Na verdade, o que o § 4º do art. 4º da Instrução Normativa SRF n. 213/02 faz é permitir que uma empresa brasileira que possua participação em uma sociedade em determinado país e adquira participação em uma sociedade estrangeira de uma empresa brasileira, nesse mesmo país, possa compensar no referido país eventual prejuízo auferido pela sociedade adquirida (que agora passa a integrar o seu patrimônio), desde que continue a exploração de suas atividades.

Esse dispositivo guarda relação direta com a regra do art. 513 do RIR/99, que determina que a pessoa jurídica não poderá compensar seus próprios prejuízos fiscais se entre a data da apuração e a da compensação houver ocorrido, cumulativamente, modificação de seu controle societário e do ramo de atividade, regra essa criada com o fim de evitar abuso de contribuintes que eventualmente pretendam adquirir empresas apenas visando compensar seus prejuízos fiscais.

Assim, se uma empresa brasileira detém o controle de determinada sociedade estrangeira, e esta incorre em prejuízos, esses prejuízos poderão ser posteriormente compensados com eventuais lucros auferidos por essa sociedade. Como essa empresa brasileira, ao alienar referida participação para outra pessoa jurídica brasileira, perde esse direito, nada mais assertivo que ele seja transferido para sua adquirente, desde que tal adquirente continue a exploração das atividades de tal empresa. Ao exigir a continuidade das atividades da sociedade adquirida, a legislação evita que a razão para a aquisição de tal participação não seja exclusivamente tributária.

Vejamos abaixo como funcionaria a aplicação dessa regra:

Figura 3

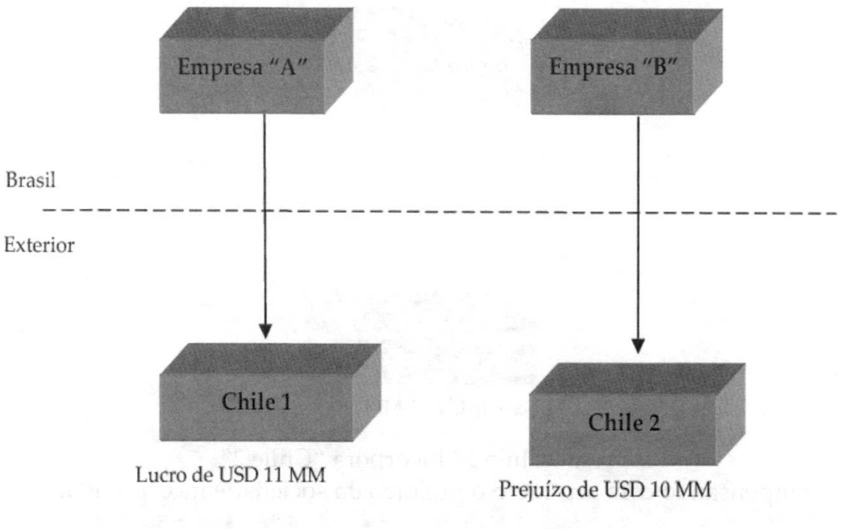

As empresas "A" e "B", ambas domiciliadas no Brasil, possuem participação nas sociedades estrangeiras "Chile 1" e "Chile 2", ambas domiciliadas no mesmo país. A empresa "Chile 1" possui no período lucros de USD 11 milhões (MM) e a empresa "Chile 2" possui prejuízos acumulados, gerados a partir de 1º de janeiro de 1996, de USD 10 MM.

Se a empresa "A" adquire de "B" o controle da empresa "Chile 2", e posteriormente a incorpora ao seu patrimônio (através da empresa "Chile 1"), e continua a exploração de suas atividades, o lucro a ser disponibilizado por "A" no Brasil no referido ano-calendário será, após a compensação do prejuízo acumulado de "Chile 2", de apenas USD 1 MM, conforme ilustramos abaixo:

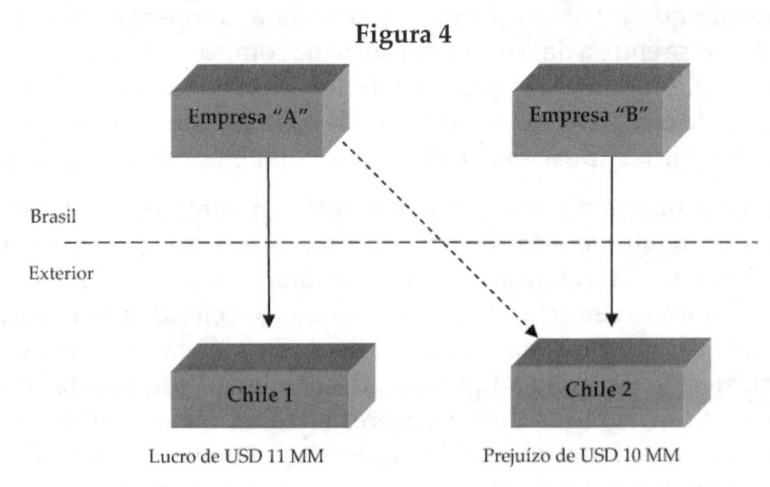

Figura 4

Empresa "A" adquire de "B" as ações que esta detém na empresa "Chile 2".

Figura 5

Empresa "Chile 1" incorpora "Chile 2",
compensando com seu lucro o prejuízo da sociedade incorporada.

Conforme verificamos acima, após a incorporação da sociedade estrangeira "Chile 2", "Chile 1" apura um novo resultado, pois compensa com seu lucro o prejuízo acumulado existente em "Chile 2" desde 1996, devendo, no entanto, continuar a exploração de suas atividades.

2.3. Tributação de lucros auferidos no exterior e o controle dos preços de transferência

Interessante questão acerca da tributação de lucros auferidos no exterior por sociedades brasileiras que possuem participação societária em outros países diz respeito à sua compatibilidade com as regras de controle dos preços de transferência relacionados à tributação de operações praticadas entre a sociedade brasileira e sua investida domiciliada no exterior, em que a aplicação concomitante de ambas as regras de tributação implicaria inevitavelmente uma dupla tributação econômica.

As regras de controle de preços de transferência (também conhecidas como *transfer pricing*) foram introduzidas no ordenamento jurídico brasileiro por meio da Lei n. 9.430, de 27 de dezembro de 1996, e tiveram como objetivo assegurar que as operações realizadas entre pessoas jurídicas brasileiras e suas pessoas vinculadas domiciliadas no exterior[84] fossem praticadas sob condições normais de mercado, isto é, que fossem praticadas nas mesmas condições em que teriam sido praticadas caso tivessem sido realizadas entre partes independentes.[85]

O art. 23 da referida Lei considera pessoa vinculada para efeito de controle dos preços de transferência, entre outros, a filial, a sucursal, a sociedade controlada e a sociedade coligada.[86]

---

(84) As regras brasileiras sobre preços de transferência se aplicam igualmente nas operações realizadas com pessoas jurídicas domiciliadas em países com tributação favorecida, conforme dispõem os arts. 24 e 24-A da Lei n. 9.430/96, este último introduzido pela Lei n. 11.727, de 23 de junho de 2008.
(85) Esse princípio é conhecido internacionalmente como *arm's length*, pois as operações entre partes não relacionadas/vinculadas deveriam ser praticadas pelo "comprimento de um braço".
(86) De acordo com o art. 23 da Lei n. 9.430/96, será considerada vinculada à pessoa jurídica domiciliada no Brasil: "I — a matriz desta, quando domiciliada no exterior; II — a sua filial ou sucursal, domiciliada no exterior; III — a pessoa física ou jurídica, residente ou domiciliada no exterior, cuja participação societária no seu capital social a caracterize como sua controladora ou coligada, na forma definida nos §§ 1º e 2º do art. 243 da Lei n. 6.404, de 15 de dezembro de 1976; IV — a pessoa jurídica domiciliada no exterior que seja caracterizada como sua controlada ou coligada, na forma definida nos §§ 1º e 2º do art. 243 da Lei n. 6.404, de 15 de dezembro de 1976; V — a pessoa jurídica domiciliada no exterior, quando esta e a empresa domiciliada no Brasil estiverem sob controle societário ou administrativo comum ou quando pelo menos dez por cento do capital social de cada uma pertencer a uma mesma pessoa física ou jurídica; VI — a pessoa física ou jurídica, residente ou domiciliada no exterior, que, em conjunto com a pessoa jurídica domiciliada no Brasil, tiver participação societária no capital social de uma terceira pessoa jurídica, cuja soma as caracterizem como controladoras ou coligadas desta, na forma definida nos §§ 1º e 2º do art. 243 da Lei n. 6.404, de 15 de dezembro de 1976; VII — a pessoa física ou jurídica, residente ou domiciliada

Como consequência dessa regra, as operações realizadas entre as pessoas jurídicas brasileiras e suas pessoas vinculadas domiciliadas no exterior que não forem praticadas sob condições normais de mercado estarão sujeitas a ajuste nas apurações do lucro real e da base de cálculo da CSLL. Tal ajuste é determinado mediante a diferença entre o preço praticado nas operações e o preço que, de acordo com os critérios estabelecidos pela Lei n. 9.430/96, seriam considerados sob condições normais de mercado (preço parâmetro).

Portanto, se uma empresa brasileira efetua importações de sua filial, sucursal, agência, sociedade controlada ou coligada, a legislação brasileira de preços de transferência irá cuidar para não ocorrer um superfaturamento da operação,[87] de modo que a sociedade domiciliada no Brasil pague mais do que o devido por determinado bem, serviço, ou direito, transferindo artificialmente ao exterior lucros que aqui seriam tributados.

Da mesma forma, se uma empresa brasileira efetua exportações para sua filial, sucursal, agência, coligada ou controlada domiciliada no exterior, a legislação brasileira de preços de transferência cria mecanismos de controle

---

no exterior, que seja sua associada, na forma de consórcio ou condomínio, conforme definido na legislação brasileira, em qualquer empreendimento; VIII — a pessoa física residente no exterior que for parente ou afim até o terceiro grau, cônjuge ou companheiro de qualquer de seus diretores ou de seu sócio ou acionista controlador em participação direta ou indireta; IX — a pessoa física ou jurídica, residente ou domiciliada no exterior, que goze de exclusividade, como seu agente, distribuidor ou concessionário, para a compra e venda de bens, serviços ou direitos; X — a pessoa física ou jurídica, residente ou domiciliada no exterior, em relação à qual a pessoa jurídica domiciliada no Brasil goze de exclusividade, como agente, distribuidora ou concessionária, para a compra e venda de bens, serviços ou direitos".

(87) Embora a legislação de preços de transferência estabeleça critérios detalhados para a apuração do valor máximo de impostação de bens e serviços que pode ser dedutível das bases de IRPJ e CSLL, em linhas gerais o art. 18 da Lei n. 9.430/96, com a redação que lhe deu a Lei n. 9.959/00, estabelece que os custos, despesas e encargos relativos a bens, serviços e direitos importados de pessoa vinculada, somente serão dedutíveis até o valor que não exceda ao preço determinado por um dos métodos estabelecidos: I — Método dos Preços Independentes Comparados — PIC: definido como a média aritmética ponderada dos preços de bens, serviços ou direitos, idênticos ou similares, apurados no mercado brasileiro ou de outros países, em operações de compra e venda, empreendidas pela própria interessada ou por terceiros com não vinculadas, em condições de pagamento semelhantes; II — Método do Custo de Produção mais Lucro — CPL: definido como o custo médio ponderado de produção de bens, serviços ou direitos, idênticos ou similares, no país onde tiverem sido originariamente produzidos, acrescido dos impostos e taxas cobrados pelo referido país na exportação e de margem de lucro de 20%, calculada sobre o custo apurado; III — Método do Preço de Revenda menos Lucro — PRL: definido como a média aritmética dos preços de revenda dos bens ou direitos, diminuídos: a) dos descontos incondicionais concedidos; b) dos impostos e contribuições incidentes sobre as vendas; c) das comissões e corretagens pagas; e d) da margem de lucro de: 1.60%, calculada sobre o preço de revenda após deduzidos os valores referidos nas alíneas anteriores e do valor agregado no País, na hipótese de bens importados aplicados à produção; ou 2.20%, calculada sobre o preço de revenda, nas demais hipóteses. No final de 2009, o Governo Federal, por meio da Medida Provisória n. 478/09, tentou criar o método do Preço de Venda menos Lucro — PVL, fixando uma margem de lucro mínima de 35% tanto para os produtos importados que eram industrializados no País, quanto para os produtos que eram apenas revendidos. Tal Medida Provisória, no entanto, não foi aprovada pelo Congresso Nacional e perdeu sua eficácia, conforme Ato Declaratório do Presidente da Mesa do Congresso Nacional n. 18/10.

para que não ocorra o subfaturamento dessas operações,[88] de maneira que sejam transferidos artificialmente ao exterior resultados que seriam tributados no Brasil caso as operações tivessem sido praticadas sob condições normais de mercado.

Outra hipótese de aplicação das regras brasileiras de preços de transferência é a contratação de empréstimo com a pessoa jurídica vinculada domiciliada no exterior. Nessa hipótese, a legislação brasileira determina que os respectivos contratos sejam registrados no Banco Central do Brasil, caso contrário, a empresa brasileira deve comprovar que praticou taxa de juros equivalentes à taxa Libor, para depósitos em dólares dos Estados Unidos da América pelo prazo de seis meses, acrescida de 3% anuais a título de spread, proporcionalizados em função do período a que se referirem os juros.[89]

Essa taxa será considerada limite máximo de dedutibilidade dos juros nos mútuos contratados por empresas brasileiras e valor mínimo que deve ser reconhecido como receita nos mútuos concedidos por pessoas jurídicas brasileiras a pessoas vinculadas domiciliadas no exterior cujos contratos não estão registrados no Banco Central do Brasil.[90]

Como se vê, a aplicação das regras brasileiras de preços de transferência visa evitar a transferência artificial de lucros para sociedades vinculadas domiciliadas no exterior, por meio de critérios de apuração de valores que seriam praticados sob condições normais de mercado. Assim, as transações

---

(88) O art. 19 da Lei n. 9.430/96, após estabelecer hipóteses em que a pessoa jurídica brasileira esteja dispensada da comprovação dos preços de transferência, deve apurar o preço parâmetro de suas receitas de vendas nas exportações tomando-se por base o valor apurado de acordo com um dos seguintes métodos: I — Método do Preço de Venda nas Exportações — PVEx: definido como a média aritmética dos preços de venda nas exportações efetuadas pela própria empresa, para outros clientes, ou por outra exportadora nacional de bens, serviços ou direitos, idênticos ou similares, durante o mesmo período de apuração da base de cálculo do imposto de renda e em condições de pagamento semelhantes; II — Método do Preço de Venda por Atacado no País de Destino, Diminuído do Lucro — PVA: definido como a média aritmética dos preços de venda de bens, idênticos ou similares, praticados no mercado atacadista do país de destino, em condições de pagamento semelhantes, diminuídos dos tributos incluídos no preço, cobrados no referido país, e de margem de lucro de 15% sobre o preço de venda no atacado; III — Método do Preço de Venda a Varejo no País de Destino, Diminuído do Lucro — PVV: definido como a média aritmética dos preços de venda de bens, idênticos ou similares, praticados no mercado varejista do país de destino, em condições de pagamento semelhantes, diminuídos dos tributos incluídos no preço, cobrados no referido país, e de margem de lucro de 30% sobre o preço de venda no varejo; e IV — Método do Custo de Aquisição ou de Produção mais Tributos e Lucro — CAP: definido como a média aritmética dos custos de aquisição ou de produção dos bens, serviços ou direitos, exportados, acrescidos dos impostos e contribuições cobrados no Brasil e de margem de lucro de 15% sobre a soma dos custos mais impostos e contribuições.
(89) Lei n. 9.430/96, art. 22.
(90) O Banco Central do Brasil (Bacen), antes de proceder ao registro dos contratos de mútuo internacional, analisa se as taxas de juros contratadas são compatíveis com as taxas praticadas no mercado (conforme Circular Bacen n. 2.997/00, em relação a mútuos passivos). No caso de mútuo ativo, concedido por pessoas jurídicas brasileiras a empresas domiciliadas no exterior, embora esteja previsto na Lei n. 9.430/96, na prática o Bacen não efetua o registro, o que implica a obrigatoriedade de aplicação da taxa Libor mais 3% para fins de conformidade com a Lei n. 9.430/96.

entre uma pessoa jurídica brasileira e sua sociedade investida domiciliada no exterior (filial, sucursal, agência, coligada ou controlada) que não estejam de acordo com esses critérios geram a obrigação de um ajuste nos preços praticados, de modo a evitar que os lucros da sociedade brasileira sejam transferidos para sociedade estrangeira para fins fiscais.

Ora, se nesse caso os lucros que teriam sido transferidos ao exterior para uma sociedade vinculada foram trazidos de volta ao País pelo mecanismo de ajuste dos preços praticados da legislação de preços de transferência, não há sentido trazê-los novamente ao País pela tributação dos resultados auferidos pela sociedade investida no exterior, pois se estaria tributando duas vezes o mesmo rendimento.

O professor Luís Eduardo Schoueri sustenta que, ao determinar a tributação de lucros pelo mecanismo de ajustes de preços de transferência, a legislação tributária considera que o lucro transferido ao exterior teria sido, na verdade, auferido pela sociedade brasileira, e não no exterior. Dar tratamento tributário distinto a essa mesma renda para fins de considerá-la lucro auferido no exterior seria ferir o princípio da isonomia tributária assegurada pelo art. 150, II, da Constituição Federal de 1988,[91] completa o ilustre mestre. Vejamos, a seguir, sua lição a respeito do assunto:

> Nesse cenário, parece correto afirmar que a efetuação de ajustes de preços de transferência realizada pelo contribuinte brasileiro implica a asserção de que os lucros que este apurou nas transações controladas, praticadas com a controlada no exterior, teriam sido auferidos no Brasil.
>
> Ora, admitindo-se a conclusão de que tais lucros não teriam sido auferidos no exterior, e sim no País, parece correto afirmar que não haverá causa jurídica (i.e., fundamento jurídico) para aplicação das regras CFC à situação sob análise.
>
> (...)
>
> Em síntese, torna-se cristalino o raciocínio: o lucro tributado pela legislação de preços de transferência é riqueza auferida no país, mas não contabilizada; o ajuste apenas revela tal riqueza. **Se a Lei n. 9.249/95 alcança lucros no exterior, não podem ser nela compreendidos os lucros auferidos no Brasil.**

---

(91) Art. 150. Sem prejuízo de outras garantias asseguradas ao contribuinte, é vedado à União, aos Estados, ao Distrito Federal e aos Municípios:
I – (...);
II – instituir tratamento desigual entre contribuintes que se encontrem em situação equivalente, proibida qualquer distinção em razão de ocupação profissional ou função por eles exercida, independentemente da denominação jurídica dos rendimentos, títulos ou direitos.

(...)

Observa-se que eventual aplicação das regras CFC a situações já oneradas por incidência tributária anterior (com base na legislação de Preços de Transferência) implicaria discriminação das empresas brasileiras que mantém controladas ou coligadas no exterior e importam produtos destas, em relação às empresas que mantém controladas ou coligadas.

De fato, ambos os grupos de empresas seriam obrigados a tributar os lucros de suas controladas ou coligadas, em virtude da aplicação das regras CFCs; todavia, aquelas que também importam produtos de suas controladas ou coligadas teriam que tributar os lucros apurados nas importações com base nos ajustes de preços de transferência. Haveria, assim, a adoção de um discrime desarrazoado (sem qualquer fundamentação jurídica) para incidência por duas vezes de tributação, qual seja o mero fato de a empresa brasileira importar produtos de sua vinculada.[92]

Schoueri também relata que a Corte Federal Tributária da Alemanha, provocada sobre a questão, entendeu igualmente que a aplicação concomitante das regras "CFC" com a legislação do preço de transferência implica dupla tributação da renda, afastando-a.[93]

Entendemos ainda no presente estudo que a tributação do mesmo rendimento mediante a aplicação da legislação dos preços de transferência e de disponibilização de lucros no exterior, além de ferir o princípio da isonomia tributária, vai de encontro ao próprio princípio da capacidade contributiva garantido pelo art. 145, § 1º, da Constituição Federal,[94] na medida em que onera sobremaneira o mesmo rendimento com duas distintas tributações, pois, embora o fundamento jurídico de tributação seja distinto, os tributos devidos são os mesmos: IRPJ e CSLL.

---

(92) SCHOUERI, Luís Eduardo. Aplicação concomitante da legislação de preços de transferência e da tributação do lucro em bases mundiais. In: TÔRRES, Heleno Taveira (coord.). *Direito tributário internacional aplicado*. São Paulo: Quartier Latin, 2006. v. III, p. 246-254.
(93) *Ibidem*, p. 252.
(94) Art. 145. A União, os Estados, o Distrito Federal e os Municípios poderão instituir os seguintes tributos:
I – impostos;
II – taxas, em razão do exercício do poder de polícia ou pela utilização, efetiva ou potencial, de serviços públicos específicos e divisíveis, prestados ao contribuinte ou postos a sua disposição;
III – contribuição de melhoria, decorrente de obras públicas.
§ 1º Sempre que possível, os impostos terão caráter pessoal e *serão graduados segundo a capacidade econômica do contribuinte*, facultado à administração tributária, especialmente para conferir efetividade a esses objetivos, identificar, respeitados os direitos individuais e nos termos da lei, o patrimônio, os rendimentos e as atividades econômicas do contribuinte. (grifos nossos)

Além disso, vai de encontro aos próprios mandamentos constitucionais que procuram a todo o momento evitar a dupla tributação, como é o caso da proibição de que as taxas tenham a mesma base de cálculo dos impostos[95] e da permissão à União Federal de criar impostos extraordinários, desde que não tenham fato gerador ou base de cálculo próprios dos discriminados na Constituição.[96]

No entanto, é possível que a aplicação da regra de preços de transferência no Brasil — que gere ajuste em determinadas operações — não alcance por si só todo o lucro auferido no exterior por meio de uma sociedade investida no exterior, até porque a sociedade investida pode ter suas operações próprias, que lhe gerem renda.

Da mesma forma, uma pessoa jurídica que utilize as operações comerciais — ou financeiras, por meio de mútuos — para transferir propositadamente lucros para o exterior (pela presunção da lei) pode não auferir lucros no exterior suficientes que compensem tamanho ajuste da legislação de preços de transferência no Brasil, até porque a sociedade estrangeira pode incorrer em despesas que lhe permitam reduzir o lucro apurado ou até mesmo possuir regras de contabilização diferentes.

Assim, entendemos que seria razoável haver tributação no Brasil (por meio do IRPJ e da CSLL) somente sobre o maior valor deles — lucro da investida ou ajuste de preços de transferência — nos casos em que a empresa brasileira é obrigada a tributar os lucros no exterior de sua investida e ao mesmo tempo efetuar ajustes fiscais nos valores praticados em operações comerciais ou financeiras com esta, para fins de atendimento à legislação de preços de transferência.

Para tornar mais claro o entendimento que acabamos de expressar, o exemplo é ilustrado na figura a seguir:

---

(95) Art. 145, § 2º, da Constituição Federal: "As taxas não poderão ter base de cálculo própria de impostos".
(96) Art. 154 da Constituição Federal: "A União poderá instituir:
I — mediante lei complementar, impostos não previstos no artigo anterior, desde que sejam não cumulativos e não tenham fato gerador ou base de cálculo próprios dos discriminados nesta Constituição".

Figura 6

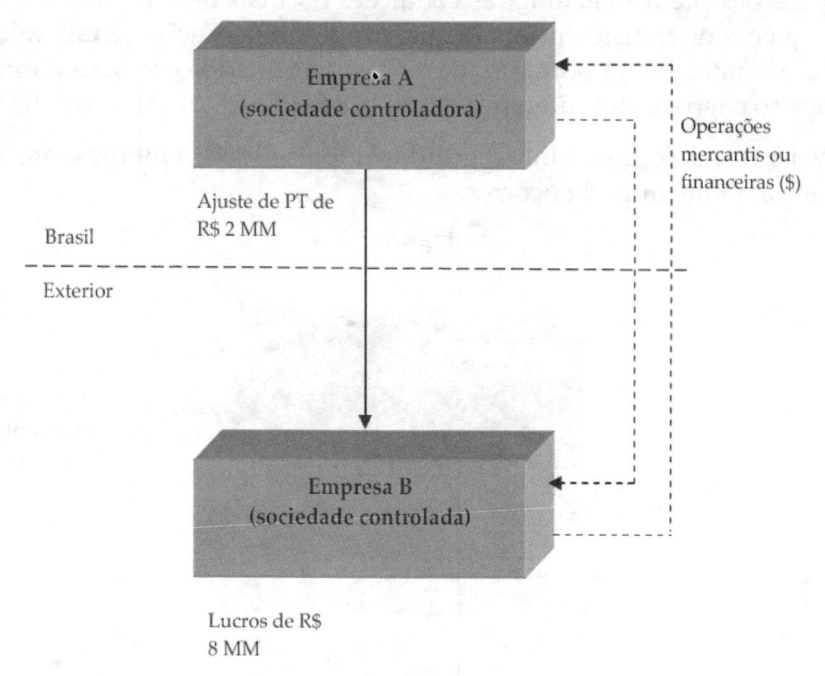

Brasil — Empresa A (sociedade controladora) — Ajuste de PT de R$ 2 MM

Operações mercantis ou financeiras ($)

Exterior — Empresa B (sociedade controlada)

Lucros de R$ 8 MM

Tributação de lucros no exterior e preços de transferência (Caso 1).

No caso ilustrado, a empresa "A" detém o controle do capital da sociedade "B" e pratica com essa operações comerciais ou financeiras que resultam em um ajuste dos preços, de acordo com a legislação brasileira de Preços de Transferência — PT no valor de R$ 2 milhões (MM), oferecendo tais valores à tributação do IRPJ e da CSLL.

A empresa "B" aufere, no entanto, lucros de R$ 8 milhões (MM), que serão também tributados no Brasil obrigatoriamente em 31 de dezembro, ainda que não tenham sido efetivamente distribuídos, por força do art. 74 da Medida Provisória n. 2.158-35/01.

Nesse caso, como os R$ 2 MM estão sendo tributados no Brasil como forma de ajuste nos preços praticados, assumindo a presunção legal de que esses valores teriam sido transferidos artificialmente ao exterior, e como os valores que estão no exterior (lucro de R$ 8 MM) já estão sendo oferecidos à tributação do IRPJ e CSLL também, entendemos que o valor correto a ser tributado no Brasil é somente os R$ 8 MM (e não R$ 10 MM), pois neles já estariam compreendidos os valores que supostamente foram transferidos via operações comerciais e financeiras (R$ 2 MM).

Não seria razoável, contudo, que a empresa "A" utilizasse todo o crédito de impostos sobre a renda eventualmente pagos no exterior para abater o imposto devido no Brasil, já que R$ 2 MM desses valores foram transferidos via operações praticadas fora das condições normais de mercado, e a legislação de preços de transferência não autoriza a compensação de tais valores. O crédito tributário seria, portanto, nesse caso, calculado com base no imposto estrangeiro pago sobre a diferença entre R$ 8 MM e R$ 2 MM, isto é, R$ 6 MM.

Vejamos, a seguir, uma segunda hipótese, que, embora com menor frequência, também pode ocorrer:

Figura 7

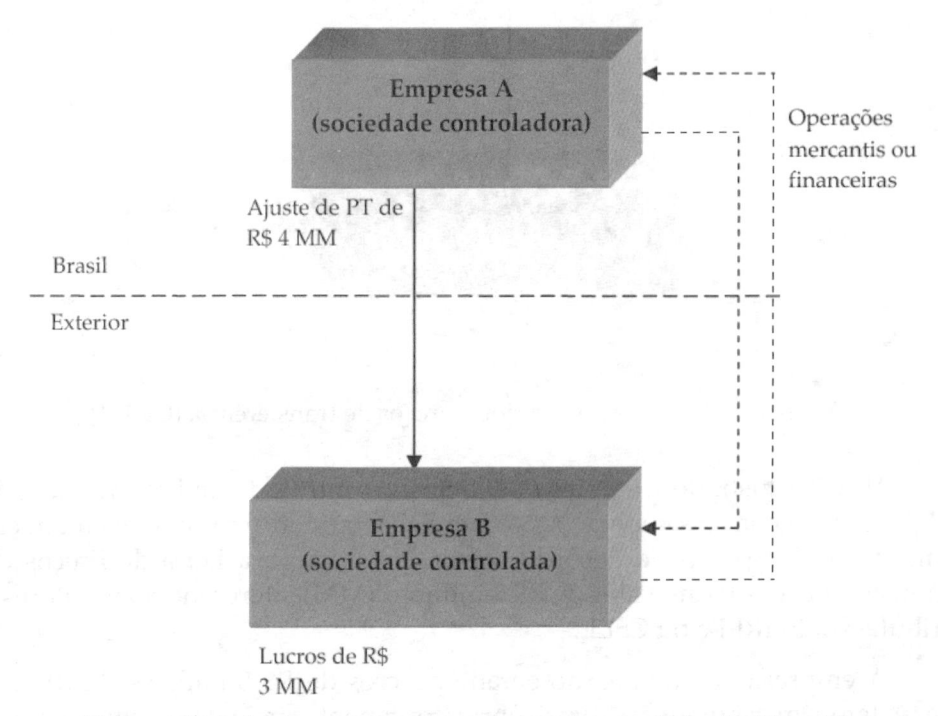

Tributação de lucros no exterior e preços de transferência (Caso 2).

Nesse caso, o valor de ajuste decorrente da aplicação da legislação de preços de transferência é de R$ 4 milhões (MM), ao passo que o lucro da sociedade controlada no exterior, que será também objeto de tributação no Brasil, é de R$ 3 milhões (MM).

A primeira pergunta que surge quando constatamos essa situação é: se R$ 4 MM de lucros foram transferidos artificialmente ao exterior, como pode a sociedade estrangeira controlada auferir apenas R$ 3 MM?

Entendemos que, embora essa situação seja difícil de ocorrer, ela é economicamente possível, por uma série de razões: (i) a sociedade controladora no Brasil pode ter efetuado ajustes de preços de transferência que não correspondam efetivamente a lucros transferidos ao exterior (embora a lei assim presuma); (ii) a sociedade estrangeira pode ter critérios de contabilização específicos que lhe permitam, por exemplo, registrar um recebimento em seu ativo (e não em sua receita) ainda que já tenha sido baixado seu respectivo custo; ou, ainda, (iii) incorrer em prejuízo em suas operações próprias que diminuam os lucros realizados com sua empresa vinculada no Brasil etc.

De qualquer modo, o valor tributado no Brasil via controle dos preços de transferência, presumidamente transferidos ao exterior, não podem ser considerados duas vezes na base dos mesmos tributos (IRPJ e CSLL). Se o lucro transferido ao exterior pela empresa brasileira via operação mercantil, por exemplo, é consumido pelo prejuízo que a sociedade estrangeira registrou em suas operações com terceiros, de qualquer maneira ele foi considerado para fins de apuração do balanço local, o que não justificaria sua tributação em duplicidade.

No caso em análise, portanto, entendemos que o valor a ser considerado nas bases do IRPJ e da CSLL da empresa "A" são os R$ 4 MM (e não R$ 7 MM), sendo os R$ 3 MM registrados no exterior pela empresa "B" um reflexo desses R$ 4 MM após deduzido o prejuízo — ou outros fatores (contábeis etc.) — lá incorridos.

Como esses R$ 4 MM são para fins fiscais, considerados resultados transferidos ao exterior pela não conformidade das operações praticadas entre as empresas "A" e "B" com as condições normais de mercado (controle dos preços de transferência), e os R$ 3 MM auferidos no exterior estão sendo desconsiderados para fins tributários, entendemos que eventual imposto sobre a renda pago no exterior, nesse caso, não seria passível de compensação no Brasil.

Por fim, é importante ressaltar que não há na legislação brasileira nenhuma regra que disponha sobre esse assunto. Na atual redação da legislação em vigor que rege as matérias em foco, o contribuinte brasileiro nessas condições deve oferecer à tributação o lucro auferido no exterior tanto pelos ajustes determinados pela legislação de controle dos preços de transferência, quanto pela legislação de disponibilização de lucros auferidos no exterior.

É oportuno salientar também que, até o presente momento, a questão não foi analisada pelas altas instâncias do Poder Judiciário, tampouco pelo Poder Administrativo. O entendimento aqui exposto reflete, portanto, nossa opinião sobre o que seria mais razoável, considerando os princípios tributários adotados pela Constituição Federal brasileira — isonomia tributária,[97] capacidade contributiva,[98] segurança jurídica,[99] não instituição de tributo

---

(97) Constituição Federal, art. 150, II.
(98) Constituição Federal, art. 145, § 1º.
(99) Entendemos que o princípio da segurança jurídica é depreendido, entre outros, do art. 5º, XXXVI, da Constituição Federal, que estabelece que "a lei não prejudicará o direito adquirido, o ato jurídico perfeito e a coisa julgada".

com efeito de confisco,[100] instituição de imposto sobre o mesmo fato gerador e base de cálculo, razoabilidade dos atos administrativos[101] etc.

Também é oportuno lembrar que a OCDE possui regras semelhantes de procedimentos de mútuo acordo (*Mutual Agreement Procedures — MAP*) para evitar a dupla tributação internacional na aplicação das regras de preço de transferência pelos países. De acordo com essas regras, um ajuste secundário (*secondary adjustment*) poderia ser concedido pelas autoridades fiscais de um país se o contribuinte do outro país repatria lucros ao país com o qual praticou operações no montante equivalente à quantia de ajuste de preços de transferência (*transfer pricing adjustment*), para que o mesmo lucro não seja tributado duas vezes. No caso brasileiro, embora o lucro auferido no exterior possa não ter sido distribuído, a legislação assim o considera para fins tributários (disponibilização ficta), o que justificaria a aplicação de um ajuste secundário para evitar a dupla tributação.

Outra forma de se aplicar as regras do *secondary adjustment*, quando não há distribuição de lucros pelo país com o qual o contribuinte do outro país praticou operações sujeitas a ajustes de preço de transferência, é o reconhecimento por aquele primeiro país de uma despesa equivalente ao valor do ajuste de preço de transferência no outro país. Ou seja, se um contribuinte brasileiro praticar operação com sua controlada domiciliada no exterior e essa operação sofrer ajuste em conformidade com a legislação de preços de transferência, o país estrangeiro pode conceder ao seu contribuinte o direito de deduzir uma despesa, para fins tributários, do mesmo valor, evitando assim uma dupla tributação internacional.[102] Se isso acontecesse, com a dedução dessa despesa, o lucro da sociedade estrangeira controlada a ser considerado disponibilizado no Brasil também seria menor.

No entanto, embora haja uma preocupação da comunidade internacional com o fenômeno da bitributação ocasionado pela aplicação nociva da legislação de *transfer pricing*, a legislação brasileira — que possui regras de *transfer pricing* diferentes do mundo todo — também não possui um procedimento que permita aos seus contribuintes evitar tal sobrecarga, tampouco há a previsão desse procedimento nos tratados internacionais dos quais o Brasil é signatário.

---

(100) Constituição Federal, art. 150, IV.
(101) Entendemos que o princípio da razoabilidade dos atos administrativos é depreendido, entre outros, do art. 37 da Constituição Federal, que estabelece que "A administração pública direta e indireta de qualquer dos Poderes da União, dos Estados, do Distrito Federal e dos Municípios obedecerá aos princípios de legalidade, impessoalidade, moralidade, publicidade e eficiência e, também, ao seguinte".
(102) A versão atualizada da Convenção Modelo OCDE, de 22 de julho de 2010, prevê a possibilidade de ajuste secundário também em relação à atribuição de lucros a Estabelecimentos Permanentes — EP, prevendo inclusive a possibilidade de os Estados-Contratantes se consultarem se entenderem necessário, o que demonstra a preocupação mundial cada vez maior com o fenômeno da dupla tributação internacional.

Por fim, cumpre-nos mencionar que em alguns casos é possível que o ajuste dos preços praticados entre a sociedade estrangeira e a sua investidora brasileira — para cumprimento da legislação de preços de transferência — ocorra somente algum tempo depois que os lucros daquela sociedade foram tributados aqui no Brasil, o que poderia dificultar a alegação (ou comprovação) de incompatibilidade dessas duas regras nesse primeiro momento.

É o caso, por exemplo, da empresa brasileira que importa matérias-primas de sua subsidiária para produção de bens que serão vendidos somente no(s) exercício(s) seguinte(s). Caso a sociedade brasileira adote como método para o cálculo dos preços de transferência o Preço de Venda menos Lucro — PVL, em que é necessário ocorrer a posterior venda do produto importado para se obter o preço parâmetro, como no ano da referida importação não houve ainda a venda de tais bens, não haverá cálculo do preço de transferência, porém eventualmente poderia a subsidiária estrangeira auferir lucros que seriam tributados no Brasil.[103]

Nesse caso, entendemos que o mais correto seria a empresa brasileira (na impossibilidade de se comprovar o preço parâmetro por outro método previsto na legislação) manter um controle de todas as operações que praticou com sua sociedade investida domiciliada no exterior — evidenciando o período em que cada operação foi praticada — para que posteriormente, quando ocorrer o ajuste de preços para atendimento da legislação dos preços de transferência (se ocorrer), seja considerado em tal ajuste o valor do lucro auferido pela sociedade estrangeira e disponibilizado no Brasil. Isto é, que o ajuste (se houver) seja feito somente pela diferença.

---

(103) A essência dessa regra é que somente no momento da venda do bem os custos são lançados no resultado da empresa, reduzindo, portanto, seu lucro tributável.

CAPÍTULO 3

DISCUSSÃO JUDICIAL — ATUAL POSICIONAMENTO DO SUPREMO TRIBUNAL FEDERAL — STF E DO SUPERIOR TRIBUNAL DE JUSTIÇA — STJ SOBRE A MATÉRIA

3.1. PRINCIPAIS ARGUMENTOS DA ADIn N. 2.588/01

Conforme mencionamos anteriormente, a publicação da Medida Provisória n. 2.158-35/01 foi amplamente questionada pela Confederação Nacional da Indústria — CNI por meio da Ação Direta de Inconstitucionalidade — ADIn n. 2.588/01, que pleiteou ao STF a declaração de inconstitucionalidade do art. 74 da referida Medida Provisória pelas seguintes ofensas à Constituição Federal de 1988:

• **"violação ao art. 62 da Constituição, ante a absoluta falta de urgência para justificar o emprego de medida provisória"** — Como o art. 62 da Constituição Federal determina que o presidente da República pode adotar Medida Provisória somente em caso de relevância e urgência, a CNI entendeu que não houve situação de urgência capaz de justificar a edição de uma Medida Provisória. É importante notar que na vigência anterior do art. 62 da Constituição Federal, antes da alteração advinda da Emenda Constitucional n. 32/01,[104] o STF analisou o

---

(104) A Emenda Constitucional n. 32, de 11 de setembro de 2001, alterou, entre outros, o regime jurídico da Medidas Provisórias (art. 62 da Constituição Federal), limitando sua edição em relação a determinadas matérias (e.g.: matérias reservadas à Lei Complementar) e sua possibilidade de reedições sucessivas no tempo (a cada 30 dias), estabelecendo-lhes vigência com força de Lei por 60 dias, prorrogáveis por igual período (§ 7º). Caso nesse período a Medida Provisória não seja convertida em Lei, cabe ao Congresso Nacional disciplinar, por decreto legislativo, as relações jurídicas criadas sob o período de sua vigência (§ 3º), sendo que, caso não seja editado esse decreto legislativo em até sessenta dias após a rejeição ou perda de eficácia de medida provisória, as relações jurídicas constituídas e decorrentes de atos praticados

conceito de relevância e urgência para fins de edição de Medidas Provisórias, adotando o seguinte entendimento: "em princípio, a sua apreciação fica por conta do Chefe do Executivo e do Congresso Nacional. Todavia, se uma ou outra, relevância ou urgência, evidenciar-se improcedente, no controle judicial, o Tribunal deverá decidir pela ilegitimidade constitucional da medida provisória".[105] Portanto, embora seja relativamente discricionário o entendimento sobre urgência (e também sobre relevância) por parte do poder executivo (ao editar a Medida Provisória) e do Poder Legislativo (ao votá-la), há de fato a possibilidade de o Poder Judiciário julgá-la ilegítima constitucionalmente no controle concentrado de constitucionalidade — conforme pleiteado pela CNI na referida ADIn;

- **"violação aos arts. 153, III, e 195, I, c, da Constituição, ante a exigência de imposto e contribuição sobre situação que não configura renda ou lucro"** — Como o texto constitucional prevê a possibilidade de tributação sobre a renda (imposto) e o lucro (contribuição social[106]), a instituição de tributação sobre resultados auferidos no exterior (renda/lucro) deve observar seus respectivos fundamentos. Como a renda ou lucro é gerada pela percepção de disponibilidade jurídica ou econômica do efetivo acréscimo patrimonial, nos termos do art. 43 do CTN, a tributação de um rendimento incorrido no exterior que ainda não foi **disponibilizado** implica ofensa ao próprio fundamento constitucional de sua tributação;

- **"violação às alíneas a e b do art. 150, III, da Constituição, vez que o parágrafo único do art. 74 da Medida Provisória atacada pretende tributar lucros acumulados relativos a períodos anteriores à sua edição e também relativos ao mesmo exercício financeiro em que adotada a MP"** — Como o texto constitucional estabelece que é vedado aos entes tributantes exigir tributo em relação a fatos geradores ocorridos antes do início da vigência da lei que os houver instituído ou aumentado (princípio da irretroatividade) e "no mesmo exercício financeiro em que tenha sido publicada a lei que os instituiu ou aumentou" (princípio da anterioridade), não poderia o parágrafo único do art. 74 da Medida Provisória determinar "disponibilizados" para fins tributários os resultados auferidos no exterior pelas pessoas jurídicas domiciliadas no Brasil desde 1996, período em que passou a vigorar o art. 25 da Lei n. 9.249/95.

Também alega a CNI na referida ADIn que o art. 74 da Medida Provisória n. 2.158-35/01, ao desconsiderar o conceito de disponibilidade e acréscimo patrimonial disponível para configuração do fato gerador do IRPJ e da CSLL, denota idêntica situação àquela ocorrida com o antigo Imposto sobre o Lucro Líquido – ILL,[107] já declarado inconstitucional pelo STF e afastado do

---

durante sua vigência conservar-se-ão por ela regidas (§ 11). O § 12 do art. 62 da Constituição Federal estabelece que, caso o projeto de lei de conversão da medida provisória que altere o seu texto original seja aprovado, tal medida provisória manter-se-á integralmente em vigor até que seja sancionado ou vetado o projeto.
(105) RE 222.719-PB, STF/2ª Turma, RTJ 168/674. Em idêntico sentido, ADIn n. 1.647-PA, RTJ 168/774.
(106) Conforme salientamos, o art. 21 da referida Medida Provisória estende a aplicação dessas regras de disponibilização também para a apuração da base de cálculo da Contribuição Social sobre o Lucro Líquido — CSLL.
(107) Criado pelo art. 35 da Lei n. 7.713/88.

ordenamento jurídico pela Resolução do Senado Federal n. 82, de 18 de novembro de 1996.

De fato, o art. 35 da Lei n. 7.713/88 estabelecia que:

> Art. 35. O sócio quotista, o acionista ou titular da empresa individual ficará sujeito ao imposto de renda na fonte, à alíquota de oito por cento, calculado com base no lucro líquido apurado pelas pessoas jurídicas na data do encerramento do período base.

Isto é, na data de encerramento do período base, ainda que não distribuído o lucro auferido, o quotista, acionista ou titular de empresa individual estava sujeito ao Imposto sobre o Lucro Líquido — ILL. Se posteriormente tal lucro fosse efetivamente distribuído, determinava o art. 36 da referida Lei que tais valores não estariam sujeitos à incidência do imposto de renda na fonte.[108]

Na ocasião, o STF decidiu que a exigibilidade do ILL estava restrita às sociedades de responsabilidade limitada e às empresas individuais, e que, portanto, não poderia ser exigida das sociedades anônimas, julgando assim inconstitucional a expressão "o acionista" do referido art. 35. Vejamos a seguir ementa da decisão:

> IMPOSTO DE RENDA — Lucro líquido apurado. Acionista. Sócio quotista e titular de empresa individual. Art. 35 da Lei n. 7.713/88. O STF, julgando o RE 172.058-1, decidiu que a norma insculpida no art. 35 da Lei n. 7.713/88 é inconstitucional no tocante ao acionista de sociedade anônima, tendo em vista que em tais sociedades a distribuição dos lucros depende, principalmente, da manifestação da assembleia geral. Especificamente no que toca aos sócios quotistas e aos titulares de empresa individual, entendeu que a referida regra "mostra-se harmônica com a CF quando o contrato social prevê a disponibilidade econômica ou jurídica imediata, pelos sócios, do lucro líquido apurado na data do encerramento do período base".[109][110]

Assim, a ADIn impetrada pela CNI sustenta que, da mesma forma como no julgamento da constitucionalidade do ILL, a obrigatoriedade de tributação de um lucro (auferido no exterior) e ainda não distribuído fere os princípios constitucionais que norteiam a tributação da renda (IRPJ) e do lucro (CSLL).

---

(108) Dizia o texto: "Art. 36. Os lucros que forem tributados na forma do artigo anterior, quando distribuídos, não estarão sujeitos à incidência do imposto de renda na fonte".
(109) STF-RE 213.907-6-PE, 1ª Turma, Rel. Min. Ilmar Galvão, *DJU* 6.2.98.
(110) A Receita Federal se manifestou posteriormente afirmando:
"EMENTA: ILL. TRIBUTAÇÃO DECORRENTE. Mantido parcialmente o IRPJ relativo às infrações que implicaram o lançamento do ILL, igual medida se impõe a esse, em razão da estreita relação de causa e efeito existente entre a exigência principal e a que dela decorre. EMPRESAS POR COTAS DE RESPONSABILIDADE LIMITADA. A inexigibilidade do ILL, por inconstitucionalidade do dispositivo legal pertinente à matéria, de empresas por cotas de responsabilidade limitada, está *condicionada à comprovação da inexistência de cláusula contratual expressa sobre a imediata disponibilidade do lucro aos sócios, por ocasião do levantamento do balanço* (DRJ de Ribeirão Preto, 3ª Turma, Ac. 499/02)". (grifos nossos)

A ADIn também faz referência ao antigo art. 38 da Lei n. 4.506/64,[111] que instituiu o imposto sobre os lucros distribuídos, sob qualquer título ou forma, salvo as bonificações resultantes do ativo imobilizado ou de incorporação de lucros ou reservas tributados,[112] também considerado inconstitucional pelo STF.[113]

Nesse último caso, o julgamento tratava de uma empresa[114] que utilizou valor de fundo de reserva não tributada (não tributada na empresa, mas apenas na figura de seus acionistas) para aumentar capital distribuindo novas ações aos seus acionistas e que recolheu o referido imposto sobre lucros distribuídos da Lei n. 4.506/64 — embora a conversão do saldo do fundo de reserva em questão, em capital, não constituísse lucro distribuído —, pedindo posteriormente no Judiciário o direito de restituição de tais valores, por entender inconstitucional a instituição de tal tributação.

O STF então reconheceu que o mesmo fato gerador já havia sido tributado duas vezes: uma pelos acionistas — imposto de renda da pessoa física — e outra pela empresa em sua apuração regular anual, não podendo a distribuição de novas ações, resultantes de aumento de capital por incorporação de reservas, ser novamente tributada na sociedade. Caberia, eventualmente, instituição de um imposto de renda adicional dos acionistas, únicos beneficiados pela operação, mas não da pessoa jurídica, pois nada havia acrescido o patrimônio da empresa com a distribuição das ações, razão pela qual o art. 38 da Lei n. 4.506/64 feriu os mandamentos constitucionais que tipificam a tributação da renda como "efetivo acréscimo patrimonial disponível".

Assim como no caso da Medida Provisória n. 2.158-35/01, o cerne da discussão, portanto, está em torno da obrigatoriedade de disponibilização, para fins tributários, de um rendimento que ainda não está de fato percebido, tendo em vista o conceito de renda como **acréscimo patrimonial disponível**.

João Francisco Bianco ensina que:

> De um modo geral, tem sido aceito o entendimento de que a disponibilidade jurídica da renda é adquirida quando está definitivamente incorporado ao patrimônio do contribuinte o direito ao seu recebimento; e a disponibilidade econômica da renda é adquirida

---

(111) Esse artigo foi revogado pelo Decreto-lei n. 1.962/66, depois restabelecido pelo Decreto-lei n. 94/66 e então novamente revogado pelo Decreto-lei n. 1.598/77.
(112) Redação original do *caput* do art. art. 38: "Além do imposto de que trata o artigo anterior, será cobrado o imposto de 7% (sete por cento) sobre os lucros distribuídos, sob qualquer título ou forma, exceto os atribuídos ao titular da empresa individual e aos sócios das entidades referidas na letra *b* do § 1º do art. 18 da Lei n. 4.154, de 28 de novembro de 1962".
(113) Nesse caso, no julgamento do Recurso Extraordinário RE n. 117.887-6/SP.
(114) Companhia Antártica de Bebidas.

quando o contribuinte realiza o seu direito ao recebimento da renda, ou seja, quando a renda é efetivamente recebida.[115]

E continua sua lição afirmando que:

> Ocorre o fato gerador do imposto de renda, portanto, quando o direito à renda — real ou pessoal — estiver definitiva e incondicionalmente adquirido pelo seu titular. O direito à renda será real se o contribuinte tiver direito de propriedade sobre a renda auferida, e será pessoal ou de crédito se a renda for exigível somente no futuro. Mas a renda será sempre objeto de direito.[116]

O lucro auferido por uma sociedade estrangeira na qual uma pessoa brasileira detenha participação no capital pode, assim, não estar juridicamente disponível se o conselho diretivo da sociedade ainda não deliberou o seu pagamento ou distribuição (disponibilidade jurídica), ao passo que economicamente disponível somente estaria o lucro de fato recebido (disponibilidade econômica).

No julgamento do STF da ADIn n. 2.588 apresentado a seguir, abordaremos novamente essa questão nos comentários dos votos da ministra relatora Ellen Gracie e do ministro Marco Aurélio de Melo.

3.2. Julgamento da ADIn n. 2.588 pelo STF

O julgamento da ADIn n. 2.588, impetrada em dezembro de 2001, teve início em fevereiro de 2003, com o voto da ministra relatora Ellen Gracie,[117] que votou pela procedência parcial da ação.

Em seguida, votaram os ministros Marco Aurélio de Melo[118] (procedência total), Sepúlveda Pertence[119] (procedência total), Ricardo Lewandowski[120] (procedência total), Nelson Jobim[121] (improcedência total) e Eros Grau[122] (improcedência total).

O julgamento dessa ADIn se encontra suspenso desde 29 de novembro de 2007, por conta de um pedido de vista do ministro Carlos Brito.[123] Os principais fundamentos dos votos são apresentados nos subitens a seguir.

---

(115) BIANCO, João Francisco. *Transparência fiscal internacional*. São Paulo: Dialética, 2007. p. 47.
(116) *Idem*.
(117) Publicada em 3 de fevereiro de 2003.
(118) Publicada em 12 de fevereiro de 2003.
(119) Publicada em 17 de dezembro de 2004.
(120) Publicada em 9 de outubro de 2006.
(121) Publicada em 6 de novembro de 2007.
(122) Publicada em 6 de novembro de 2007.
(123) No dia 7.4.10 a CNI solicitou renovação do julgamento, tendo em vista a nova composição da Corte.

3.2.1. Voto da ministra Ellen Gracie (relatora)

A Ministra julgou parcialmente procedente o pedido formulado pela CNI, declarando a inconstitucionalidade da expressão "ou coligada", mencionada duas vezes no *caput* do art. 74 da Medida Provisória n. 2.158-35/01.

Com isso, a Ministra Relatora entendeu que, se a empresa investida no exterior é caracterizada como controlada, a investidora do Brasil tem ao menos a **disponibilidade jurídica** de seu lucro, pois possui preponderância nas deliberações sociais, configurando, portanto, o fato gerador do IRPJ e da CSLL. Já nas empresas coligadas, como a investidora brasileira não tem preponderância nas deliberações sociais, não há qualquer disponibilidade sobre seus lucros apurados antes que seja efetuada sua distribuição, de modo que a tributação desses resultados é inconstitucional.

Entendemos que, embora a sociedade brasileira controladora possa ter na maioria dos casos preponderância nas deliberações da sua sociedade controlada, este fato, por si só, não gera a disponibilidade jurídica da renda da sociedade controlada domiciliada no exterior. Ainda seria necessária a efetiva deliberação da sociedade controlada, para pagamento de tais lucros, que poderia de fato não ocorrer, por diversas razões, como, por exemplo, a intenção de reinvestimento desses valores pela sociedade estrangeira, necessidade de alocação de alguma reserva legal no País, ou até mesmo apuração de prejuízos futuros — ocasiões em que a sociedade controladora jamais teria a disponibilidade jurídica de tais rendimentos.[124] Isto é, o direito de receber tais lucros não seria incorporado ao seu patrimônio. Portanto, entendemos que a sociedade brasileira não tem a disponibilidade jurídica da renda da sociedade estrangeira, ainda que em tese tenha preponderância em suas deliberações. **A disponibilidade jurídica da renda não ocorre** com o simples fato de o lucro ter sido auferido.

De fato, conforme comentamos há pouco, no julgamento da inconstitucionalidade do Imposto sobre o Lucro Líquido — ILL o próprio STF entendeu que a exigibilidade desse imposto estava restrita às sociedades de responsabilidade limitada e às empresas individuais, e que, portanto, não poderia ser exigida das sociedades anônimas, julgando assim inconstitucional a expressão "o acionista" do referido art. 35 da Lei n. 7.713/88.

---

(124) No próprio Brasil, por exemplo, o art. 32 da Lei n. 4.357/64, com a nova redação dada pelo art. 17 da Lei n. 11.051/04, dispõe explicitamente que as pessoas jurídicas, enquanto estiverem em débito, não garantido, para com a União e suas autarquias de Previdência e Assistência Social, por falta de recolhimento de imposto, taxa ou contribuição, no prazo legal, não poderão: a) distribuir quaisquer bonificações a seus acionistas; ou b) dar ou atribuir participação de lucros a seus sócios ou quotistas, bem como a seus diretores e demais membros de órgãos dirigentes, fiscais ou consultivos. A inobservância da norma acima acarretará multa que será imposta às pessoas jurídicas que distribuírem ou pagarem bonificações ou remunerações, em montante igual a 50% das quantias distribuídas ou pagas indevidamente. A mesma multa é aplicada aos beneficiários (diretores e demais membros da administração superior) que receberem as importâncias indevidas.

Posteriormente à publicação de tal decisão, a própria Secretaria da Receita Federal se manifestou no sentido de que a inexigibilidade do ILL por força da declaração de inconstitucionalidade pelo STF, no caso de empresas por cotas de responsabilidade limitada, **estava condicionada à comprovação da inexistência de cláusula contratual expressa sobre a imediata disponibilidade do lucro aos sócios, por ocasião do levantamento do balanço.**[125] Isto é, somente se o contrato social da empresa determinasse a imediata distribuição de tais resultados aos sócios nas sociedades limitadas, é que a Receita Federal não reconheceria os efeitos da decisão do STF, por entender que a disponibilidade jurídica da renda dos sócios já se encontraria aperfeiçoada.

Portanto, discordamos do entendimento contido no voto da Ilma. Ministra Relatora, de que o lucro auferido no exterior — que pode depender ainda mais de uma série de requisitos legais e formalidades para que possa ser distribuído aos sócios ou acionistas — já estaria disponível juridicamente à sociedade brasileira no momento da apuração de seu balanço. Até porque o lucro da sociedade estrangeira não é distribuído de forma imediata ao seu acionista, assim como ocorre no próprio Brasil, conforme foi verificado na declaração de inconstitucionalidade do ILL pelo STF.

3.2.2. Votos dos ministros Marco Aurélio de Melo, Sepúlveda Pertence e Ricardo Lewandowski

Os ministros Marco Aurélio de Melo, Sepúlveda Pertence e Ricardo Lewandowski julgaram procedente a ação, dando interpretação conforme o art. 43, § 2º, do CTN, de forma a excluir do seu alcance "qualquer interpretação que resulte no desprezo da disponibilidade econômica ou jurídica da renda para efeito de incidência do imposto", e declararam a inconstitucionalidade do art. 74, e seu parágrafo único, da Medida Provisória n. 2.158/01.

De acordo com o entendimento desses ministros, embora o § 2º do art. 43 do CTN determine que a lei pode estabelecer as condições e o momento em que se dará a disponibilidade da renda na hipótese de receita ou de rendimento oriundos do exterior, os Ministros entenderam que essas condições (e momento) não podem desprezar o conceito do próprio *caput* do art. 43 do CTN, de disponibilidade jurídica ou econômica de renda, considerando disponível aquilo que de fato não está.

Interessante trecho do voto do ministro Marco Aurélio de Melo consolida bem esse entendimento:

> Em primeiro lugar, há de se interpretar a lei à luz do texto constitucional e este é categórico na tipologia do tributo, ao revelá-lo sobre

---

(125) Acórdão n. 499/02, da DRJ de Ribeirão Preto, 3ª Turma.

a renda. Em segundo lugar, o **parágrafo, acessório vinculado ao principal e que, portanto, não tem vida própria, deve ser interpretado a partir da cabeça do artigo** e, no caso, tem-se a vinculação do que nele previsto à regra consoante a qual **o fato gerador do imposto sobre a renda é a aquisição da disponibilidade econômica ou jurídica**, acontecimento — nele, parágrafo, repetido em bom vernáculo — **que não se verifica enquanto o lucro da coligada e da controlada permanece no estrangeiro**, sob a regência da lei que lhe é pertinente, sob a discrição da própria sociedade, da própria pessoa jurídica no qual gerado. (grifos nossos)

Outros pontos levantados no julgamento da ADIn n. 2.588, constantes no voto do ministro Marco Aurélio de Melo e seguido pelos ministros Sepúlveda Pertence e Ricardo Lewandowski, fazem-se necessários comentar aqui:

• **Tipicidade constitucional da renda** — A Constituição Federal estabelece a regra-matriz de incidência do imposto, por isso denominado "imposto sobre a renda e proventos de qualquer natureza —, pressupondo haja a integração de riqueza, na forma de renda e de proventos de qualquer natureza, ao patrimônio do contribuinte. Por isso mesmo, o Código Tributário Nacional, a legislação, nas diversas gradações, a doutrina e a jurisprudência consagraram, para dizer-se da incidência do citado imposto, a **disponibilidade econômica ou jurídica**". (grifos nossos)

• **Dividendos *fictos* não podem ser tributados** — O art. 74 da Medida Provisória n. 2.158-35 criou uma ficção jurídica ao prever a tributação de lucros ainda não disponíveis, como se dividendos distribuídos fossem, o que iria contra os princípios constitucionais que norteiam a tributação da renda, como o próprio STF decidiu no caso do Imposto sobre o Lucro Líquido — ILL: "Daí o Supremo ter decidido que resultado de atividade de pessoa jurídica não distribuído a acionistas e cotistas não constitui disponibilidade, deixando, assim, de se ter como legítima a cobrança de imposto de renda, salvo no caso de firma em nome individual, subsidiária integral ou sociedade de cotas em que haja, no contrato social, previsão de distribuição obrigatória de resultados".

• **A Lei tributária não pode alterar conceitos de direito privado (art. 110 do CTN)** — Não bastasse a tipicidade do tributo na Constituição Federal, o legislador complementar foi pedagógico, "ao prever que a lei tributária não pode alterar a definição, o conteúdo e o alcance de institutos, conceitos e formas de direito privado, utilizados, expressa ou implicitamente, pela Carta Federal, pelas Constituições dos Estados ou pelas Leis Orgânicas do Distrito Federal ou dos Municípios, para definir ou limitar competências tributárias — art. 110 do Código Tributário Nacional".

- **Despersonalização da pessoa jurídica** — A tributação na empresa brasileira de lucros auferidos por uma sociedade estrangeira na qual detém participação geraria uma desconsideração da personalidade jurídica distinta que esta possui em relação àquela. Pois uma empresa "não se confunde com outra, pouco importando se tenha a coligação ou o controle, espécies societárias que não levam à simbiose a ponto de, em promiscuidade ímpar, confundir as personalidades no que são próprias".

- **O lucro auferido no exterior pode não estar disponível** — Há razões suficientes para se considerar que o lucro auferido no exterior pela sociedade estrangeira pode não estar disponível, como a determinação de alguma destinação específica na legislação local e a própria necessidade de deliberação em assembleia para sua distribuição: "É possível ter-se, por exemplo, o óbice à distribuição do lucro levando em conta determinada situação jurídica, a necessidade legal de se reservar recursos indispensáveis a fazer frente a certo ônus. Plausível é ter-se deliberação da Assembleia no sentido de se reinvestir os lucros apurados, deixando-se de distribuí-los aos acionistas, sejam estes pessoas jurídicas ou pessoas naturais que, por isso mesmo, por não contarem com o aporte de renda, não estarão sujeitos, quer na origem, quer no país em que se encontrem, princípio da territorialidade, à incidência do imposto sobre a renda".

- **Conceito de renda utilizado em processos anteriores** — Além da decisão sobre o ILL, o STF já havia tido a oportunidade de se pronunciar sobre seu entendimento acerca do conceito constitucional de renda para fins tributários. "(...) esta Corte já estabeleceu o conceito constitucional de renda, fazendo-o mediante decisão unânime no julgamento do Recurso Extraordinário n. 117.887--6/SP, relatado pelo ministro Carlos Velloso, no que veio a ser interpretado o art. 15, inciso IV, da Constituição de 1946, cujo teor se afirma praticamente igual ao do art. 153, inciso III, da Carta Política de 1988. 'I. — Rendas e proventos de qualquer natureza: o conceito implica reconhecer a existência de receita, lucro, proveito, ganho, acréscimo patrimonial que ocorrem mediante o ingresso ou o auferimento de algo, a título oneroso. CF/46, art. 15, IV; CF/67, art. 22, IV; EC n. 1/69, art. 21, IV. CTN, art. 43. II. — Inconstitucionalidade do art. 38 da Lei n. 4.506/64, que institui adicional de 7% de imposto de renda sobre lucros distribuídos'."[126]

Além dos pontos mencionados pelo ministro, entendemos que a tributação ficta de lucros ainda não auferidos de fato (disponibilizados) fere também outros princípios constitucionais, como o da capacidade contributiva, pois exige tributo sobre renda que ainda não existe (e que pode até mesmo vir

---

(126) Decisão referente ao imposto sobre os lucros distribuídos, sob qualquer título ou forma. Publicada no *Diário Oficial da Justiça* de 23 de abril de 1993.

a não existir), o da proporcionalidade, pois exige tributo de forma totalmente descabida e desproporcional, o da isonomia, pois as empresas brasileiras que detêm participação societária no Brasil não estão sujeitas a esse severo tratamento que têm as empresas brasileiras que detêm investimentos no exterior, da vedação de tributos com efeito de confisco, pois como não há renda, acaba-se exigindo tributo sobre o próprio patrimônio da empresa, aniquilando-a, o princípio da segurança jurídica, pois exige tributo por meio de Medida Provisória baixada pelo poder executivo (que até hoje sequer foi votada pelo Congresso Nacional) sem qualquer situação que caracterize relevância ou urgência etc.

Enfim, uma série de princípios constitucionais são violados com a exigência de tributos incidentes sobre a renda (IRPJ e CSLL) sobre uma situação que por si só não configura renda, ameaçando todo o sistema tributário inscrito na Constituição Federal. Aqui entendemos oportuno citar as palavras do Ministro Octávio Galloti:[127]

> Se a lei pudesse chamar de compra o que não é compra, de importação o que não é importação, de exportação o que não é exportação, de renda o que não é renda, ruiria todo o sistema tributário inscrito na Constituição.

3.2.3. VOTOS DOS MINISTROS NELSON JOBIM E EROS GRAU

Os ministros Eros Grau e Nelson Jobim, por sua vez, julgaram improcedente a ação, alegando interpretação em conformidade com a Constituição.

Entenderam os ministros que a Medida Provisória n. 2.158-35/01 não extrapola os limites constitucionais de tributação da renda, sendo a tributação automática dos resultados auferidos no exterior por sociedades coligadas e controladas de pessoas jurídicas brasileiras perfeitamente possível na vigência do novo § 2º do art. 43 do CTN, que permitiu que a lei definisse as condições e o momento da ocorrência do fato gerador do imposto de renda na hipótese de receita ou rendimento oriundo do exterior.

3.3. DECISÕES DO STJ

O Superior Tribunal de Justiça também vem sendo provocado para manifestar-se sobre a regra de tributação de lucros auferidos no exterior prevista no art. 74 da Medida Provisória n. 2.158-35/01.

Em alguns casos, a Corte vem se manifestando sobre o mérito, e em outros negando seu seguimento por entender tratar-se de matéria eminentemente constitucional, e que, portanto, caberia somente ao STF a apreciação da matéria.

---

(127) Voto proferido no RE 71.158, RTJ 66, p. 165.

Nos casos em que o STJ analisou o mérito dos pedidos, entendeu que "a análise da aplicação de uma lei federal não é incompatível com o exame de questões constitucionais subjacentes ou adjacentes" — como é o caso do voto do ministro Humberto Martins no voto Relator do REsp n. 907.404, julgado em 23 out. 2007.

Embora o ponto de partida para a discussão do conceito de renda seja sua tipicidade dada pela Constituição Federal, entendemos que a análise da compatibilidade da Medida Provisória n. 2.158-35/01 com o art. 43 do CTN, também pode ser feita pelo STJ, pois se refere à alegação de confronto de ato normativo com lei federal. O que ocorre é que, no caso da ADIn n. 2.588, também são invocados outros dispositivos constitucionais além do que institui a tributação sobre a renda e proventos de qualquer natureza, como a irretroatividade da lei tributária e a necessidade de relevância e urgência para edição de medidas provisórias.[128]

Portanto, é importante frizarmos que nos julgamentos do STJ que veremos a seguir não foi analisada a constitucionalidade da Medida Provisória n. 2.158-35/01, mas apenas a sua compatibilidade com a legislação federal, sobretudo o art. 43 do CTN.

Vejamos primeiramente um caso em que a Corte não apreciou o mérito do pedido:

> IRPJ — CSLL. Lucros auferidos por empresas coligadas ou controladas sediadas no exterior. Disponibilidade jurídica da renda. Princípios da irretroatividade e anterioridade tributárias. Tributação dos resultados positivos da equivalência patrimonial de investimento no exterior. Negado seguimento ao recurso da União. **Matéria eminentemente constitucional, cabendo o seu julgamento ao STF.**[129] (grifos nossos)

Já em outra ocasião, o STJ entendeu que não seria necessário o efetivo recebimento dos lucros auferidos no exterior, bastando apenas que tenha ocorrido o acréscimo patrimonial econômico. Vejamos a ementa:

> IRPJ — CSLL. Empresas controladas situadas no exterior. Disponibilidade econômica e jurídica da renda. **Não é necessário que a renda se torne efetivamente disponível (disponibilidade financeira) para que se considere ocorrido o fato gerador do imposto de renda, limitando-se a lei a exigir a verificação do acréscimo patrimonial (disponibilidade econômica).** No caso, o incremento patrimonial verificado no balanço de uma empresa coligada ou controlada no exterior representa a majoração, proporcionalmente à participação acionária, do patrimônio da empresa coligada ou controlada no Brasil.[130] (grifos nossos)

---

(128) Além de outras estratégias eventualmente visualizadas pela CNI, como a intenção de obter uma decisão com efeito *erga omnes*. Conforme dissemos, entendemos também que outros princípios constitucionais são violados pelo art. 74 da Medida Provisória n. 2.158-35/01, como o da isonomia, da capacidade tributária, da vedação de tributos com efeito de confisco, da proporcionalidade, segurança jurídica etc.
(129) Recurso Especial n. 732.580-SC, de 5 de dezembro de 2006, sob a relator ministro Luiz Fux.
(130) Acórdão n. 983.134-RS, de 3 de abril de 2008, sob a relator ministro Castro Meira.

Esse mesmo entendimento foi adotado no julgamento do Recurso Especial n. 907.404-PR,[131] em que o Ministro Relator em seu voto cita até o entendimento adotado pela ministra Ellen Gracie (também relatora) no seu voto da ADIn n. 2.588. Vejamos a ementa:

> IRPJ — CSLL. Lucros auferidos por empresas controladas situadas no exterior. Disponibilidade jurídica da renda — art. 74 da MP n. 2.158-35/01 — Hipótese de incidência contida no *caput* do art. 43 do CTN — entendimento que se coaduna com o atual posicionamento do STF.

Em trecho do seu voto, o ministro relator Humberto Martins afirma:

> A Medida Provisória n. 2.158-35/01, ao adotar a data do balanço em que os lucros tenham sido apurados na empresa controlada, independentemente do seu efetivo pagamento ou crédito, não maculou a regra-matriz da hipótese de incidência do imposto de renda contida no *caput* do art. 43 do CTN, pois, preexistindo o acréscimo patrimonial, a lei estava autorizada a apontar o momento em que se considerariam disponibilizados os lucros apurados pela empresa controlada.

Ou seja, a questão do momento da "disponibilidade" do lucro (acréscimo patrimonial) poderia ser definida por lei uma vez existindo seus pressupostos. E, portanto, ao estabelecer esse momento (apuração do balanço do exercício, em 31 de dezembro), a Medida Provisória n. 2.158-35/01 apenas deu os contor-nos à regra prevista no art. 43 do CTN, introduzida pela Lei Complementar n. 104/01.

O voto também faz alusão ao entendimento da ministra Ellen Gracie no julgamento da ADIn n. 2.588, no sentido de que a disponibilidade jurídica da renda se dá quando a empresa brasileira detém o controle do capital da investida localizada no exterior (controlada), extrapolando os limites da legalidade a Medida Provisória n. 2.158-35/01 somente nos casos de investi-mentos detidos em empresas coligadas, e que, no caso em análise, não se aplicaria, por ser a empresa investida no exterior uma controlada: "A hipótese dos autos, todavia, cuida de empresas controladas localizadas no exterior, situação em que há posição de controle das empresas situadas no Brasil sobre aquelas".

3.4. EFEITOS DE UMA EVENTUAL DECLARAÇÃO DE INCONSTITUCIONALIDADE DO ART. 74 DA MEDIDA PROVISÓRIA N. 2.158-35/01

Como a legislação brasileira sobre tributação de lucros auferidos no exterior por pessoas jurídicas domiciliadas no Brasil sofreu diversas alterações desde sua primeira edição em 1995, interessante questão é saber quais seriam os efeitos, no ordenamento jurídico brasileiro, de uma eventual declaração de inconstitucionalidade do art. 74 da Medida Provisória n. 2.158-35/01 pelo STF, conforme pretendido pela ADIn n. 2.588.

---

(131) Acórdão de 23 de outubro de 2007, sob a relator ministro Humberto Martins.

Primeiramente, entendemos que a Medida Provisória n. 2.158-35/01, que estabeleceu a tributação automática e ficta dos lucros auferidos no exterior, não revogou a Lei n. 9.532/07, que estabelecia a tributação dos lucros somente quando disponibilizados.

Isso porque a referida Medida Provisória estabelece (ou melhor, restabelece) a tributação automática dos resultados auferidos no exterior, se reportando à Lei n. 9.249/95: "Para fim de determinação da base de cálculo do imposto de renda e da CSLL, nos termos do art. 25 da Lei n. 9.249 (...)". Porém, com todas as discussões que se deram à época, a regra da Lei n. 9.249/95 foi modificada pela Lei n. 9.532/07 (fato gerador: disponibilização), que permanecia prevalecendo até o momento da publicação da Medida Provisória n. 2.158-35/01.

Além disso, em nenhum momento a Medida Provisória n. 2.158-35/01 revoga a Lei n. 9.532/07 (que pelos termos da Lei Complementar n. 95/98 deveria ser feita de forma expressa para ter validade). Pelo contrário, reconhece seus efeitos quando em seu parágrafo único diz que os lucros apurados por controlada ou coligada no exterior até 31 de dezembro de 2001 serão considerados disponibilizados em 31 de dezembro de 2002, **salvo se ocorrida, antes desta data, qualquer das hipóteses de disponibilização previstas na legislação em vigor.**

Nesse sentido, podemos citar as lições do professor Heleno Tôrres, para quem a Medida Provisória n. 2.158-35/01 veio ampliar o alcance material da legislação até então em vigor, não havendo que se falar em revogação da Lei n. 9.532/07 ou repristinação da Lei n. 9.249/95, conforme reproduzimos abaixo:

> Desde logo, cumpre assinalar que de modo algum a referida Medida Provisória n. 2.158-35/01 retirou a vigência dos art. 1º, da Lei n. 9.532/97, e 3º, da Lei n. 9.959/00; tampouco repristinou o conteúdo do art. 25, da Lei n. 9.249/95, para determinar um regime de transparência plena. Na realidade, apenas ampliou o alcance material dessas regras, que passaram a servir como fundamento para incidência da CSLL (art. 21), deu nova redação às referidas disposições (art. 34) e introduziu regra antielusiva (art. 74). Não ocorreu, portanto, "derrogação" alguma, mas mera complementação, sem qualquer antinomia que justifique o emprego dos respectivos métodos de solução de conflitos a exemplo do *lex posterior derrogat priori*, até porque as normas do passado são regras especiais, que necessariamente prevalecem sobre normas gerais, mesmo que posteriores.[132]

---

(132) TÔRRES, Heleno. Lucros auferidos por meio de controladas e coligadas no exterior. In: TÔRRES, Heleno (coord.). *Direito tributário internacional aplicado*, v. 3, p. 106.

Dessa forma, entendemos que caso a Medida Provisória n. 2.158-35/01 (art. 74) seja declarada inconstitucional pelo Supremo Tribunal Federal, as regras brasileiras de tributação de lucros auferidos no exterior aplicáveis voltariam a ser aquelas constantes na Lei n. 9.532/97, pela qual tais resultados somente seriam tributados quando da sua disponibilização.

Considerações finais

Verificamos nesse Capítulo que a discussão judicial sobre a obrigatoriedade de disponibilização dos lucros auferidos no exterior, em decorrência de participação societária detida por empresas brasileiras, ainda não está definida.

No STF, três ministros votaram pela inconstitucionalidade do art. 74 da Medida Provisória n. 2.154-35/01, dois pela constitucionalidade e um pela sua constitucionalidade parcial, de modo que se pode prever um embate ainda bastante acirrado.

O STJ, por seu turno, já se manifestou em algumas ocasiões acerca do tema, tendo adotado os seguintes posicionamentos:

i. A análise da "legalidade" do art. 74 da Medida Provisória n. 2.158--35/01 é de natureza eminentemente constitucional, cabendo, por-tanto, seu julgamento ao STF;

ii. A obrigatoriedade de disponibilidade de lucros auferidos no exterior por meio de empresas controladas e coligadas não é ilegal, porquanto se verifique acréscimo patrimonial ainda que não efeti-vamente distribuído (disponibilidade financeira *versus* disponibi-lidade econômica);

iii. A obrigatoriedade de disponibilização de lucros auferidos no exterior somente é questionável nos casos de participação em empresas coligadas, em que não há a disponibilidade jurídica da renda, em linha com o voto Relator do STF na ADIn n. 2.588.

É importante notar que essa recente contestação da regra de disponibilização de lucros auferidos no exterior pela CNI não contempla aspectos inerentes aos tratados e convenções celebrados pelo Brasil com outros países para evitar a dupla tributação internacional.

Assim, uma decisão emanada pelo STF, ainda que em caráter *erga omnes*, não afasta a possibilidade de posterior discussão do tema sob esse enfoque.

Capítulo 4

Regras Especiais de Tributação de Lucros Auferidos no Exterior Contidas em Tratados Internacionais Celebrados pelo Brasil em face da Legislação Interna

Conforme vimos no Capítulo 1, a tributação de rendimentos auferidos no exterior decorre da aplicação do princípio da universalidade da renda, que, por meio do critério de conexão "residência", alcança todos aqueles contribuintes considerados residentes para fins tributários em determinado país, que exerce sua soberania tributária. Ao passo que por meio do critério de conexão "fonte", determinada renda gerada dentro do território de um país pode ser lá tributada, ainda que o contribuinte não seja nele residente.

Ocorre que, nas relações internacionais, em geral duas ou mais soberanias tributárias podem aplicar concomitantemente diferentes critérios de conexão, de modo que um rendimento pode ser tributado ao mesmo tempo em dois ou mais países.

Como forma de se evitar a dupla tributação internacional da renda, diversos países passaram a celebrar acordos internacionais para limitar suas competências tributárias, determinando os critérios de conexão que seriam aplicáveis em cada caso, isto é, residência, fonte ou até mesmo nacionalidade.

João Francisco Bianco ensina que a criação de uma convenção modelo para se evitar a dupla tributação internacional se iniciou em 1928, com um trabalho liderado pela Sociedade das Nações em que participaram 28 países. Depois de sucessivas negociações após a Segunda Guerra Mundial, o comitê fiscal da Organização para a Cooperação e Desenvolvimento Econômico — OCDE aprovou em 1963 um modelo de acordo bastante semelhante, até que, em 1980, a Organização das Nações Unidas — ONU aprovou um modelo de convenção com algumas alterações em relação ao modelo anterior. Tal Convenção Modelo foi revista anos depois, em 2001.[133]

Segundo o referido doutrinador, a principal questão envolvida nas discussões dos modelos foi a adoção do critério da residência em face do critério da fonte. Isso porque os países desenvolvidos, exportadores de capital, visavam à preferência do critério da residência, ao passo que os países menos desenvolvidos, onde estava localizada a fonte de produção do rendimento, visavam à adoção do critério da fonte. Até que o modelo final, aprovado em 1980 e revisado em 2001, buscou a convergência de ambos os critérios de maneira razoável.[134]

De acordo com o Comitê Fiscal da OCDE, desde 1963, a Convenção Modelo da OCDE tem tido grande repercussão na negociação, aplicação e interpretação de convenções tributárias, por três grandes razões:[135]

• Primeiramente, os países-membros da OCDE adotaram amplamente a sua convenção modelo nas celebrações e revisões de tratados internacionais. O progresso alcançado com a eliminação da dupla tributação entre os países-membros pode ser medida pelo aumento do número de convenções concluídas e revisadas desde 1957 nos termos recomendados pelo Conselho da OCDE.

• Em segundo lugar, a convenção modelo da OCDE vem sendo utilizada como referência nas negociações entre países-membros e não membros, incluindo trabalhos de organizações mundiais e regio-nais, mais notadamente por ter sido usada como modelo para a elaboração da Convenção Modelo entre países desenvolvidos e não desenvolvidos das Nações Unidas, editada primeiramente em 1980 e posteriormente em 2001.

• Em terceiro lugar, o amplo uso e reconhecimento de sua convenção modelo contribuiu para que seus comentários fossem utilizados como um guia internacionalmente aceito na aplicação e interpretação dos dispositivos das convenções bilaterais existentes.

A Convenção Modelo da OCDE recebeu sua última atualização em 22 de julho de 2010.[136] Dentre as principais inovações trazidas pela versão de 2010

---

(133) BIANCO, João Francisco. *Transparência fiscal internacional*, p. 89.
(134) *Idem*.
(135) Conforme OECD. Committee on fiscal affairs. *Model tax convention on income and on capital*. Condensed version, p. 9/10, 17 july 2008 (ISBN 978-92-64-04818-8).
(136) A minuta aprovada pelo Comitê de Assuntos Fiscais da OCDE havia sido previamente publicada em 21 de maio de 2010, e em julho foi finalmente aprovada em sua versão final, com pequenas mudanças.

estão (i) atualização do art. 7º (lucro das empresas), no que se refere aos critérios de atribuição de lucros a Estabelecimentos Permanentes; (ii) mudanças nos comentários sobre os serviços pessoais dependentes realizados por menos de seis meses (art. 15, item 2); (iii) concessão de benefícios dos tratados aos rendimentos auferidos por veículos coletivos de investimento; (iv) aplicação dos tratados à entidades estatais, incluindo fundos soberanos; e (v) implicações tributárias das operações de telecomunicação.

Atualmente, o Brasil não é membro da OCDE, porém vem adotando sua Convenção Modelo nos tratados[137] assinados com outros países com o intuito de evitar a dupla tributação internacional. Assim sendo, embora o Brasil não tenha a obrigatoriedade de seguir a Convenção Modelo da OCDE, vem espontaneamente utilizando o seu modelo nos diversos tratados que celebra, seja com países-membros da OCDE, seja com países não membros dessa organização.

Nesses tratados, é comum a adoção de regras que podem conflitar com as regras brasileiras de tributação automática de lucros auferidos no exterior, como é o caso dos artigos dispondo sobre: (1) lucro das empresas (art. 7º), (2) dividendos (art. 10) e (3) método para eliminar a dupla tributação por meio de isenções ou créditos (art. 23-A). Esse fato demonstrará mais adiante que as regras brasileiras são incompatíveis com as melhores práticas internacionais, e estão em descompasso com as regras tributárias adotadas pelos outros países.

A seguir, abordamos cada um desses dispositivos.

4.1. Lucro das empresas (art. 7º)

O art. 7º da Convenção Modelo da OCDE trata de "Lucro das Empresas", e é utilizado pelo Brasil em todos os seus tratados. A título exemplificativo, reproduzimos a seguir o art. 7º do Tratado Brasil-Espanha[138] (Decreto n. 76.975, de 2 de janeiro de 1976):

---

(137) Pode-se notar que, com frequência, estamos mencionando aqui os termos "tratado" e "convenção" como sinônimos. De fato, entendemos que os significados são substancialmente semelhantes, embora a terminologia "convenção" sugira um número considerável de países (e não apenas dois) para tratar de temas mais amplos. De acordo com a Convenção de Viena sobre o Direito dos Tratados, firmada em 1969 (aprovada pelo Decreto n. 7.030/09): "tratado significa um acordo internacional concluído por escrito entre Estados e regido pelo Direito Internacional, quer conste de um instrumento único, quer de dois ou mais instrumentos conexos, qualquer que seja sua denominação específica". Embora não haja um conceito legal de convenção, entendemos que juridicamente se aplica o mesmo conceito de tratados.

(138) O novo art. 7º da Convenção Modelo OCDE de 2010 começará a ser utilizado para os tratados que o Brasil celebrar a partir de então (se o Brasil e o outro Estado-Contratante assim decidirem), razão pela qual entendemos por bem utilizar o modelo anterior para fins didáticos. De qualquer maneira, o objetivo do estudo desse artigo, conforme se verá adiante, é demonstrar que o lucro de uma empresa somente pode ser tributado no Estado em que esta está situada, a não ser que esta empresa possua no outro Estado um estabelecimento permanente (EP), e como as subsidiárias de empresas brasileiras não são EP,

1. Os lucros de uma empresa de um Estado Contratante só são tributáveis nesse Estado, **a não ser que a empresa exerça sua atividade no outro Estado Contratante por meio de um estabelecimento permanente aí situado. No último caso, os lucros da empresa serão tributáveis no outro Estado, mas unicamente na medida em que forem atribuíveis a esse estabelecimento permanente.**

2. Quando uma empresa de um Estado Contratante exercer sua atividade no outro Estado Contratante através de um estabelecimento permanente aí situado, **serão atribuídos em cada Estado Contratante a esse estabelecimento permanente os lucros que obteria se constituísse uma empresa distinta e separada, exercendo atividades idênticas ou similares**, em condições idênticas ou similares, e transacionando com absoluta independência com a empresa de que é um estabelecimento permanente.

3. No cálculo dos lucros de um estabelecimento permanente, é permitido deduzir as despesas que tiverem sido feitas para a consecução dos objetivos do estabelecimento permanente, incluindo as despesas de direção e os encargos gerais de administração assim realizados.

4. Nenhum lucro será atribuído a um estabelecimento permanente pelo simples fato de comprar bens ou mercadorias para a empresa.

5. Quando os lucros compreenderem elementos de rendimentos tratados separadamente nos outros artigos da presente Convenção, as disposições desses artigos não serão afetadas pelas disposições do presente artigo. (grifos nossos)

De acordo com a redação desse artigo, existente em todos os tratados em que o Brasil é signatário, os lucros de uma empresa de um Estado Contratante só são tributáveis nesse Estado. Porém, no caso de exercerem atividades no exterior, seus rendimentos somente serão lá tributáveis na medida em que forem atribuíveis a um Estabelecimento Permanente — EP dessa empresa localizada no país estrangeiro. Ainda assim, somente os resultados diretamente relacionados às atividades lá exercidas por tal estabelecimento é que serão lá tributáveis, sendo permitida a dedução de despesas relacionadas à consecução dessas atividades, com ressalvas aos rendimentos que disponham, pela disposição do tratado, de tratamento tributário diferenciado (por exemplo: *royalties*, juros etc.).

---

o seu lucro somente pode ser no outro Estado-Contratante tributado. O novo art. 7º da Convenção Modelo 2010 estabelece critérios mais claros para a atribuição de lucros a EP, regras muito úteis nos casos em que uma empresa exerce atividade no outro Estado através de um EP. Nesse sentido, o novo item 2 do art. 7º da versão de 2010 estabelece que o lucro atribuível ao EP deve corresponder ao lucro esperado daquela atividade ou negócio, que outras empresas em condições similares, considerando as atividades exercidas, os ativos utilizados e riscos assumidos, teriam condições de auferir. O item 3 desse novo artigo, por sua vez, estabelece que quando um Estado efetuar ajustes no lucro atribuível ao EP situado em seu território, e esse mesmo lucro houver sido tributado na empresa detentora desse EP no outro Estado-Contratante, este outro Estado poderá ajustar, para fins tributários, o lucro tributável em seu território, com a finalidade de evitar a dupla tributação. Para tanto, as autoridades fiscais desses Estados podem se consultar caso entendam necessário (In: *The 2010 update to the model tax convention*, 22 july 2010, Centre For Tax Policy and Administration. Disponível em: <www.oecd.org>).

A grande questão que se discute na interpretação desse artigo decorre da aplicação do conceito de estabelecimento permanente. De acordo com o § 1º do art. 5º da Convenção Modelo da OCDE, estabelecimento permanente é "uma sede fixa de negócios onde a empresa exerça, no todo ou em parte, as suas atividades".[139] O § 7º desse mesmo dispositivo estabelece que:

> (...) o fato de uma sociedade residente de um Estado Contratante controlar ou ser controlada por uma sociedade residente do outro Estado Contratante, ou que exerça sua atividade nesse outro Estado (quer seja através de um estabelecimento permanente, quer de outro modo) não será, por si só, bastante para fazer de qualquer dessas sociedades um estabelecimento permanente da outra.[140]

Com base nisso, a doutrina vem entendendo, de forma pacífica, que as subsidiárias não são consideradas Estabelecimentos Permanentes — EPs. Paulo Caliendo, amparando-se nas lições de Klaus Vogel, ensina que:

> Tem sido pacífico o entendimento, nos modelos da OCDE, de que a existência de uma subsidiária não implica a constituição de um EP, mesmo que a gerência da subsidiária seja realizada pela matriz. Desse modo, entende-se que a subsidiária deve ser considerada como uma entidade juridicamente distinta da matriz. Esse entendimento é denominado de "cláusula antiórgão" (*anti single-entity clause* ou *Antiorganschaftklausel*). Essa cláusula determina que o Direito Internacional Tributário irá respeitar a relação de independência jurídica entre empresas controladas, coligadas e controladoras. Mesmo que tal relação seja de dependência econômica, comercial ou administrativa.

Assim, como a subsidiária tem personalidade jurídica própria, não sendo portanto um EP, o Estado de sua localização (exterior) é que teria competência exclusiva para tributar os lucros decorrentes de suas atividades, já que **os lucros de uma empresa de um Estado Contratante só são tributáveis nesse Estado**, cabendo ao Brasil somente a tributação de alguma atividade exercida por essa sociedade no seu território por meio de um EP.

Dessa forma, com base nesse entendimento, a regra do art. 7º (lucros das empresas) não pode alcançar as coligadas e controladas de empresas brasileiras, que somente poderiam ser tributadas no país onde estiverem situadas (Estado Contratante), não havendo permissão no tratado para que o Brasil os tribute.

---

(139) De acordo com Paulo Caliendo, essa definição apresenta quatro requisitos: (1) a existência de uma empresa; (2) que realize negócios; (3) a existência de uma sede fixa; (4) onde a empresa exerça, no todo ou em parte, suas atividades. (CALIENDO, Paulo. *Estabelecimentos Permanentes em direito tributário internacional*. São Paulo: Revista dos Tribunais, 2005. p. 96.)

(140) OCDE. Model tax convention 2003. *Materials on international e EC tax law.* Selecionado e editado por Kees van Raad, v. 1, p. 10-11 (tradução livre).

Embora esse posicionamento seja sustentado por doutrinadores como Luís Eduardo Schoueri[141] e Alberto Xavier,[142] a OCDE, em seus Comentários à Convenção Modelo de 2003, adotou o entendimento de que a legislação sobre tributação de lucros no exterior por meio de sociedades controladas não se submete ao art. 7º dos tratados, de modo que essas regras (legislação interna *versus* tratados) são compatíveis entre si.[143]

João Francisco Bianco[144] explica que a linha de argumentação da OCDE é de que o art. 7º da Convenção apenas exclui a competência tributária do Estado onde a empresa atua, não estabelecendo restrições ao Estado de sua residência (que detém competência tributária exclusiva), o que não impede que este estabeleça a tributação das empresas nele localizadas incluindo suas participações societárias no exterior. Conclui referido doutrinador:

> Assim sendo, de acordo com esse raciocínio, não seriam os lucros da sociedade investida que estariam sendo tributados pelo Estado de residência dos sócios, mas os lucros auferidos pelos próprios sócios, ainda que na apuração do montante tributável seja utilizado o valor dos lucros auferidos pela sociedade sediada no outro Estado.[145]

Porém, Bianco menciona que os Comentários da OCDE reconhecem que a legislação "CFC" não deve ser aplicada quando não caracterizada a prática de abuso pelo contribuinte. Ou seja, a regra do art. 7º protege as empresas que agem de boa-fé, com propósitos negociais legítimos e substância econômica.[146]

Nesse sentido, se não identificada a ocorrência de tal abuso (que resultaria em uma concorrência fiscal danosa), a legislação brasileira de tributação de

---

(141) SCHOUERI, Luís Eduardo. *Direito tributário internacional. Acordos de bitributação. Lucros auferidos por coligadas e controladas no exterior. Disponibilidade. Efeitos do art. 74 da Medida Provisória n. 2.158--35. Direito tributário atual.* São Paulo: IBDT/Dialética, n. 16, p. 202, 2001.
(142) XAVIER, Alberto. *Direito tributário internacional do Brasil.* Rio de Janeiro: Forense, 2007. p. 446.
(143) OCDE. Commentary on art. 7º concerning the taxaxion of business profits. *Materials on international e EC tax law.* Selecionado e editado por Kees van Raad. Leiden: International Tax Center Leiden. 2005. v. 1, p. 9-10.
(144) BIANCO, João Francisco. *Transparência fiscal internacional*, p. 150.
(145) *Idem, loc. cit.*
(146) Veremos mais adiante que, quando os Estados Contratantes não têm a intenção de que o tratado se oponha à aplicação de suas regras "CFC", eles expressamente o fazem, como fizeram o Brasil e o México no Tratado celebrado em 25 de setembro de 2003. Mas essa regra se enquadra em um outro contexto, porque internacionalmente as regras "CFC" são aplicadas apenas em situações específicas, não de maneira automática e generalizada como a regra brasileira; além disso, o comentário 26 ao art. 1º da Convenção Modelo da OCDE estabelece que os Estados que adotam regras "CFC" ou outras regras antiabuso buscam manter a neutralidade dessas regras em um ambiente internacional caracterizado por diferentes cargas tributárias, mas essas medidas devem ser utilizadas somente para esse propósito, porque, como regra geral, essas medidas não devem ser aplicadas quando um rendimento relevante se sujeita à tributação nos mesmos níveis daquela onde reside o contribuinte.

lucros auferidos por coligadas e controladas no exterior também não poderia ser aplicada com base no art. 7º do Tratado.

Corroborando esse entendimento, o professor Heleno Tôrres relata que o entendimento da OCDE sobre a compatibilidade das regras "CFC" com os tratados se limitou às hipóteses em que não há abuso do tratado, vejamos as lições do mestre:

> Fundamental recordar que os Comentários da OCDE ao Modelo de convenções internacionais para evitar a dupla tributação em matéria de imposto sobre a renda e sobre o capital receberam, em 1992 e em 2003, considerações sobre a compatibilidade dos acordos firmados com base nesse Modelo, admitindo que os regimes de tratamento sobre *Controlled Foreign Corporations* (CFC — *legislation*) não conflitam com suas disposições, unicamente nos limites que tal mecanismo encontre-se predisposto para controle de "empresas sem finalidade negocial", em típicos casos de simulações subjetivas, pois o tratado não se propõe a proteger o ilícito, seja esse típico ou atípico.[147]

Por fim, relatando que vários países não concordaram integralmente com essa opinião do *Committee on Fiscal Affairs* da OCDE, o prof. Heleno Tôrres cita como exemplo a Holanda, que fez questão de deixar claro seu entendimento de que, como os tratados internacionais não são concebidos para facilitar o seu uso indevido, a aplicação da legislação nacional em face de determinado tratado somente é justificável nos casos em que forem identificados abuso ou seu uso impróprio, concluindo seu raciocínio da seguinte forma:

> Estamos plenamente de acordo com essa consideração, que antes de ser uma verdadeira discordância, consiste numa melhor explicitação dos limites que devem observar os estados signatários. Por isso, mesmo que aceita a compatibilidade entre as regras CFC e os tratados para evitar a dupla tributação, somente naquilo que pudesse ser qualificado como efetivo caso de elusão ou elusão tributária, com provas que evidenciem, caso a caso, a presença de tal motivo justificador, é que se poderia afastar a aplicação dos regimes constantes do tratado; do contrário, manter-se-ia sempre em condição de prevalência sobre a legislação interna, inclusive sobre as regras de controle sobre CFC.[148]

Da mesma forma, entendemos que as regras dispostas no art. 7º (lucro das empresas) dos tratados em que o Brasil seja signatário afastam a tributação

---

(147) TÔRRES, Heleno. Lucros auferidos por meio de controladas e coligadas no exterior. In: TÔRRES, Heleno (coord.). *Direito tributário internacional aplicado*, v. 3, p. 157.
(148) *Ibidem*, p. 158.

no Brasil sobre o lucro de sociedades estrangeiras cujas empresas brasileiras detenham participação, somente sendo justificável a negação do tratado nas hipóteses em que forem constatadas fraude ou abuso de direito.

Vale lembrar ainda que em junho de 2008 a OCDE aprovou uma nova versão da Convenção Modelo dos tratados para evitar a dupla tributação internacional. Embora tal versão contemple mudanças pontuais sobre determinados assuntos não relevantes para este estudo,[149] no que tange à atribuição de lucros a Estabelecimentos Permanentes, a versão atualizada ressalva a importância de que tais lucros devem corresponder somente às atividades realizadas pelo respectivo Estabelecimento Permanente, reconhecendo a possibilidade de que, embora determinada despesa seja a ele alocada, nada obsta a legislação doméstica do país de fonte considerá-la indedutível para fins tributários.[150]

4.2. Dividendos (art. 10)

O art. 10 da Convenção Modelo da OCDE trata da tributação de "Dividendos", e é também utilizado pelo Brasil em todos os seus tratados celebrados.

A título de exemplo, reproduzimos a seguir o art. 10 do Tratado Brasil-Argentina (Decreto n. 87.976, de 22 de dezembro de 1982), para então comentarmos:

1. Os **dividendos pagos** por uma sociedade residente de um Estado Contratante a um residente do outro Estado Contratante são tributáveis nesse outro Estado.

2. Todavia, esses dividendos podem ser tributados no Estado Contratante onde reside a **sociedade que os paga** e de acordo com a legislação desse Estado.

3. O disposto nos §§ 1º e 2º não se aplica se o beneficiário dos dividendos, residente de um Estado Contratante, tiver, no outro Estado Contratante de que é residente a sociedade que paga os dividendos, um estabelecimento permanente ou uma base fixa a que estiver efetivamente ligada à participação geradora dos dividendos. Nesse caso, serão aplicáveis as disposições dos arts. VII ou XIV, conforme o caso.

4. O termo "dividendos", usado no presente artigo, designa os rendimentos provenientes de ações, ações ou direitos de fruição, ações de empresas mine-

---

(149) Como, por exemplo, disposições acerca do conceito de *royalties*, alternativas para os *trusts* imobiliários e aplicação do princípio da não discriminação, como bem relata Rafaelle Russo. (O modelo da OCDE de 2008: uma visão geral. *Revista de DireitoTributário Internacional*, São Paulo: Quartier Latin, v. 10, p. 270, 2008).
(150) Conforme RUSSO, Rafaelle. *Op. cit.*, p. 275-289. Segundo esse ilustre jurista: "A atualização de 2008 não será a última, e já existem trabalhos em andamento para completar outros projetos que guiarão a próxima atualização, possivelmente em 2010. Dentre os projetos mais importantes, encontra-se o desenvolvimento de uma minuta para a nova redação do art. 7º da Convenção Modelo".

radoras, partes de fundador ou outros direitos de participação em lucros, com exceção de créditos, bem como rendimentos de outras participações de capital assemelhados aos rendimentos de ações pela legislação tributária do Estado Contratante em que a sociedade que os distribuir seja residente.

5. Quando uma sociedade residente da Argentina tiver um estabelecimento permanente no Brasil, esse estabelecimento permanente poderá aí estar sujeito a um imposto retido na fonte de acordo com a legislação brasileira.

6. Quando uma sociedade residente de um Estado Contratante receber lucros ou rendimentos do outro Estado Contratante, esse outro Estado Contratante não poderá cobrar qualquer imposto sobre os dividendos pagos pela sociedade, exceto à medida que esses dividendos forem pagos a um residente desse outro Estado ou à medida que a participação geradora dos dividendos estiver efetivamente ligada a um estabelecimento permanente ou a uma base fixa situados nesse outro Estado, **nem sujeitar os lucros não distribuídos da sociedade a um imposto sobre lucros não distribuídos**, mesmo se os dividendos pagos ou os lucros distribuídos consistirem total ou parcialmente de lucros ou rendimentos provenientes desse outro Estado. (grifos nossos)

Conforme podemos depreender da leitura do artigo reproduzido, a tributação de dividendos no modelo dos tratados internacionais é concorrente, isto é, pode ser instituída tanto pelo país de residência quanto pelo país de fonte. O que o tratado faz é atribuir uma limitação ao imposto a ser recolhido no Estado de Fonte sobre esses dividendos, que no caso ilustrado (Brasil-Argentina) é de 15%.

De acordo com os ensinamentos do prof. Heleno Tôrres, "(...) quanto à *distribuição de lucros*, o art. 10 contempla duas regras típicas: a primeira, clássica regra de competência (de permissão para os estados), no sentido obrigatório (para entabular o dever dos contribuintes — sócios ou acionistas), prevendo que os *lucros distribuídos sejam tributados* como típicos 'dividendos', com repartição das incidências tributárias, nos limites das alíquotas acordadas (i); e a segunda, de proibição, para determinar expressamente que os *lucros não distribuídos* não podem sujeitar-se a impostos, nos termos do seu § 6º (ii)".[151]

Ou seja, o tratado permite a tributação dos lucros distribuídos por ambos os países (de fonte e de residência), estabelecendo limitações para essa tributação em cada país e determinando em seu item 6 que o lucro não pode ser tributado no país da fonte da renda, a não ser que seja efetivamente distribuído e esteja ligado a uma atividade exercida em seu território por meio de uma base fixa ou um estabelecimento permanente (como é o art. 10 do tratado Brasil-Argentina que transcrevemos).[152]

---
(151) TÔRRES, Heleno. *Op. cit.*, p. 155.
(152) No tratado mantido com o Canadá, aprovado pelo Decreto n. 92.318, de 23 de janeiro de 1986, por exemplo, há a previsão também no artigo que versa sobre dividendos (10), do item 6, com a seguinte redação: "6. Quando uma sociedade for residente de um Estado Contratante, o outro Estado Contratante

Outra observação importante é que o art. 10 da Convenção Modelo (aqui utilizado no Tratado Brasil-Argentina) determina que a aplicação dessas regras não afeta a tributação da sociedade com referência aos lucros que deram origem aos dividendos pagos. Há, porém, a ressalva de que tais regras não se aplicam quando o beneficiário dos dividendos, residente de um Estado Contratante, tiver, no outro Estado Contratante de que é residente a sociedade que paga os dividendos, um estabelecimento permanente a que estiver ligada a participação geradora dos dividendos, sendo, nesse caso, aplicáveis as disposições do art. 7º que comentamos no tópico anterior (lucro das empresas).

Interessante questão que se discute em relação à aplicação desse art. 10 é que sua redação menciona quase sempre a expressão "dividendos pagos",[153] e em muitos casos o lucro das empresas não é efetivamente distribuído, sendo a própria discussão em torno da constitucionalidade/legalidade da Medida Provisória n. 2.158-35/01 embasada no argumento de que, se o lucro não foi efetivamente distribuído, então não pode ser considerado "disponível" para fins tributários (dividendos fictos).

João Francisco Bianco ensina que "os próprios comentários da OCDE reconhecem que o termo pago reveste-se de um sentido muito amplo mas não deixa de expressar a colocação de fundos à disposição do beneficiário nos termos previstos no contrato".[154] No entanto, conclui referido doutrinador:

> (...) assim sendo, parece inegável que nos dividendos fictos — ou considerados distribuídos — não há colocação de fundos à disposição de alguém. Logo, não podem ser qualificados como dividendos pagos. E por não serem dividendos pagos, a única conclusão possível é que a eles não se aplica a regra de competência concorrente do art. 10.[155]

Renata Fontana, por sua vez, ensina que a interpretação do art. 10 dos tratados — seguindo-se a Convenção Modelo da OCDE — é controvertida, havendo posicionamentos distintos na doutrina, vejamos o que diz a renomada jurista:

---

não poderá cobrar qualquer imposto sobre os dividendos pagos pela sociedade, exceto na medida em que esses dividendos forem pagos a um residente desse outro Estado ou na medida em que a participação geradora dos dividendos estiver efetivamente ligada a um estabelecimento permanente situado nesse outro Estado, *nem sujeitar a qualquer imposto os lucros não distribuídos da sociedade*, mesmo se os dividendos pagos ou os lucros não distribuídos consistirem, total ou parcialmente, de lucros ou rendimentos provenientes desse outro Estado". (grifos nossos)

(153) Em alguns casos, o tratado traz o conceito de "dividendos pagos", como é o caso do Tratado Brasil-Portugal, que determina que "Serão também considerados dividendos os lucros remetidos ou pagos ou creditados por um estabelecimento estável situado num Estado Contratante à empresa do outro Estado Contratante a que este pertence, sendo aplicável o disposto no n. 2, alínea a" (art. 10 (6) do Decreto n. 4.012/01).

(154) BIANCO, João Francisco. *Transparência fiscal internacional*, p. 152.

(155) *Idem, loc. cit.*

Por um lado, os dividendos fictos parecem não estar incluídos da definição exaustiva de dividendos contida no art. 10 (3) do Modelo da OCDE. Por outro lado, o termo "pago a" constante do art. 10 (1) do Modelo da OCDE parece excluir do âmbito deste dispositivo qualquer rendimento fictamente atribuído ao sócio controlador. De acordo com alguns doutrinadores, o art. 10 do Modelo OCDE diz respeito apenas a efetivos pagamentos, enquanto outros tomam uma posição menos conservadora e exigem a transferência de um benefício econômico em relação ao sócio.

Há ainda determinados tratados que possuem previsão expressa vedando a tributação de **lucros não distribuídos**, o que não deixa de ser espécie de "dividendos não pagos", hipótese em que cabe ao outro Estado Contratante somente tributar o lucro quando efetivamente distribuído (dividendos pagos).

Em alguns casos, essa cláusula (de não tributação de lucros não distribuídos) se aplica de forma restrita ou sob determinadas condições. No caso do Tratado Brasil-Dinamarca,[156] por exemplo, essa cláusula se aplica somente para sociedades anônimas, vejamos:

Art. 23. Métodos para eliminar a dupla tributação.

(...)

5. Os **lucros não distribuídos de uma sociedade anônima** de um Estado Contratante cujo capital pertencer ou for controlado, total ou parcialmente, direta ou indiretamente, por um ou mais residentes de outro Estado Contratante não são tributáveis no último Estado.[157] (grifos nossos)

Já no caso de tratados mantidos com países como Noruega[158] e República Tcheca[159] referem-se somente ao termo "sociedade": "**Os lucros não distribuídos** de uma sociedade de um Estado Contratante, cujo capital pertencer ou for controlado total ou parcialmente, direta ou indiretamente, por um ou mais residentes do outro Estado Contratante, não serão tributáveis nesse último Estado".[160]

Assim, nos países em que o Brasil possui tratado atribuindo-lhe competência para tributação de dividendos somente quando pagos (art. 10), a tributação de dividendos não pagos (*fictos*) nos termos do art. 74 da Medida Provisória n. 2.158-35/01 é claramente com ele incompatível.

---

(156) Decreto n. 75.106, de 20 de dezembro de 1974 (DOU de 8.1.75).
(157) Posteriormente o item 5 do protocolo esclarece que no art. 23, § 5º, o termo "Sociedade Anônima" corresponde ao termo dinamarquês "Aktieselskab", ao brasileiro "Sociedade Anônima" e ao francês "Société Anonyme".
(158) Decreto n. 86.710, de 9 de dezembro de 1981 (DOU de 10.2.81), art. 24, item 5.
(159) Decreto n. 43, de 25 de fevereiro de 1991 (DOU de 26.2.91), art. 23, item 5. A Convenção assinada originalmente com a República Socialista da Tchecoslováquia aplica-se às atuais Eslováquia e República Checa por sucessão de Estados.
(160) Art. 23, item 5, do Tratado Brasil-República Tcheca e art. 24, item 5, do Tratado Brasil-Noruega.

No que pese a questão ser discutível, somos da posição de que há argumentos ainda maiores para sustentar que os tratados internacionais firmados pelo Brasil que contenham cláusula específica vedando a tributação de lucros não distribuídos (art. 10, item 6 ou arts. 23 ou 24, itens 4 e 5) são incompatíveis com a regra de tributação brasileira de dividendos fictos.

4.3. Métodos para eliminar a dupla tributação (art. 23)

Por fim, a última cláusula contida nos tratados internacionais para evitar a dupla tributação internacional que pode ir de encontro com as regras brasileiras de tributação de lucros auferidos no exterior do art. 74 da Medida Provisória n. 2.158-35/01 é a denominada "Métodos para eliminar a dupla tributação" (em geral, art. 23), que costuma prever regras de "isenção" ou "crédito" do imposto.

Conforme comentamos brevemente no tópico 2.2.3, ao falar sobre a possibilidade de Compensação dos Tributos Pagos no Exterior, para evitar a dupla tributação internacional os países adotam ou o método do crédito ou o método da isenção. Como medida unilateral, qualquer país pode adotar um desses métodos (verificamos que o Brasil adota o método do crédito do imposto), mas como medida bilateral os países podem celebrar tratados ou convenções internacionais.

Nesse sentido, a Convenção Modelo da OCDE prevê duas alternativas aos países (Estados Contratantes): (1) o art. 23-A, que aplica o método da isenção; e (2) o art. 23-B, que aplica o método do crédito.

O Brasil costuma adotar o art. 23-B (método do crédito), o que em geral não produz muito efeito para o contribuinte brasileiro, já que a própria legislação interna prevê a possibilidade de compensação de impostos pagos no exterior sobre o lucro no Brasil disponibilizado.

Já o art. 23-A, no entanto, tem efeito considerável para o contribuinte brasileiro, pois os lucros, distribuídos ou não, ainda que considerados disponibilizados para fins tributários, estarão isentos do imposto de renda pela regra do tratado.

Atualmente, apenas alguns países possuem essa cláusula no tratado firmado com o Brasil (isenção de imposto sobre lucros distribuídos). São eles: Argentina, Áustria, Equador, Espanha e Índia.

Essas cláusulas em geral vêm acompanhadas de previsão de compensação dos tributos pagos no outro país (Estado Contratante) e estão condicionadas ao fato de serem tais rendimentos passíveis de tributação no Estado da fonte (nos termos do tratado) e ao cumprimento de outros requisitos específicos, como um percentual mínimo de participação na sociedade estrangeira.⁽¹⁶¹⁾ Reproduzimos a seguir, a título de exemplo, o art. 23 do Tratado Brasil-Espanha:

> 1. Quando um residente de um Estado Contratante receber rendimentos que, de acordo com as disposições da presente Convenção, sejam tributáveis no outro Estado Contratante, o primeiro Estado, ressalvado o disposto nos §§ 2º, 3º e 4º, permitirá que seja deduzido do imposto que cobrar sobre os rendimentos desse residente, um montante igual ao imposto sobre a renda pago no outro Estado Contratante.
>
> Todavia, o montante deduzido não poderá exceder a fração do imposto sobre a renda, calculado antes da dedução, correspondente aos rendimentos tributáveis no outro Estado Contratante.
>
> O disposto neste parágrafo se aplica, na Espanha, tanto aos impostos gerais como aos impostos a conta.
>
> 2. Para a dedução mencionada no § 1º, o imposto sobre os juros e *royalties* será sempre considerado como tendo sido pago com as alíquotas de 20% e 25% respectivamente.
>
> 3. **Quando um residente da Espanha receber dividendos que, de acordo com as disposições da presente Convenção, sejam tributáveis no Brasil, a Espanha isentará de imposto estes dividendos**, podendo no entanto, ao calcular o imposto incidente sobre os rendimentos restantes desse residente, aplicar a alíquota que teria sido aplicável se tais dividendos não houvessem sido isentos.
>
> 4. **Quando um residente do Brasil receber dividendos que de acordo com as disposições da presente Convenção sejam tributáveis na Espanha, o Brasil isentará de imposto esses dividendos**. (grifos nossos)

Ou seja, uma vez tributável (nos termos do tratado) no Estado Contratante em que foram auferidos (no caso, Espanha), bem como observados os demais requisitos do tratado, os dividendos serão isentos no Estado de residência do contribuinte. Como o pagamento de dividendo pressupõe apuração de lucro,⁽¹⁶²⁾ não seria possível tributar o lucro se sua própria distribuição (dividendo) está isenta de impostos.

Nesse sentido, as empresas brasileiras que possuem empresa filial, sucursal, agência, controlada ou coligada localizada nos países com os quais o Brasil possui tratado para evitar a dupla tributação internacional com a cláusula de isenção (Argentina, Áustria, Equador, Espanha e Índia) — e

---

(161) No Tratado Brasil-Áustria, por exemplo, a aplicação desse benefício está condicionada ao fato de a sociedade brasileira possuir no mínimo 25% das ações do capital da sociedade austríaca.
(162) Isto é, o dividendo é o lucro dividido por ações. O art. 201 da Lei n. 6.404/76 (Lei das S.A.) estabelece que a companhia somente pode pagar dividendos à conta de lucro líquido do exercício, de lucros acumulados e de reserva de lucros; e à conta de reserva de capital, no caso das ações preferenciais com dividendo fixo de que trata o § 5º do seu art. 17.

cumpram os requisitos estabelecidos por esse tratado — podem amparar-se em suas disposições para não aplicar a regra da Medida Provisória n. 2.158-35/01 (disponibilização automática), quer os lucros tenham ou não sido distribuídos, salvo a ocorrência de alguma hipótese de simulação ou utilização de estruturas artificiais em que a empresa domiciliada no exterior não é o "beneficiário efetivo"[163] das disposições do tratado.

Por exemplo: uma empresa brasileira que detenha o controle de uma sociedade lucrativa na Alemanha e interpõe uma *holding* "de prateleira" na Áustria (isto é, a empresa brasileira passa a deter o controle de uma empresa na Áustria, que, por sua vez, detém o controle da empresa alemã) visando apenas se beneficiar do tratado entre Brasil-Áustria para gozar de isenção sobre os rendimentos gerados. Como a empresa interposta na Áustria não é a beneficiária efetiva do rendimento que goza de isenção, as autoridades fiscais brasileiras poderiam negar o benefício da isenção previsto no Tratado.

É importante lembrar mais uma vez que, para que se aplique o benefício da isenção, o rendimento auferido deve ser "tributável" no Estado de fonte, conforme mencionado no texto do art. 23-A do Tratado.

Nesse sentido, a atualização da Convenção Modelo da OCDE de 2008 esclarece ainda que, nos casos em que o país de fonte não considerar "tributáveis" os rendimentos em sua jurisdição auferidos em virtude de determinada disposição prevista no Tratado, tais rendimentos poderão ser tributados no Estado de residência. Se por determinada razão a lei interna do Estado de fonte não os tributar, a aplicação da isenção permanecerá. Esta somente poderá ser afastada quando o Estado de fonte não os considerar tributáveis em razão da qualificação do rendimento nas disposições do tratado.[164]

Exemplificamos: suponhamos que uma empresa brasileira, por meio de um estabelecimento permanente localizado na Índia, efetue determinados serviços profissionais naquele país, auferindo receitas não especificamente previstas no Tratado. Caso a Índia não os considere tributáveis por interpretação de determinado dispositivo do Tratado Brasil-Índia,[165] o Brasil

---

(163) Em alguns tratados é comum o uso da expressão "beneficiário efetivo" como forma de evitar uso de estruturas artificiais com o único fim de se beneficiar das disposições do tratado. A expressão "beneficiário efetivo" implica que o benefício do tratado somente se aplica se o residente no país for o destinatário final do benefício. Essa expressão atualmente é encontrada, por exemplo, nos tratados que o Brasil possui com os seguintes países: Canadá, Equador, Holanda, Itália, Noruega, República Tcheca e Índia. O parágrafo único do art. 26 da Lei n. 12.249/10 define beneficiário efetivo como "a pessoa física ou jurídica, não constituída com o único ou principal objetivo de economia tributária, que auferir esses valores por sua própria conta e não como agente, administrador fiduciário ou mandatário por conta de terceiro".

(164) Conforme RUSSO, Rafaelle. O modelo da OCDE de 2008: uma visão geral. *Revista de Direito Tributário Internacional*, São Paulo: Quartier Latin, v. 10, p. 286, 2008.

(165) O art. 22 do Tratado Brasil-Índia, aprovado pelo Decreto n. 510, de 27 de abril de 1992, por exemplo, determina que "Os rendimentos de um residente de um Estado Contratante provenientes do outro Estado Contratante e não tratados nos artigos precedentes da presente Convenção são tributáveis

poderia tributá-los quando de sua distribuição na forma de dividendos, a despeito do art. 23-A do referido Tratado. No entanto, caso tais rendimentos sejam considerados "tributáveis" (na Índia, nos termos do Tratado), ainda que a legislação interna indiana decida não tributá-los, o Fisco brasileiro não poderá exigir qualquer tributação sobre tais rendimentos.

Cabe-nos lembrar que as regras previstas na Convenção Modelo e Comentários da OCDE servem como referência e guia de interpretação, tornando-se obrigatórias apenas quando incluídas expressamente nos tratados celebrados. As disposições incluídas na última atualizações da Convenção Modelo podem servir como base para os futuros tratados internacionais celebrados pelo Brasil, bem como para nortear o julgamento de eventuais conflitos existentes entre os já celebrados e a legislação interna dos países signatários.

4.4. Possibilidade de não aplicação do tratado

Por fim, cumpre-nos mencionar que em alguns Tratados recentemente celebrados pelo Brasil está sendo incluído dispositivo prevendo que as regras do Tratado não impedem a aplicação das regras de tributação de lucros auferidos no exterior prevista na legislação interna dos países (regras "CFC"),[166] no contexto de que tais regras têm a finalidade de combater o diferimento indefinido da tributação no país de residência das sociedades investidoras.

A título exemplificativo, reproduzimos abaixo o texto do item 3 do art. 28 do Tratado Brasil-México, aprovado pelo Decreto n. 6.000/06:

> 3. As disposições da presente Convenção **não impedirão** que um Estado Contratante aplique as disposições de sua legislação nacional relativa a capitalização insuficiente ou para combater o diferimento, incluída a **legislação de sociedades controladas estrangeiras (legislação CFC)** ou outra legislação similar. (grifos nossos)

Para esse caso específico, entendemos um pouco difícil sustentar que o Tratado afasta a aplicação da legislação interna brasileira sobre a tributação de lucros auferidos no exterior, pois há uma previsão expressa no próprio tratado prevendo que suas disposições não podem evitar a aplicação das regras "CFC".

No entanto, há de se considerar que a aplicação das regras "CFC" mundialmente, conforme veremos adiante, se dá somente em determinadas

---

nesse outro Estado". Assim, se as autoridades indianas não enquadram o rendimento em algum dos rendimentos previstos no tratado, a Índia estará impedida de tributá-los.

(166) Conforme veremos adiante, as regras de tributação de lucros auferidos no exterior são conhecidas mundialmente por regras "CFC", do inglês *Controlled Foreign Corporation*, pois, em regra, se aplicam somente às Sociedades Estrangeiras Controladas (no Brasil, muitos doutrinadores se referem às regras SEC).

condições, sempre que identificado de alguma forma um abuso do contribuinte em diferir indeterminadamente, ou até mesmo eliminar, a tributação de lucros em seu país, e a legislação brasileira infelizmente se aplica de forma ampla e genérica. No Capítulo 6 desse livro — Panorama Internacional — iremos fazer um breve estudo das regras "CFC" aplicadas internacionais.

4.5. A Contribuição Social sobre o Lucro Líquido — CSLL nos tratados internacionais

Na maior parte dos tratados em que o Brasil é signatário não é clara a aplicação das suas disposições à **Contribuição Social sobre o Lucro Líquido — CSLL**.

A maioria dos tratados traz em seu bojo, geralmente no art. 2º, item 2, a previsão de que a:

> (...) Convenção também será aplicável a quaisquer **impostos idênticos ou substancialmente semelhantes que foram posteriormente criados** seja em adição aos impostos já existentes, seja em sua substituição. As autoridades competentes dos Estados Contratantes notificar-se-ão de qualquer modificação significativa que tenha sido introduzida em suas respectivas legislações fiscais. (grifos nossos)

Nessa linha de raciocínio, considerando que o imposto de renda da pessoa jurídica e a CSLL possuem substancial semelhança, já que ambas têm como base o lucro líquido do período, tem sido adotado o entendimento de que as disposições dos tratados internacionais também se aplicam à CSLL.

Em alguns casos, nos tratados mais recentes, como o de Portugal, há previsão expressa de aplicação de suas disposições à CSLL.[167] É o que podemos depreender da leitura do Protocolo n. 1 do acordo transcrito a seguir:

> Protocolo
>
> No momento da assinatura da presente Convenção entre a República Federativa do Brasil e a República Portuguesa destinada a Evitar a Dupla Tributação e a Prevenir a Evasão Fiscal em Matéria de Impostos sobre o Rendimento, os abaixo-assinados, devidamente autorizados para o efeito, acordaram nas seguintes disposições adicionais que constituem parte integrante da Convenção:
>
> 1. Com referência ao art. 2º, n. 1, alínea *a*)
>
> Fica entendido que, nos impostos visados no art. 2º, n. 1, alínea *a*), **está compreendida a Contribuição Social sobre o Lucro Líquido — CSLL**, criada pela Lei n. 7.689, de 15 de dezembro de 1988. (grifos nossos)

---

(167) No mesmo sentido, a Convenção Adicional entre Brasil e Bélgica, de 20.11.02, que prevê de forma expressa sua aplicação à CSLL.

Todavia, mesmo quando não há previsão expressa, da maneira que vimos no Tratado Brasil-Portugal, entendemos defensável que as disposições do tratado aplicáveis ao IRPJ se estendam à CSLL, dada a substancial semelhança entre ambos os tributos.

A discussão, porém, reside nos casos em que o Tratado determina sua aplicação aos tributos criados **posteriormente** à data da sua assinatura, pois há casos em que ela foi criada **antes** da assinatura do Tratado.

É o caso, por exemplo, do Tratado Brasil-Holanda, em que o Decreto n. 355 entrou em vigor em 2 de dezembro de 1991, após a criação da CSLL, que se deu com a Lei n. 7.689, em 15 de dezembro de 1988.

Para fins de compensação de impostos sobre a renda auferida no exterior e tributada no Brasil, no entanto, a Receita Federal do Brasil — RFB não vem opondo dificuldades para que a CSLL também seja considerada. Note-se que o art. 26 da Lei n. 9.249/95 determina que "a pessoa jurídica poderá compensar o imposto de renda incidente, no exterior, sobre os lucros, rendimentos e ganhos de capital computados no lucro real, até o limite **do imposto de renda** incidente, no Brasil, sobre os referidos lucros (...)". No entanto, a Instrução Normativa SRF n. 213/02 permitiu também que "o saldo do tributo pago no exterior, que exceder o valor compensável com o imposto de renda e adicional devidos no Brasil, **poderá ser compensado com a CSLL devida** em virtude da adição, à sua base de cálculo, dos lucros (...)".

Isto é, ainda que determinados tratados não tenham a previsão expressa de aplicação de suas disposições para a CSLL (ou que tenha sido criado após a criação dessa contribuição), a Receita Federal do Brasil admite que o imposto de renda pago no exterior seja compensado não somente com o imposto de renda brasileiro, incidente sobre o lucro auferido no exterior, mas também com a CSLL aqui devida.

A discussão, portanto, permaneceria somente em relação a determinados dispositivos dos Tratados, em que o contribuinte brasileiro pode alegar sua incompatibilidade com a legislação brasileira, como, por exemplo, o art. 7º (lucro das empresas). Assim, caso a tributação de lucros auferidos no exterior em determinados casos seja afastada (pelo Poder Judiciário ou Administrativo) com fundamento no art. 7º de determinado Tratado com o país cuja empresa brasileira detenha participação societária, as autoridades fiscais eventualmente poderiam alegar que, como a CSLL não está prevista no Tratado (e este é posterior à data de sua criação), somente o imposto de renda poderia ser afastado, restando ao contribuinte ainda a obrigação de recolhimento da referida contribuição social.

Outro dispositivo comum nos tratados, não abordado nesse estudo mas que agora podemos citar como exemplo em que as autoridades fiscais poderiam afastar sua aplicação à CSLL, é o referente à concessão de isenção de impostos ou exclusão da competência tributária de um dos Estados Contratantes, sobre juros de títulos emitidos pelo governo do outro país signatário do tratado. A título de exemplo, citamos o item 3 do art. 11 (Juros) do Tratado Brasil-Dinamarca,[168] objeto de Solução de Consulta da Receita Federal do Brasil, que traz as seguintes disposições:

> *a)* os juros provenientes de um Estado Contratante e pagos ao Governo de outro Estado Contratante, a uma sua subdivisão política ou a qualquer agência (inclusive uma instituição financeira) de propriedade exclusiva daquele Governo, ou de uma sua subdivisão, são isentos de imposto no primeiro Estado Contratante;
>
> *b)* os juros da dívida pública, de títulos ou debêntures emitidos pelo Governo de um Estado Contratante, por uma sua subdivisão política ou por qualquer agência (inclusive uma instituição financeira) de propriedade daquele Governo, só são tributáveis nesse Estado.

Ou seja, no primeiro caso (item "a") temos a isenção de impostos sobre juros provenientes de títulos de um Governo pagos ao Governo do outro Estado Contratante. No segundo caso (item "b"), temos a exclusão da competência tributária de um Estado Contratante sobre juros provenientes de títulos emitidos pelo outro Estado Contratante.

Esse segundo caso, que resultaria na possibilidade da sociedade brasileira que adquiriu títulos do governo dinamarquês de excluir de suas apurações de IRPJ e CSLL os juros decorrentes de tais títulos, foi interpretado pela Receita Federal do Brasil, por meio da Solução de Consulta n. 23, de 14 de janeiro de 2008, da seguinte forma:

> O disposto na Convenção firmada entre o Brasil e a Dinamarca (promulgada pelo Decreto n. 75.106, de 1974) para evitar a dupla tributação e prevenir a evasão fiscal em matéria de impostos sobre a renda, **não se aplica à Contribuição Social sobre o Lucro Líquido — CSLL**, por ter sido instituída posteriormente (Lei n. 7.689, de 15 de dezembro de 1988) e não se enquadrar no § 2º do art. 2º da referida convenção. Diante disso, a importância recebida a título de juros pela aquisição de títulos emitidos pela KommuneKredit (Associação de Crédito de Municípios e Regiões da Dinamarca), computada na apuração do lucro líquido, não deverá ser excluída para efeito de determinação de sua base de cálculo, podendo, entretanto, compensar com a CSLL devida em virtude da adição, à sua base de cálculo, dos rendimentos oriundos do exterior, o imposto de renda pago no exterior, até o valor devido em decorrência dessa adição. (grifos nossos)

Ou seja, a RFB não reconheceu a aplicação da CSLL ao Tratado, por ter sido ele celebrado antes da criação dessa contribuição, mas admitiu a

---

(168) Aprovado pelo Decreto n. 75.106, de 20 de dezembro de 1974 (DOU de 8.1.75).

possibilidade de compensação dessa contribuição com eventual imposto de renda pago sobre tais juros no exterior.

No entanto, entendemos que essa alegação não seria sustentável, pelas seguintes razões:

• O item do 2 do art. 2º do Tratado Brasil-Dinamarca prevê que "esta Convenção também será aplicável a quaisquer impostos idênticos ou substancialmente semelhantes que forem **posteriormente** introduzidos, seja em adição aos impostos acima mencionados, seja em sua substituição". E foi o que justamente aconteceu no caso, pois a CSLL foi criada posteriormente à celebração do Tratado (em 15 de dezembro de 1988, como a própria RFB menciona);

• Ao estender a aplicação da CSLL ao disposto no art. 23-B do Tratado (métodos para eliminar a dupla tributação através da compensação), ainda que por reflexo da própria determinação da legislação interna (Lei n. 9.249/95), não poderia a autoridade fiscal estabelecer outro tratamento, outra interpretação, a outro dispositivo do mesmo Tratado, sob pena de ferir o princípio da não discriminação (art. 24 do próprio Tratado) e o próprio princípio constitucional da isonomia, o que sem dúvida causaria também uma situação de perplexidade e de total insegurança jurídica;

• Ainda que a Receita Federal tenha expressamente autorizado a aplicação dos Tratados à CSLL somente em relação a determinado dispositivo (art. 23-B), ela na verdade reconheceu a substancial semelhança desse tributo com o Imposto de Renda da Pessoa Jurídica — IRPJ, pouco importando se a criação da CSLL foi posterior ou não à celebração do Tratado, até porque essa regra prevista no tratado (aplicação de suas disposições aos tributos substancialmente semelhantes criados após a sua celebração) é uma cláusula padrão, da Convenção Modelo OCDE, utilizada de maneira ampla pelos países que celebraram Tratados com o Brasil, porque nesses países geralmente só há a incidência de um tributo federal sobre a renda.

Por fim, caso a RFB ainda assim não aceite a aplicação do tratado para a CSLL em algum caso específico, entendemos que o Conselho Administrativo de Recursos Fiscais — CARF dificilmente recusará tal aplicação, uma vez que já há algum tempo vem adotando esse entendimento.[169]

---

(169) No voto da Relatora Sandra Faroni, no segundo julgamento do caso Eagle, torna-se cristalino esse entendimento quando a conselheira diz com todas as letras que "tal se aplica, inclusive, à CSLL, uma vez que o § 4º do art. 2º da Convenção determina sua aplicação a quaisquer impostos substancialmente

4.6. A superioridade hierárquica do tratado internacional em face da legislação tributária interna

Conforme verificamos, algumas regras contidas nos tratados internacionais para evitar a dupla tributação podem ser incompatíveis com as regras brasileiras de tributação de lucros auferidos no exterior por meio de filiais, sucursais, agências, controladas ou coligadas de empresas brasileiras.

Dessa forma, cumpre-nos analisar qual dessas regras deve prevalecer em detrimento da outra.

Primeiramente cabe-nos mencionar que a Constituição Federal brasileira estabelece competência privativa para o presidente da República celebrar tratados, convenções e atos internacionais, sujeitos a referendo do Congresso Nacional,[170] sendo de competência exclusiva do Congresso Nacional "resolver definitivamente sobre tratados, acordos ou atos internacionais que acarretem encargos ou compromissos gravosos ao patrimônio nacional".[171]

Portanto, após celebrado o tratado ou convenção internacional pelo chefe do Poder Executivo, seu texto é submetido à aprovação do Poder Legislativo, que, após aprová-lo, o remete novamente ao presidente da República para que o publique por meio de Decreto. Ou seja, tanto o Poder Executivo quanto o Poder Legislativo participam do processo de elaboração e aprovação dos atos internacionais.

Também o art. 5º, § 2º, da Constituição Federal estabelece que "os direitos e garantias expressos nesta Constituição não excluem outros decorrentes do regime e dos princípios por ela adotados, ou dos tratados internacionais em que a República Federativa do Brasil seja parte", o que nos permite concluir que, uma vez internado, o tratado internacional que prevê direitos e garantias ao contribuinte (ampliando, portanto, o rol de limitações ao poder de tributar previsto no art. 150 da própria Constituição Federal) passa a gozar do mesmo *status* de norma constitucional.

Não por outra razão, o próprio CTN, em seu art. 98, estabelece que: "Os tratados e as convenções internacionais revogam ou modificam a legislação tributária interna, e serão observados pela que lhes sobrevenha".

Ou seja, os tratados e as convenções internacionais, em matéria tributária, devem sempre se sobrepor à legislação interna.

---

semelhantes que forem criados, seja por adição aos impostos já existentes, seja em sua substituição. E este é exatamente o caso da Contribuição Social sobre o Lucro Líquido, substancialmente semelhante ao imposto de renda, tendo ambos, como ponto de partida, o lucro líquido do exercício" (Acórdão n. 101--97.070, de 17 de dezembro de 2008, folha 26).
(170) Constituição Federal de 1988, art. 84, VIII.
(171) Constituição Federal de 1988, art. 49, I.

Hugo de Brito Machado ensina que existe uma impropriedade terminológica nesse dispositivo legal. Segundo o autor:

> Na verdade um tratado internacional não revoga nem modifica a legislação interna. A lei revogada não volta a ter vigência pela revogação da lei que a revogou. Denunciado um tratado, todavia, a lei interna com ele incompatível estará restabelecida, em pleno vigor. Tem-se que procurar, assim, o significado da regra legal em foco. O que ela pretende dizer é que os tratados e as convenções internacionais prevalecem sobre a legislação tributária interna, seja anterior ou mesmo posterior.[172]

Com efeito, o fato de uma lei revogada trazer de volta a vigência da lei que ela mesma revogou não é aceito no Direito brasileiro, por expressa determinação do art. 2º, § 3º, do Decreto-lei n. 4.657, de 4 de setembro de 1942 (Lei de Introdução ao Código Civil brasileiro), fenômeno conhecido como "repristinação".

Hugo de Brito Machado cita julgados em que o STF se manifestou no sentido de prevalência da lei ordinária sobre o tratado quando aquela for posterior a este — critério da lei posterior revoga lei anterior[173] —, explicando que esse entendimento teve amparo no fato de não haver norma constitucional garantindo a supremacia dos tratados em face da legislação ordinária interna. E conclui o referido autor asseverando que:

> (...) em matéria tributária, porém, mesmo em face da orientação jurisprudencial da corte maior, tem-se de considerar o disposto no art. 98 do Código Tributário Nacional, de sorte que a lei posterior ao tratado, para prevalecer sobre ele, em matéria tributária, terá de ser uma lei complementar.[174]

Seguindo essa linha, uma Lei Complementar posterior à publicação de um Decreto que internalize as regras de um tratado ou convenção internacional celebrado pelo Brasil poderia revogar a aplicação do dispositivo do tratado que com ela seja incompatível. Fazemos aqui novamente a ressalva de que, nos termos do art. 9º da Lei Complementar n. 95/98, com a redação dada pela Lei Complementar n. 107/01, a cláusula de revogação deverá enumerar **de**

---

(172) MACHADO, Hugo de Brito. *Curso de direito tributário*. São Paulo: Malheiros, 2007. p. 113.
(173) Na ADI-MC n. 1.480/DF — Distrito Federal, de 4 de setembro de 1997, sob a relatoria do ministro Celso de Mello, o STF entendeu que, "No sistema jurídico brasileiro, os atos internacionais não dispõem de primazia hierárquica sobre as normas de direito interno. A eventual precedência dos tratados ou convenções internacionais sobre as regras infraconstitucionais de direito interno somente se justificará quando a situação de antinomia com o ordenamento doméstico impuser, para a solução do conflito, a aplicação alternativa do critério cronológico (*lex posterior derogat priori*) ou, quando cabível, do critério da especialidade".
(174) MACHADO, Hugo de Brito. *Op. cit.*, p. 113.

forma expressa as leis ou disposições legais revogadas. Portanto, não há que se falar em revogação tácita.

Nesse sentido, a Medida Provisória n. 2.158-35/01, além de não ter força de Lei Complementar,[175] não revogou expressamente a disposição de nenhum tratado internacional do qual o Brasil foi signatário.

Cabe mencionar ainda que, até o presente momento, nas ocasiões em que o STF analisou a aplicação de tratados internacionais celebrados pelo Brasil em **matéria tributária**, fez prevalecer esses em face da lei interna. E aqui vale citar o julgamento do Recurso Extraordinário — RE n. 229.096-0/RS,[176] em que a Corte decidiu que a isenção de tributos estaduais prevista no Acordo Geral de Tarifas e Comércio (GATT, na sigla em inglês) para as mercadorias importadas dos países signatários, quando o similar nacional tiver o mesmo benefício, foi recepcionada pela Constituição Federal de 1988, sendo que o art. 98 do CTN estabelece "possui caráter nacional, com eficácia para a União, os Estados e os Municípios".

Esse julgamento envolveu tema extremamente controvertido relacionado à "isenção heterônima", em que a União Federal concede em determinado tratado (como foi o caso do GATT) isenção de tributos de competência estadual. Sendo que a primeira turma do STJ já havia entendido, no julgamento do Recurso Especial — REsp n. 90.871/PE,[177] que, em face do atual ordenamento constitucional, a União não tem competência para, mediante tratado, conceder isenção de ICMS, tributo da competência dos Estados-membros e do Distrito Federal. Na referida decisão, julgada em junho de 1997, prevaleceu o entendimento de que o art. 98 do CTN deve ser interpretado em consonância com o atual ordenamento constitucional, especialmente no que se refere à repartição das competências tributárias, e, nesse sentido, como o ICMS é imposto da competência dos Estados-membros, não poderia a União conceder isenção do referido tributo por meio de tratado internacional.[178]

Até que então o STF, como legítimo guardião da Constituição Federal, consignou seu entendimento de que:

> No direito internacional apenas a República Federativa do Brasil tem competência para firmar tratados (art. 52, § 2º, da Constituição da República), dela não dispondo a União, os Estados-membros ou os Municípios. O Presidente da República não subscreve tratados como Chefe de Governo, mas como Chefe de

---

(175) Aliás, o próprio § 1º do art. 62 da Constituição Federal veda a edição de medidas provisórias sobre material reservado a lei complementar (inciso III).
(176) Acórdão julgado em 16.8.07, sob a relatoria do Ministro Ilmar Galvão. Publicado no DOU 11.4.08.
(177) Julgado em 17.6.97, sob a relatoria do Ministro José Delgado.
(178) De acordo com a Constituição Federal, art. 151: "É vedado à União: (...) III — instituir isenções de tributos da competência dos Estados, do Distrito Federal ou dos Municípios".

Estado, o que descaracteriza a existência de uma isenção heterônoma, vedada pelo art. 151, inc. III, da Constituição.

Em seu voto vencedor, o ministro relator Ilmar Galvão faz menção ao RE n. 80.004, em que o STF decidiu que um tratado internacional não prevalece sobre a lei interna, porém ressalvando que esse julgamento tratava de controvérsia travada no campo comercial (Convenção de Genebra acerca de Lei Uniforme sobre Letras de Câmbio e Notas Promissórias), havendo alguns votos afastado, de plano, a incompatibilidade do art. 98 do CTN com a Constituição Federal, justamente ao fundamento de que se trata de "norma restrita à legislação tributária", citando então diversos julgados em que o STF fez valer a preeminência do GATT (tratado internacional que versa sobre matéria tributária) sobre leis tributárias internas.[179]

Sérgio André Rocha, embora reconhecendo que sua posição seja minoritária na doutrina, defende que o art. 98 do CTN é incompatível com a Constituição Federal, pois não há no texto constitucional previsão expressa para supremacia dos tratados internacionais em face do direito tributário interno.[180] Segundo esse autor, que acredita que o tema discutido no RE 229.096-0/RS ainda voltará a ser analisado pela Suprema Corte, "não caberia ao Código Tributário integrar a Constituição Federal, tomando uma posição sobre os tratados internacionais que não encontra fundamento na Lei Maior".[181]

Por outro lado, o professor Alberto Xavier, líder da doutrina majoritária da qual somos partidários, sustenta a superioridade hierárquica dos tratados internacionais em matéria tributária pelos seguintes argumentos:

> i. A Constituição Federal consagrou o sistema monista[182] com cláusula geral de recepção plena (art. 5º, § 2º), o que significa que os tratados valem na ordem interna como tal e não como leis internas, apenas sendo suscetíveis de revogação ou denúncia pelos mecanismos próprios do direito dos tratados, o que é precisamente a essência de sua superioridade hierárquica;

---

(179) Como o RE n. 113.150, ministro Carlos Madeira, e RE n. 113.701 e n. 114.950, Ministro Moreira Alves, todos sob a égide da Constituição anterior.
(180) ROCHA, Sérgio André. Gênese histórica do art. 98 do Código Tributário Nacional. Vários autores. *Revista de Direito Tributário Internacional*, São Paulo: Quartier Latin, ano 4, n. 12, p. 215, 2009.
(181) Gênese histórica do art. 98 do Código Tributário Nacional. Vários autores. *Revista de Direito Tributário Internacional*, São Paulo: Quartier Latin, ano 4, n. 12, p. 222, 2009.
(182) Como forma de balizar as discussões sobre a prevalência ou não de atos internacionais em face da lei interna de determinado país, a doutrina distingue os sistemas jurídicos que consideram a ordem interna e internacional como um só sistema jurídico (sistema monista) e os que consideram a ordem jurídica interna e internacional distintas (sistema dualista). Ao considerar os tratados internacionais, ratificados pelo Congresso Nacional, com *status* de Lei interna, o Brasil adotou o sistema monista.

ii. Muito embora o art. 5º, § 2º, da Constituição Federal atribuía expressamente superioridade hierárquica apenas aos tratados em matéria de direitos e garantias fundamentais, essa disposição deve ser interpretada não como norma especial, mas como revelação de princípio geral, sendo que em qualquer caso a matéria tributária inclui-se no domínio dos direitos e garantias individuais (art. 150, *caput*);

iii. Os Tribunais aplicam os tratados como tal e não como lei interna;

iv. A celebração dos tratados é ato da competência conjunta do Chefe do Poder Executivo e do Congresso Nacional (art. 84, inciso VIII e art. 49, I), não sendo portanto admissível a sua revogação por ato exclusivo do Poder Legislativo;

v. O art. 98 do Código Tributário Nacional — que é lei complementar que se impõe ao legislador ordinário — é expresso ao estabelecer a superioridade hierárquica dos tratados, sendo inadmissível restringir essa superioridade apenas a algumas espécies ou modalidades, não distinguidas por lei;

vi. Nem o decreto legislativo, que formaliza o referendo do Congresso Nacional, nem o decreto do Presidente da República, que formaliza a promulgação, têm o alcance de transformar o tratado em lei interna.[183]

É oportuno lembrar que há ocasiões em que a própria autoridade fiscal reconhece a superioridade hierárquica dos tratados internacionais em face da legislação interna, como é o caso da Instrução Normativa n. 244/02, que em seu art. 1º estabelece que "as alíquotas reduzidas estabelecidas nas convenções internacionais destinadas a evitar dupla tributação da renda, firmadas pelo Brasil, aplicam-se, em detrimento das fixadas pela legislação interna, aos rendimentos nela previstos". Da mesma forma, o Conselho Administrativo de Recursos Fiscais — CARF, conforme veremos adiante, em diversos julgados também reconhecem a primazia dos tratados internacionais em face da legislação tributária interna.[184]

Por fim, outro ponto que julgamos oportuno para sustentar que o tratado internacional em matéria tributária deve prevalecer sobre a lei interna é que o Brasil é signatário da Convenção de Viena, que disciplina as regras aplicáveis aos tratados internacionais, celebrada em 26 de maio de 1969 e vigente interna-

---

(183) *Direito tributário internacional do Brasil*. 4. ed. Rio de Janeiro: Forense, 2007. p. 119 e 120.
(184) Como é o caso do Acórdão n. 101-97020 (de 13.11.08), por exemplo, que deixou consignado que "em se tratando de Direito Tributário a prevalência da norma internacional decorre de sua condição de lei especial em relação à norma interna".

cionalmente desde 27 de janeiro de 1980, e recentemente internada no ordenamento jurídico brasileiro por meio do Decreto n. 7.030, de 14 de dezembro de 2009.[185]

Essa Convenção foi celebrada por diversos países considerando o papel fundamental dos tratados na história das relações internacionais, e reconhecendo a importância cada vez maior dos tratados como fonte do Direito Internacional e como meio de desenvolver a cooperação pacífica entre as nações, quaisquer que sejam seus sistemas constitucionais e sociais, constando nela que os princípios do livre consentimento, da boa-fé e a regra *pacta sunt servanda*[186] são universalmente reconhecidos.[187]

Não por outro motivo o art. 27 dessa Convenção estabeleceu que uma parte não pode invocar as disposições de seu direito interno para justificar o inadimplemento de um tratado. Ou seja, considerando que os países são livres para celebrar tratados internacionais, e se os celebram o fazem de boa-fé e de livre e espontânea vontade, devem respeitá-los, sob pena de prejudicar e até comprometer as relações internacionais, não podendo nem mesmo justificar esse não cumprimento com as disposições de seu ordenamento jurídico interno.

Ora, se os países celebram livremente determinado tratado com o mútuo objetivo de evitar a dupla tributação internacional (que se sabe nocivo ao desenvolvimento econômico mundial), em circunstâncias normais em que lhes são assegurados o livre exercício da autonomia da vontade (isto é, sem coação, dolo, fraude etc.) e a boa-fé, não haveria razão para que esses países aceitassem condições ou cláusulas que fossem de encontro com o seu direito interno. Esse foi, inclusive, o objetivo do art. 98 do CTN, pois um país que não cumpre o que foi estabelecido (repita-se: de boa-fé e de livre e espontânea vontade) nos tratados pode se comprometer seriamente em suas relações internacionais. E estando diante de um mundo globalizado, isso pode significar muito: quem acreditará no país que assume determinado compromisso, com a assinatura de um documento de tamanha importância como um tratado, e não o cumpre?

Também o art. 46 da Convenção de Viena sobre o Direito dos Tratados estabelece que um Estado não pode invocar o fato de que seu consentimento em obrigar-se por um tratado violou uma disposição de seu direito interno

---

(185) Embora celebrada desde 1969, somente no dia 17 de julho de 2009 (DOU de 20.7.09) o Senado Federal aprovou, por meio do Decreto Legislativo n. 496/09, o texto da Convenção de Viena sobre o Direito dos Tratados, com exceção do arts. 25, que dispõe sobre "Aplicação Provisória", e 66, que dispõe sobre "Processo de Solução Judicial, de Arbitragem e de Conciliação".
(186) Expressão latina utilizada no direito privado para dizer que o contrato faz lei entre as partes, que os pactos devem ser respeitados, haja vista que foram celebrados respeitando-se a autonomia da vontade de ambas as partes.
(187) Conforme consta de seu próprio preâmbulo.

sobre competência para concluir tratados, a não ser que essa violação fosse "manifesta" e dissesse respeito a uma norma de seu direito interno de importância fundamental. E, nesse sentido, o item 2 do mesmo artigo determina que somente se consideraria manifesta a violação que for "objetivamente evidente para qualquer Estado que proceda, na matéria, de conformidade com a prática normal e de boa-fé".

Isto é, somente em circunstâncias extremas, em que um dos países que celebrou o tratado agiu contra as suas próprias regras de direito interno sobre competência para celebrar tratados, e que essa violação às suas regras pudesse ter sido evidente ao outro país que agiu de boa-fé, é que se poderia aceitar o não cumprimento do tratado.

Embora a essência dessa regra, de primazia dos tratados internacionais sobre a legislação interna dos países que o assinaram como forma de manter as relações internacionais em boa ordem, já esteja prevista na legislação tributária brasileira no art. 98 do CTN, entendemos que a internação da Convenção de Viena ao ordenamento jurídico brasileiro (mesmo que após 40 anos!) traz diversos benefícios aos contribuintes brasileiros, almejados na própria ocasião da celebração da Convenção, como o de criar condições necessárias à manutenção da justiça e do respeito às obrigações decorrentes dos tratados.

Aqui é oportuno reproduzirmos trecho do preâmbulo da Convenção de Viena sobre o Direito dos Tratados, que traduz o entendimento e até mesmo os anseios da comunidade internacional:

> Acreditando que a codificação e o desenvolvimento progressivo do direito dos tratados alcançados na presente Convenção promoverão os propósitos das Nações Unidas enunciados na Carta, que são a manutenção da paz e da segurança internacionais, o desenvolvimento das relações amistosas e a consecução da cooperação entre as nações.

Isto é, o cumprimento dos tratados internacionais pelos países que o assinaram é uma forma de assegurar a paz e a segurança das relações internacionais, contribuindo para o desenvolvimento e cooperação mútua das nações. Esperamos que o Brasil reconheça isso.

Considerações finais

Como vimos, a regra de disponibilização de lucros auferidos no exterior trazida pelo art. 74 da Medida Provisória n. 2.158-35/01 é, sob certos aspectos, incompatível com alguns dispositivos de tratados internacionais celebrados pelo Brasil.

As discussões em torno dessas incompatibilidades estão embasadas no entendimento de que há primazia dos tratados e convenções internacionais (em matéria tributária) em face da legislação interna. Nesse sentido, temos as principais alegações:

- **Lucro das empresas (art. 7º)** — A tributação de lucros auferidos por meio de controladas ou coligadas (subsidiárias) é questionável, uma vez que o art. 7º dos tratados, nos termos da Convenção Modelo da OCDE, prevê a competência tributária exclusiva do Estado de residência da empresa, permitindo a tributação dos resultados auferidos no Estado da fonte (exterior) somente se existente lá um estabelecimento permanente (filial, agência ou sucursal). Assim, o país estrangeiro da subsidiária da empresa brasileira seria na verdade o seu Estado de Residência. Esse entendimento, no entanto, vem sendo discutido na doutrina e atualmente foi colocado em dúvida com o último posicionamento da OCDE sobre o assunto, ficando claro para diversos países que a sobreposição da legislação interna sobre o tratado é justificável somente nos casos em que há identificação de fraude ou abuso de direito por parte de um dos Estados Contratantes;

- **Dividendos (art. 10)** — A tributação de dividendos (lucro dividido por ações/quotas) não distribuídos (dividendos *fictos*) pode ser questionada em relação ao art. 10 dos tratados que determinam a tributação (competência concorrente) dos dividendos somente quando "pagos". Nesse caso, cabe ao Poder Judiciário ou Adminis-trativo analisar se o termo "pagos" deve ser interpretado como "colocado à disposição" do acionista/quotista (disponibilidade jurídica), ou como a necessidade de um recebimento efetivo (disponibilidade financeira/econômica), havendo ainda tratados que preveem expres-samente a não possibilidade de tributação de lucros não distribuídos;

- **Método para evitar a dupla tributação pela isenção (art. 23-A)** — Os tratados que preveem, como forma de se evitar a dupla tributação internacional, o método da isenção de impostos sobre lucros distribuídos quando tais lucros forem, nos termos do tratado, tributáveis no Estado da Fonte, afastam a aplicação da legislação brasileira de tributação ficta de lucros auferidos no exterior.

Por fim, cumpre-nos mencionar que há ainda outros dispositivos constantes nos tratados internacionais que podem ser invocados para afastar a aplicação das atuais regras brasileiras de tributação de lucros auferidos no exterior.[188]

---

(188) Procuramos mencionar aqui apenas os principais artigos que vêm ganhando mais peso nas discussões.

Um bom exemplo seria a regra da "não discriminação", contida no art. 24 dos Tratados, que determina que "os nacionais de um Estado Contratante não ficarão sujeitos no outro Estado Contratante a nenhuma tributação ou obrigação correspondente, diversa ou mais onerosa do que aquelas a que estiverem sujeitos os nacionais desse outro Estado que se encontrem na mesma situação". Nesse caso, o contribuinte brasileiro que possui participação societária no exterior pode alegar que está sendo discriminado em face do contribuinte brasileiro que detém participação societária no Brasil, já que aqui tanto a equivalência patrimonial quanto os dividendos (de empresas brasileiras) não são tributados pelo imposto de renda.

As discussões envolvendo a aplicação das regras dos tratados internacionais em face do art. 74 da Medida Provisória n. 2.158-35/01, no entanto, ainda não foram julgadas judicialmente pelas cortes superiores.[189] As discussões nesse sentido estão concentradas na esfera administrativa, com algumas recentes decisões do CARF sobre a matéria, conforme será analisado no capítulo a seguir.

---

(189) Recentemente o Tribunal Regional Federal da 4ª Região julgou importante caso sobre a incidência do imposto de renda na fonte (IRRF) sobre remessas efetuadas ao Canadá e a Alemanha em face do art. 7º desses Tratados (Embargos Infringentes n. 2002.71.00.006530-5/RS, decisão de 4 de junho de 2009), porém essa decisão não tratou da tributação de lucros auferidos no exterior (por empresas brasileiras que possuem participação societária em outros países), razão pela qual não analisaremos tal decisão no presente livro. De qualquer maneira é oportuno mencionarmos que a Corte entendeu nesse caso que, embora a jurisprudência do STF tenha se solidificado no sentido de que os tratados internacionais têm a mesma hierarquia das leis ordinárias, aplica-se o critério da "lei especial revoga lei geral", de modo que o tratado, por ter natureza de lei especial, se sobrepõe à lei interna brasileira, que tem caráter geral, que também não dispõe de forma diversa do estabelecido nos acordos internacionais entre Brasil-Canadá e Brasil-Alemanha (este último já não mais em vigor). Nesse caso, prevaleceu o entendimento de que o art. 7º dos tratados impede a incidência do IRRF nas remessas efetuadas para pagamento de serviços técnicos sem a transferência de tecnologia quando a realização de tais serviços pela empresa estrangeira se dá sem a caracterização de um estabelecimento permanente no Brasil.

CAPÍTULO 5

DISCUSSÃO ADMINISTRATIVA — CONTEXTO E POSICIONAMENTOS DO CARF SOBRE A MATÉRIA

Provocado para manifestar-se sobre a compatibilidade de determinados tratados internacionais celebrados pelo Brasil em face da obrigatoriedade de disponibilização dos lucros auferidos no exterior contida no art. 74 da Medida Provisória n. 2.158-35/01, o Conselho Administrativo de Recursos Fiscais — CARF[190] manifestou-se algumas vezes sobre o assunto.

Em outros casos, o CARF analisou a aplicação das regras brasileiras sob outros aspectos não relacionados aos tratados internacionais, como, por exemplo a interpretação do conceito de "emprego em favor na beneficiária" a que se refere o art. 2º, § 2º, *b*, item 4, da Lei n. 9.532/97, como forma de disponibilização do lucro, e os critérios de apuração dos resultados da sociedade estrangeira cuja empresa brasileira participa.

No tópico a seguir apresentamos uma seleção dos principais casos com repercussão nacional. Para melhor compreensão do assunto, serão abordados primeiramente os casos que envolveram análise de tratados internacionais e, em seguida, aqueles que se restringiram tão somente às regras brasileiras de tributação de lucros auferidos no exterior, ambos em ordem cronológica de publicação do acórdão.

---

(190) Com a edição da Medida Provisória n. 449/08, convertida na Lei n. 11.941/09, o Conselho de Contribuintes e a Câmara Superior de Recursos Fiscais foram unificados, passando a existir desde então somente o Conselho Administrativo de Recursos Fiscais — CARF. Com a publicação da Portaria MF n. 41, de 15 de fevereiro de 2009, o CARF foi devidamente instalado, e a Portaria MF n. 256, de 22 de junho de 2009, aprovou o atual Regimento Interno do órgão. Para fins acadêmicos, nos referiremos aqui às decisões do antigo Conselho de Contribuintes já pela sua nova denominação: CARF.

5.1. Casos que envolveram a análise de tratados

5.1.1. Caso Refratec (Acórdão n. 108-08.765, de 23 de março de 2006)

O caso Refratec envolveu o julgamento de autuações fiscais pertinentes a dois períodos distintos, cada uma com sua respectiva fundamentação jurídica.

A primeira autuação ocorreu em relação à empresa controlada Lliama Investimentos, localizada na Ilha da Madeira (Portugal), em relação aos lucros por ela auferidos e não disponibilizados entre janeiro de 1996 e 11 de dezembro de 2001, cuja participação societária foi integralmente alienada dias antes da obrigatoriedade de sua disponibilização, nos termos do art. 74 e parágrafo único da Medida Provisória n. 2.158-35/01.

A segunda deu-se em relação à empresa Lliama Participações, localizada em Barcelona, na Espanha, sob a forma de *Entidad de Tenencia de Valores Estranjeros* — ETVE,[191] abrangendo o período de 12 de dezembro de 2001 a 31 de dezembro de 2002, com fundamento no art. 74 da Medida Provisória n. 2.158-35/01 — obrigatoriedade de disponibilização de lucros auferidos em 31 de dezembro de cada ano-calendário (apuração do balanço).

O CARF analisou tanto o tratado que o Brasil firmou com Portugal quanto o que firmou com a Espanha. No caso do Tratado Brasil-Portugal, porém, a análise se restringiu apenas a determinado período, já que o fundamento da autuação foi o "emprego" do lucro em favor da beneficiária.

Para melhor compreensão do caso, a análise do julgamento será dividida por país.

Antes, apresentamos uma síntese do quadro societário das empresas envolvidas, ilustrada na figura a seguir:

---

(191) As sociedades sob a forma de ETVE são conhecidas por gozar de um regime fiscal favorecido na Espanha, em que a não tributação dos dividendos distribuídos aos acionistas não residentes, conforme mencionado no Acórdão n. 108-08.765. O Ato Declaratório Interpretativo SRF n. 6/02 determina que a regra de isenção de tributação sobre dividendos prevista no Tratado Brasil-Espanha (art. 23, item 4) não se aplica às ETVEs.

Figura 8

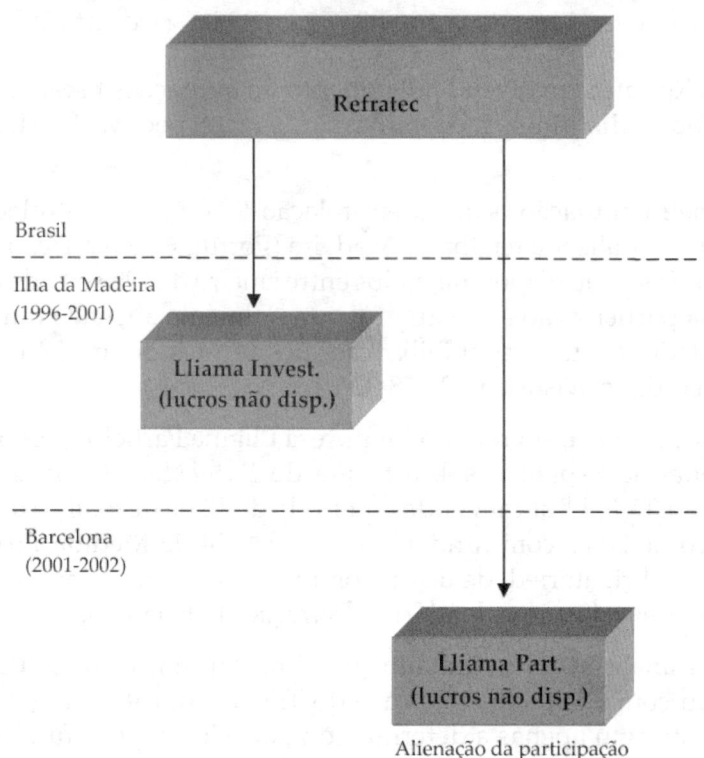

Brasil

Ilha da Madeira
(1996-2001)

Refratec

Lliama Invest.
(lucros não disp.)

Barcelona
(2001-2002)

Lliama Part.
(lucros não disp.)

Alienação da participação

Síntese do quadro societário das empresas envolvidas no caso Refratec.

5.1.1.1. PORTUGAL

No caso do investimento detido em Portugal (Lliama Investimentos), o conselheiro José Henrique Longo (voto vencedor) entendeu que até 2001 a Refratec estava amparada pelo Tratado Brasil-Portugal, razão pela qual não deveria tributar os lucros auferidos por sua controlada na Ilha da Madeira, nos termos do art. 7º do Tratado (lucro das empresas), visto tratar-se de uma controlada e não de filial ou sucursal.

A partir da vigência do Tratado Brasil-Portugal, no entanto, decorrente da publicação do Decreto n. 4.012, de 13 de novembro de 2001, a Ilha da Madeira foi excluída dos termos da Convenção pelo Protocolo n. 9 do próprio Decreto,[192] ocasião em que a Refratec passou a sujeitar-se a tributação dos

---

(192) "9. Com referência às Zonas Francas da Ilha da Madeira, da Ilha de Santa Maria e de Manaus, à SUDAM e à SUDENE: Fica entendido que os benefícios desta Convenção não serão atribuídos a qualquer pessoa que tenha direito a benefícios fiscais relativos ao imposto sobre o rendimento de acordo com os dispositivos da legislação e de outras medidas relacionadas com as Zonas Francas da Ilha da Madeira, da Ilha de Santa Maria, de Manaus, a SUDAM e a SUDENE ou a benefícios similares àqueles concedidos,

lucros auferidos por sua controlada no exterior, nos termos da legislação em vigor. E, nesse sentido, a alienação da sociedade estrangeira (cujos lucros ainda não haviam sido disponibilizados ao Brasil) pelo seu valor contábil, que incluía os lucros da sociedade estrangeira já reconhecidos na Refratec via equivalência patrimonial, caracterizou o "emprego em favor da beneficiária" a que se refere o art. 2º, § 2º, *b*, item 4, da Lei n. 9.532/97.

Conclui o conselheiro José Henrique Longo que:

> Não se pode recusar a denotação do termo emprego do valor para a situação em que o beneficiário tenha transacionado o ativo correspondente e recebido o próprio valor em troca. A Refratec utilizou como custo do seu investimento o valor atualizado pelos lucros da controlada, que haviam sido excluídos por não terem sido, nos respectivos períodos, disponibilizados; ora, o controle no Lalur de tais valores destina-se a apropriar na base de cálculo do IRPJ no período em que houver a disponibilização efetiva, e isso aconteceu com a realização do investimento.

5.1.1.1.1. Breves anotações sobre a alienação do investimento no exterior e o "emprego dos lucros em favor da beneficiária"

Conforme veremos ao longo desse capítulo, o CARF em diversas ocasiões entendeu que a alienação do investimento (participação societária) detido no exterior implica "emprego dos lucros em favor da beneficiária", previsto no art. 2º, § 2º, *b*, item 4, da Lei n. 9.532/97 como hipótese de pagamento — ocasião em que ocorria a presunção de disponibilização de lucros antes de entrar em vigor a Medida Provisória n. 2.158-35/01 (que passou a prever, além dessa hipótese de presunção, a disponibilização ficta dos lucros).

É interessante notar que o § 9º do art. 2º da Instrução Normativa SRF n. 38/96 estabelecia de forma expressa que a alienação do investimento no exterior configurava hipótese de disponibilização de lucros auferidos no exterior, nos seguintes termos:

> Art. 2º (...)
>
> (...)
>
> § 9º Na hipótese de alienação do patrimônio da filial ou sucursal, ou da participação societária em controlada ou coligada, no exterior, os lucros ainda não tributados no Brasil deverão ser adicionados ao lucro líquido, para determinação do lucro real da alienante no Brasil.

---

disponíveis ou tornados disponíveis segundo qualquer legislação ou outra medida adotada por qualquer Estado Contratante. As autoridades competentes dos Estados Contratantes notificar-se-ão sobre qualquer legislação ou medida similar e consultar-se-ão sobre a similaridade, ou não, de tais benefícios."

Essa previsão, no entanto, não foi reproduzida no texto da Lei n. 9.532/97, que tratou apenas de descrever as hipóteses que se caracterizariam como pagamento ou crédito dos lucros, incluindo o emprego em favor da beneficiária. Assim, uma vez que a alienação da participação societária não estava prevista na Lei n. 9.532/97 como hipótese de caracterização da disponibilização, diversos contribuintes entenderam que não haveria implicação tributária nessa operação.[193]

Roberto Duque Estrada defende que, para que ocorra o pagamento dos lucros auferidos no exterior (cuja uma das modalidades é o "emprego"), seria necessário que anteriormente houvesse sido constituída uma obrigação da sociedade estrangeira em face de sua controladora ou coligada aqui no Brasil. Essa obrigação, que poderia ser extinta em qualquer das modalidades previstas no Código Civil (pagamento, dação em pagamento, compensação, remissão etc.), somente será fato gerador do imposto de renda (disponibilidade) se e quando ocorrer o seu pagamento, que, nas hipóteses elencadas pela Lei n. 9.532/97, seria caracterizado pelo(a) (1) depósito em conta bancária; (2) entrega a representante do credor; (3) remessa em favor do credor; ou ainda (4) **emprego, por conta e ordem do credor, para a finalidade por ele determinada.**[194]

Estamos plenamente de acordo com esse entendimento, pois a deliberação de uma obrigação na sociedade investida no exterior é que daria ensejo à disponibilidade jurídica, uma das formas pela qual o acréscimo patrimonial pode ser considerado fato gerador do Imposto de Renda. Assim, pela regra da Lei n. 9.532/97 (antes de ser instituída a disponibilização ficta dos lucros, cuja constitucionalidade está sob cheque), não poderia haver a tributação de lucros da sociedade estrangeira se estes não tivessem sido disponibilizados (ao menos juridicamente) para a investidora brasileira.

Uma vez que após a operação de alienação os lucros da sociedade estrangeira continuarão lhe pertencendo, e poderão ainda a qualquer momento ser distribuídos, sob qualquer forma (isto é, pagamento, compensação, remissão, dação em pagamento etc.), entendemos que aí sim tais lucros poderiam ser então tributados na figura dos seus novos acionistas, se domiciliados no Brasil. Por outro lado, suponhamos que a sociedade estrangeira aufira prejuízo nos exercícios seguintes, esse lucro até então existente poderia ser totalmente consumido — ocasião em que jamais poderiam ser distribuídos ou estarem disponíveis ao seu acionista anterior.

---

(193) Posteriormente, ao regulamentar a Medida Provisória n. 2.158-35/01, a Instrução Normativa SRF n. 213/02 estabeleceu no seu art. 2º, § 6º, que: "Na hipótese de alienação do patrimônio da filial ou sucursal, ou da participação societária em controlada ou coligada, no exterior, os lucros ainda não tributados no Brasil deverão ser considerados para fins de determinação do lucro real e da base de cálculo da CSLL da alienante no Brasil, no balanço levantado em 31 de dezembro do ano calendário em que ocorrer a alienação".
(194) ESTRADA, Roberto Duque. Tributação dos lucros de controladas e coligadas no exterior. A interpretação do conceito de "emprego" do art. 1º, § 2º, b, "4" da Lei n. 9.532/97. Análise da jurisprudência do CARF sobre a matéria. *Revista de Direito Tributário Internacional*, v. 9, p. 194.

Além disso, como bem observado pela empresa Trafic no seu Recurso Voluntário n. 161.661 (conforme veremos adiante, no "caso Traffic"), empregar significa "fazer uso de; servir-se de, aproveitar", sendo o melhor exemplo dado pela própria lei,[195] que é a utilização dos lucros para o **aumento de capital**: "Nessa hipótese, embora os lucros não sejam fisicamente 'recebidos' pela investidora, ocorre situação absolutamente análoga, pois é como se tivessem sido recebidos e aplicados pela investidora no aumento de capital da investida: a investidora recebe, neste caso, novas ações ou quotas da investida. Então, os lucros em questão efetivamente implicam em um aumento de patrimônio para a investidora, não havendo possibilidade de que tais lucros posteriormente venham a ser consumidos por prejuízos ou até mesmo sejam transferidos para terceiros quando houver alienação de investimento".[196]

Mas, conforme veremos adiante, apenas em dois casos (caso Boston e caso Ediva) o CARF entendeu que a alienação da participação societária detida por empresa brasileira no exterior não se enquadra no conceito de emprego em favor da beneficiária, nos demais casos que veremos, o órgão entendeu que se enquadra.

Ao nosso ver, a operação de alienação da participação societária não pode ser considerada emprego de lucros da investida em favor de sua investidora. No entanto, tal operação poderia eventualmente ser considerada ganho de capital, caso o valor da alienação seja superior ao custo de aquisição do investimento.[197]

Mas como o valor do custo de aquisição do investimento corresponde ao valor de seu patrimônio líquido somado ao eventual ágio ou deságio pago na data de tal aquisição, devendo ser periodicamente ajustado pelo cálculo da respectiva equivalência patrimonial de tal investimento (se considerado "influente"),[198] poderia haver situação em que o ganho de capital não seria

---

(195) De acordo com o art. 2º, § 2º, b, item 4, da Lei n. 9.532/97, caracteriza-se modalidade de pagamento: "o emprego do valor, em favor da beneficiária, em qualquer praça, inclusive no aumento de capital da controlada ou coligada, domiciliada no exterior".
(196) Trecho do relatório do conselheiro Antônio Bezerra Neto, constante no Acórdão n. 103-23.465, de 28 de maio de 2008, fls. 5 e 6.
(197) A própria Instrução Normativa n. 118/00, amparando-se nas Leis ns. 9.249/95 e 8.981/95, estabelece em seu art. 4º que: "Na hipótese de bens e direitos adquiridos e aplicações financeiras realizadas em moeda estrangeira com rendimentos auferidos originariamente em moeda estrangeira, o ganho de capital corresponderá à diferença positiva, em dólares dos Estados Unidos da América, entre o valor de alienação, liquidação ou resgate e o custo de aquisição do bem ou direito ou o valor original da aplicação, convertida em reais mediante a utilização da cotação do dólar fixada, para compra, pelo Banco Central do Brasil, para a data do recebimento".
(198) De acordo com o art. 385 do RIR/99, o contribuinte que avaliar investimento em sociedade coligada ou controlada pelo valor de patrimônio líquido deverá, por ocasião da aquisição da participação, desdobrar o custo de aquisição em: I — valor de patrimônio líquido na época da aquisição; e II — ágio ou deságio na aquisição, que será a diferença entre o custo de aquisição do investimento e o valor do patrimônio líquido. O art. 388 desse mesmo regulamento estabelece que o valor do investimento na data do balanço deverá

apurado, por estar já o lucro auferido no exterior computado no próprio custo de aquisição do investimento, conforme os próprios julgadores do CARF reconheceram em alguns casos que veremos a seguir.[199]

Por exemplo: suponhamos que a empresa brasileira "A" participe 100% do capital da empresa "B", domiciliada no exterior, tendo seu valor de patrimônio líquido na data de aquisição de tal participação a quantia de $ 100, desconsiderando qualquer ágio ou deságio na operação. No ano seguinte, a empresa "B" aufere lucro de $ 20, e esse valor é reconhecido contabilmente em "A", pelo cálculo da equivalência patrimonial. No exercício seguinte, alienando sua participação em "B" por $ 120, "A" não reconhecerá qualquer ganho de capital, porque o valor da alienação foi exatamente igual ao custo de aquisição de seu investimento ajustado pela equivalência patrimonial ($ 120).

Roberto Duque Estrada observa que:

> (...) o benefício indireto ou reflexo da valorização do investimento é um fenômeno de natureza totalmente distinto, do ponto de vista jurídico, do emprego do lucro, pois nada tem a ver com uma modalidade de pagamento de lucro.[200]

Por essa razão o autor defende que a equivalência patrimonial registrada na sociedade controladora brasileira não deve se confundir com o conceito de emprego do valor em favor da beneficiária:

> O fato de economicamente tal valorização ter permitido que a dação em pagamento no caso concreto atingisse uma neutralidade fiscal não autoriza a exacerbação do conceito de emprego para dele se extrair um alcance mais amplo do que aquele que a lei lhe conferiu, que é o de uma simples modalidade de pagamento.[201]

Mas essa foi a lacuna existente na legislação brasileira entre a vigência da Lei n. 9.532/97 e a Medida Provisória n. 2.158-35/01. Sabemos que a intenção

---

ser ajustado ao valor de patrimônio líquido determinado de acordo com o cálculo da equivalência patrimonial, mediante lançamento da diferença a débito ou a crédito da conta de investimento.

(199) De acordo com o art. 426 do RIR/99, o valor contábil para efeito de determinar o ganho ou a perda de capital na alienação ou liquidação de investimento em coligada ou controlada avaliado pelo valor de patrimônio líquido (art. 384) será a soma algébrica dos seguintes valores: I — valor de patrimônio líquido pelo qual o investimento estiver registrado na contabilidade do contribuinte; II — ágio ou deságio na aquisição do investimento, ainda que tenha sido amortizado na escrituração comercial do contribuinte. Já o art. 427 determina que a baixa de investimento relevante e influente em sociedade coligada ou controlada deve ser precedida de avaliação pelo valor do patrimônio líquido, com base em balanço patrimonial ou balancete de verificação da coligada ou controlada, levantado na data da alienação ou liquidação ou até trinta dias, no máximo, antes dessa data.

(200) Tributação dos lucros de controladas e coligadas no exterior. A interpretação do conceito de "emprego" do art. 1º, § 2º, b, "4" da Lei n. 9.532/97. Análise da jurisprudência do CARF sobre a matéria. Revista de Direito Tributário Internacional, São Paulo: Quartier Latin, v. 9, p. 187, 2008.

(201) Tributação dos lucros de controladas e coligadas no exterior. A interpretação do conceito de "emprego" do art. 1º, § 2º, b, "4" da Lei n. 9.532/97. Análise da jurisprudência do CARF sobre a matéria. Revista de Direito Tributário Internacional, São Paulo: Quartier Latin, v. 9, p. 187, 2008.

da legislação foi tributar todo lucro do exterior, em todas as circunstâncias, não deixando qualquer alternativa ao contribuinte; mas ainda que se considere constitucional/legal a disponibilização ficta de lucros prevista no art. 74 da Medida Provisória n. 2.158-35/01, não se pode desprezar a correta aplicação da legislação em vigor que prevalecia anteriormente à sua publicação. Atualmente, como ao final de cada ano todo lucro auferido pelas sociedades estrangeiras são considerados disponibilizados pela sua controlada ou coligada brasileira (art. 74 da Medida Provisória n. 2.158-35/01), dificilmente no momento da alienação do investimento o lucro auferido no exterior ainda não terá sido tributado no Brasil,[202] mas a alienação do investimento realizada nos termos da lei anteriormente em vigor e com legítimos propósitos negociais, não pode ser desconsiderada.

Sabemos que a intenção da lei (e muitas vezes, também do intérprete) é evitar o diferimento indeterminado da tributação de lucros no exterior, que poderia ser feito com o uso abusivo de planejamento tributário, mediante a prática de operações sem a existência de substância econômica ou propósito negocial. Como, por exemplo, uma empresa brasileira aportar capital no exterior todo ano (antes de 31 dez.) para dar como contribuição as cotas/ações que possui em sua controlada lucrativa no exterior, evitando o pagamento de impostos no Brasil. Situação em que ocorreria todo ano a alienação mas não o pagamento (emprego, em favor da beneficiária) dos lucros à sociedade brasileira.[203] Mas uma operação legítima, feita fora dessas circunstancias, não poderia, a nosso ver, ser desconsiderada.

Porém, no Brasil mais uma vez prevaleceu a generalidade. Como forma de punir eventuais pequenos grupos de contribuintes que agem de forma abusiva, a legislação puniu todos, destoando de praticamente todas as outras jurisdições do mundo e prejudicando a competitividade de suas empresas.

5.1.1.2. ESPANHA

Em relação ao investimento detido pela Refratec na Espanha, o conselheiro José Henrique Longo introduz seu entendimento afirmando que a

---

(202) Atualmente, caso a alienação da participação societária (da empresa lucrativa no exterior) ocorra antes do encerramento do balanço do exercício (no decorrer do ano calendário), tendo em vista que o art. 74 da Medida Provisória n. 2.158-35/01 determina que a disponibilização de lucros auferidos no exterior se dará "na data do balanço no qual tiverem sido apurados, na forma do regulamento", entendemos que a Receita Federal poderá exigir o IRPJ e a CSLL sobre tais lucros, pois o art. 427 do RIR/99 determina que a sociedade alienante deverá levantar balanço da sociedade alienada (caso esta seja considerada relevante) por ocasião de tal alienação (além de o próprio art. 6º, § 2º, da Instrução Normativa n. 213/02 estabelecer que a alienação em si se caracteriza hipótese de pagamento para fins de disponibilização dos lucros).

(203) Em alguns tratados, há a previsão expressa de que a emissão de ações por uma empresa de um Estado Contratante, e recebidas por um residente no outro Estado Contratante, não pode se sujeitar ao imposto de renda em qualquer destes Estados (exemplo: item 3 do protocolo do tratado Brasil-Holanda, aprovado pelo Decreto n. 355/91).

tributação pelo IRPJ e pela CSLL nos moldes da Medida Provisória n. 2.158--35/01 não incide sobre o lucro da empresa estrangeira, mas sim sobre os dividendos disponibilizados à sociedade brasileira, por isso não há que se cogitar a aplicação do art. 7º do Tratado (lucro das empresas).

Interpretando então o art. 10 do Tratado (Dividendos), o Conselheiro afirma:

> (...) entendo que deva ser considerado como "dividendo pago" (item 1 do art. 10) o dividendo que o sócio tiver direito, que tiver sido disponibilizado ao sócio. Caso contrário, qualquer emprego do dividendo que não fosse a transferência para uma conta de titularidade do sócio estaria à margem da incidência do tributo, e, à evidência, não é esse o conteúdo dessa norma jurídica.

Ou seja, nesse caso o CARF entendeu que não é necessário pagar os dividendos, basta que os lucros fiquem à disposição do acionista.

Por fim, o julgamento do caso Refratec conclui que deve ser mantida a exigência de tributação sobre os lucros auferidos no exterior de empresa controlada localizada na Espanha, com base no art. 74 da Medida Provisória n. 2.158-35/01.

Chamou a atenção nesse julgamento a interpretação controvertida que se fez do art. 7º do Tratado Brasil-Espanha e o fato de que o voto vencedor do conselheiro José Henrique Longo não ter abordado a determinação prevista no art. 23, IV, do referido Tratado, que concede isenção aos dividendos pagos pelo Estado de fonte (Espanha) ao Estado de residência (Brasil), desde que eles sejam naquele primeiro tributáveis. Vejamos o texto do referido dispositivo legal, aprovado pelo Decreto n. 76.975/76:

> Art. 23. Métodos para evitar a dupla tributação.
>
> (...)
>
> 4. Quando um residente do Brasil receber dividendos que de acordo com as disposições da presente Convenção sejam tributáveis na Espanha, o **Brasil isentará de imposto esses dividendos**. (grifos nossos)

O voto vencedor do conselheiro José Henrique Longo (relator) foi então embargado, sob as seguintes argumentações:

> **i. Contradição** na interpretação do alcance do art. 7º dos tratados celebrados entre o Brasil e Portugal e entre Brasil e Espanha, pois, apesar do mesmo conteúdo, teriam sido interpretados de maneira distinta.
>
> **ii. Omissão** no pronunciamento sobre à compatibilidade do art. 10, item 1, do Tratado, que menciona "dividendos pagos", e a tributação brasileira sobre "dividendos fictos".

iii. Omissão sobre o disposto no art. 23, item 4, que prevê o impedimento de o Brasil tributar os dividendos recebidos calculados sobre lucros que sejam tributáveis na Espanha.

No julgamento do embargo, o CARF então solicitou diligência à Receita Federal para que identificasse a qual regime tributário estavam submetidos os lucros e dividendos da Lliama Participações na Espanha, bem como se esta gozava de algum regime fiscal privilegiado.

Na diligência, não ficou constatado se a sociedade estrangeira na qual a Refratec detinha participação havia pagado ou não imposto de renda, razão pela qual o conselheiro não deu provimento aos embargos apresentados, mantendo o acórdão.

Entendemos que, como a regra do art. 23 do Tratado Brasil-Espanha determina que o dividendo recebido no Brasil, de acordo com as disposições do Tratado, seja tributável na Espanha, estará isento de imposto no Brasil; o fato de o lucro da sociedade espanhola não ter sido lá tributado não significa que o Brasil tenha competência para tributá-lo, **basta que tal lucro seja sujeito à tributação na Espanha de acordo com as disposições do Tratado.**

Ora, como o Tratado Brasil-Espanha em nenhum momento limita a competência da Espanha para tributar os lucros das sociedades que lá exercem suas atividades, os lucros auferidos pela Lliama Participações eram lá tributáveis, de acordo com as disposições do Tratado. Aliás, o próprio art. 7º do Tratado, conforme vimos, estabelece que tais lucros são somente lá tributáveis (competência exclusiva). Portanto, nada importa se o lucro foi de fato lá tributado ou não, por que essa não é uma exigência do Tratado. O Tratado requer apenas que esse lucro líquido proporcional às ações/quotas (dividendos) seja sujeito à tributação naquele país (*subject to tax*). E o fato de não ter ficado evidenciado se a Refratec pagou imposto de renda ou não na Espanha não justifica a não aplicação do art. 23 do Tratado.

No entanto, esse não foi o entendimento do CARF que prevaleceu no caso Refratec. Vejamos a ementa do referido Acórdão:

IRPJ — CONTROLADA EM PORTUGAL — LUCROS DE 1996 E 1997 — LEI N. 9.249/95 — TRATADO INTERNACIONAL — O art. 25 da Lei n. 9.249/95 estabeleceu que o lucro apurado por controlada no exterior devia ser oferecido à tributação do IRPJ pela sócia controladora sediada no Brasil. Contudo, para a pessoa jurídica no Brasil que possuísse controlada com sede em Portugal, essa norma não tinha eficácia por força do Tratado entre Brasil e Portugal para evitar a bitributação (Decreto n. 69.393/71), cujo art. VII prevê a impossibilidade de um Estado tributar os lucros de uma empresa localizada no outro Estado.

IRPJ — CONTROLADA EM PORTUGAL — LUCROS A PARTIR DE 1998 — LEI N. 9.532/97 — DISPONIBILIZAÇÃO — EMPREGO DO LUCRO — O art. 1º da Lei n. 9.532/97 alterou a hipótese de incidência para situação de disponibilização dos lucros de controlada no exterior. Dentre as hipóteses de disponibilização, está previsto o emprego dos lucros acumulados, os quais são excluídos enquanto não disponibilizados. A utilização do valor ajustado pela equivalência patrimonial (com lucros) na apuração de ganho de capital na cessão da participação deve ser considerada como a hipótese de emprego do valor do lucro em favor da beneficiária (controladora), situação em que deve ser oferecido à tributação o lucro até então excluído.

IRPJ — CONTROLADA NA ESPANHA — LUCROS A PARTIR DE 2001 — MP n. 2158-34/01 — TRATADO INTERNACIONAL — O art. 74 da MP n. 2.158-34 estabeleceu a presunção absoluta (ficção) de que o lucro auferido por controlada no exterior deve ser considerado distribuído à controladora no Brasil em 31 de dezembro de cada ano. O Tratado entre Brasil e Espanha não afasta a incidência de tributação por empresa sediada no Brasil relativamente ao lucro de empresa espanhola considerado distribuído.

5.1.2. Caso BBA (Acórdão n. 101-95.476, de 26 de abril de 2006)

Assim como no caso Refratec, o caso BBA envolveu tanto a análise de dispositivo de tratado internacional celebrado pelo Brasil para evitar a dupla tributação internacional, quanto a interpretação do conceito de "emprego do valor, em favor da beneficiária" contido no art. 1º, § 2º, b, item 4, da Lei n. 9.532/97.

A sociedade PPL reduziu capital dando em restituição aos seus sócios, também pessoas jurídicas domiciliadas no Brasil (BBA, SP e SPH), a totalidade da participação societária que detinha na empresa PIS, localizada em Portugal, que por sua vez detinha lucros não oferecidos à tributação no Brasil (disponibilizados) ainda.

Vejamos a ilustração do organograma societário do caso BBA nesses dois momentos.

Figura 9

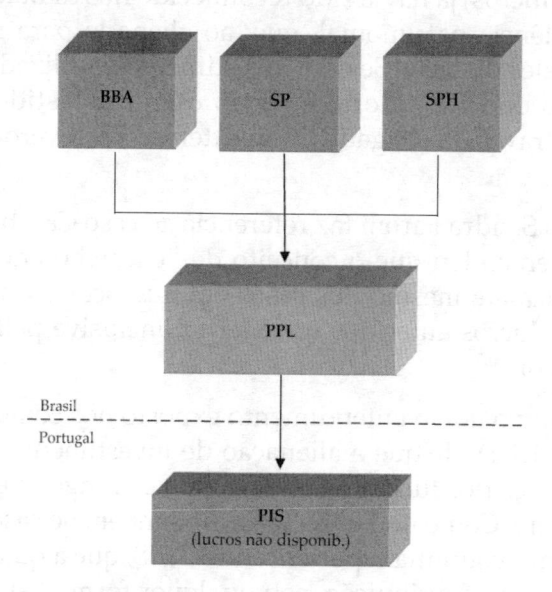

Momento 1: a empresa PIS, controlada pela PPL, aufere lucros no exterior, não os pagando ou creditando ao Brasil.

Figura 10

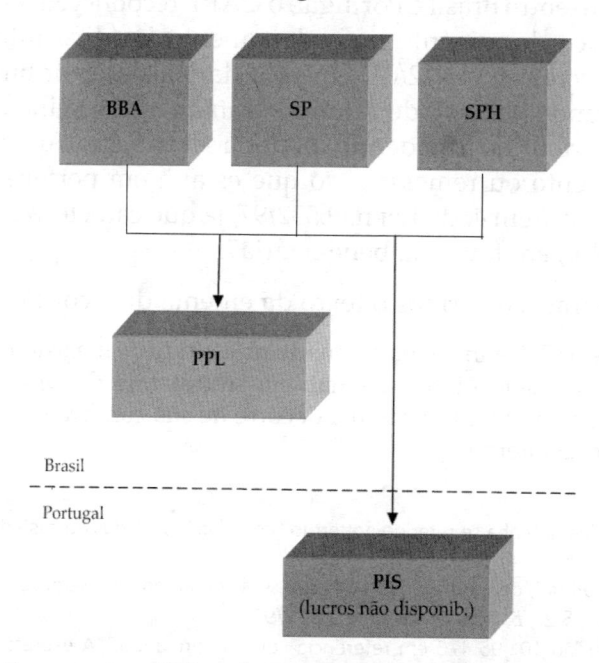

Momento 2: a empresa PPL reduz capital, dando em restituição aos sócios a participação que detinha na empresa PIS.

Em seu voto, a relatora Sandra Faroni entendeu que o resultado auferido pela empresa PIS (lucros) já havia sido reconhecido no resultado da PPL, pelo cálculo da equivalência patrimonial, que, ao aliená-lo para restituir capital aos seus sócios, deles dispôs: "Se esse investimento é utilizado para restituir capital aos sócios da investidora, é óbvio que a investidora dispôs dos lucros auferidos através da coligada[204] no exterior", asseverou a Conselheira Relatora.

A conselheira Sandra Faroni faz referência ao caso Casablanc,[205] em que o CARF também entendeu que o conceito de "emprego em favor da beneficiária"[206] se aplica até mesmo nos casos em que ocorre o uso dos valores adicionados pelos lucros auferidos no exterior, inclusive pela própria beneficiária em seu favor.[207]

Mantemos aqui o nosso entendimento exposto nos comentários do caso Refratec (Item 5.1.1.1.1), de que a alienação de investimento no exterior não se configura emprego dos lucros pela sociedade estrangeira em favor de sua investidora brasileira. Como podemos verificar também no caso BBA, os lucros auferidos no exterior continuam pertencendo à PIS, que a qualquer momento poderá deliberar a sua distribuição, sob qualquer forma (isto é, pagamento, compensação, remissão, dação em pagamento etc.), ocasião em que seriam então tributados na figura dos seus novos acionistas brasileiros.

No que tange à aplicação do Tratado para evitar a dupla tributação internacional celebrado entre Brasil e Portugal, o CARF reconheceu a superioridade hierárquica do acordo, vigente no ordenamento jurídico interno desde a publicação do Decreto n. 4.012/01, em face da legislação tributária interna. Porém, interpretando o art. 10 do referido Tratado, o Conselho entendeu que o lucro ou sua distribuição (dividendo) poderia ser tributado quando ocorresse o crédito, pagamento ou remessa — o que estaria em perfeita consonância com o art. 1º, § 2º, b, item 4, da Lei n. 9.532/97, já que caracteriza pagamento o "emprego do valor, em favor da beneficiária".

É oportuno transcrevermos o texto da ementa do Acórdão n. 101-95476:

> Não obstante o STF tenha se posicionado no sentido de inexistência de primazia hierárquica do tratado internacional, em se tratando de Direito Tributário a prevalência da norma internacional decorre de sua condição de lei especial em relação à norma interna.

---

(204) Embora a Conselheira tenha se referido ao termo "coligada", os dados do caso demonstram tratar-se de empresa "controlada".
(205) Acórdão n. 101-94747, de outubro de 2004, que será comentado em seguida.
(206) Conforme art. 1º, § 2º, b, item 4, da Lei n. 9.532/97.
(207) O texto do Acórdão 101-95.476 em referência conclui afirmando: "A expressão 'o emprego do valor, em favor da beneficiária' contida no art. 1º, § 2º, b, item 4, da Lei n. 9.532/97 abrange os casos em que o emprego do valor foi feito pela própria beneficiária".

CONVENÇÃO BRASIL-PORTUGAL PARA EVITAR DUPLA TRIBUTAÇÃO. De acordo com o art. X da Convenção, os lucros auferidos por empresa residente em Portugal e controlada por empresa residente no Brasil, **quando remetidos ou pagos ou creditados (disponibilizados**), conceituam-se como dividendos (n. 4 do art. X), podendo ser tributados no Brasil. (grifos nossos)

Para melhor interpretação do texto da ementa ora transcrita, reproduzimos, a seguir, o art. 10 do Tratado Brasil-Portugal:

Art. 10

Dividendos

1. Os dividendos pagos por uma sociedade residente de um Estado Contratante a um residente do outro Estado Contratante podem ser tributados nesse outro Estado.

2. Esses dividendos podem, no entanto, ser igualmente tributados no Estado Contratante de que é residente a sociedade que paga os dividendos e de acordo com a legislação desse Estado, mas se o beneficiário efetivo dos dividendos for um residente do outro Estado Contratante, o imposto assim estabelecido não excederá:

a) 10% (dez por cento) do montante bruto dos dividendos, se o seu beneficiário efetivo for uma sociedade que detenha, diretamente, pelo menos 25% do capital da sociedade que paga os dividendos, durante um período ininterrupto de 2 (dois) anos antes do pagamento dos dividendos;

b) 15% (quinze por cento) do montante bruto dos dividendos, nos restantes casos.

As autoridades competentes dos Estados Contratantes estabelecerão, de comum acordo, a forma de aplicar estes limites.

3. (...)

4. O disposto nos ns. 1 e 2 não é aplicável se o beneficiário efetivo dos dividendos, residente de um Estado Contratante, exercer atividade no outro Estado Contratante de que é residente a sociedade que paga os dividendos, por meio de um estabelecimento estável aí situado, e a participação relativamente à qual os dividendos são pagos estiver efetivamente ligada a esse estabelecimento estável. Neste caso, são aplicáveis as disposições do art. 7º.

5. (...)

6. Serão também considerados dividendos os **lucros remetidos ou pagos ou creditados** por um estabelecimento estável situado num Estado Contratante à empresa do outro Estado Contratante a que este pertence, sendo aplicável o disposto no n. 2, alínea *a*). (grifos nossos)

Como vimos, nos mesmos moldes do art. 10 (dividendos) da Convenção Modelo da OCDE, esse artigo introduz a competência concorrente de tributação de dividendos, limitando a alíquota aplicável no Estado da fonte —

nesse caso, 10% se a empresa do Estado de residência detiver ao menos 25% do capital da sociedade estrangeira.

O item 4 do art. 10 ora reproduzido (mencionado no Acórdão proferido pelo CARF), por sua vez, distingue a aplicação desse dispositivo em face do art. 7º do Tratado (lucro das empresas), esclarecendo que este se aplica no caso de empresas que exerçam atividades por intermédio de um estabelecimento permanente (ou estabelecimento estável), enquanto aquele se aplica nos demais casos (coligadas, controladas etc.).

O item 6 do art. 10, sim,[208] estabelece que serão também considerados dividendos os lucros "remetidos ou pagos ou creditados", de modo que, aplicando-se o conceito de pagamento previsto na legislação brasileira "emprego do valor, em favor da beneficiária", os lucros auferidos em Portugal seriam passíveis de tributação no Brasil, no entendimento do Conselho.

A nosso ver, essa argumentação sobre o art. 10 do Tratado Brasil-Portugal foi utilizada mais para reforçar o entendimento anteriormente adotado pelo CARF nesse caso (de que a alienação do investimento configura "emprego em favor da beneficiária") do que para propriamente analisar a aplicação do Tratado, pois o Conselho não mencionou no julgamento a aplicação do art. 7º do Tratado (lucro das empresas), segundo o qual o lucro de uma sociedade portuguesa (não caracterizada como estabelecimento permanente) somente seria lá tributado. Ao presumir-se que o lucro por ela auferido foi distribuído (hipótese de pagamento prevista na Lei n. 9.532/97), o Conselho afastou da discussão a aplicação do art. 7º.[209]

5.1.3. CASO EAGLE (ACÓRDÃOS NS. 101-95.802, DE 19 DE OUTUBRO DE 2006, E 101-97.070, DE 17 DEZEMBRO DE 2008)

O caso Eagle envolveu uma empresa do grupo Ambev e foi amplamente divulgado na mídia. Sua relevância decorre do fato de envolver uma análise ampla do Tratado Brasil-Espanha, em dois julgamentos distintos.

Em ambos os julgamentos se destaca a análise profunda do Tratado Brasil-Espanha feita principalmente pela conselheira relatora Sandra Maria Faroni, que cita, com propriedade, os comentários da Convenção Modelo da OCDE para evitar a dupla tributação internacional.

---

(208) Reparamos que o CARF equivocadamente menciona o item 4 do art. 10 do Tratado, porém se refere ao item 6.
(209) No CARF, a conselheira Sandra Faroni já manifestou seu entendimento diversas vezes de que a legislação anterior à Medida Provisória n. 2.158-35/01 tributava o dividendo, ao passo que a nova legislação passou a tributar o lucro. Embora concordemos com esse entendimento, entendemos que quem não pode o mais, também não pode o menos, isto é, se não se pode tributar o lucro, como haveria de se tributar o lucro após os impostos, dividido por ações/quotas, que são os dividendos? Mais adiante, no caso Eagle, analisaremos a questão com mais profundidade.

Vejamos os fatos: a empresa Eagle, após diversas operações societárias, passou a deter o controle da empresa Julua, localizada em Montevidéu, no Uruguai, em 2 de setembro de 2000. A Julua, por sua vez, detinha o capital da empresa Brahmaco, localizada em Gibraltar.

Um mês depois, em 2 de outubro, a Julua aliena sua participação na Brahmaco para a Eagle, que passa a deter seu controle, bem como a assumir o controle das empresas Monthiers (100%), localizada no Uruguai, e CCBA (70%), localizada na Argentina.

Em 21 de dezembro de 2001, dias antes de entrar em aplicação o art. 74 da Medida Provisória n. 2.158-35/01, a Julua transfere seu domicílio para Tenerife, localizada nas Ilhas Canárias, na Espanha.

As figuras a seguir ilustram de forma resumida a operação.

Figura 11

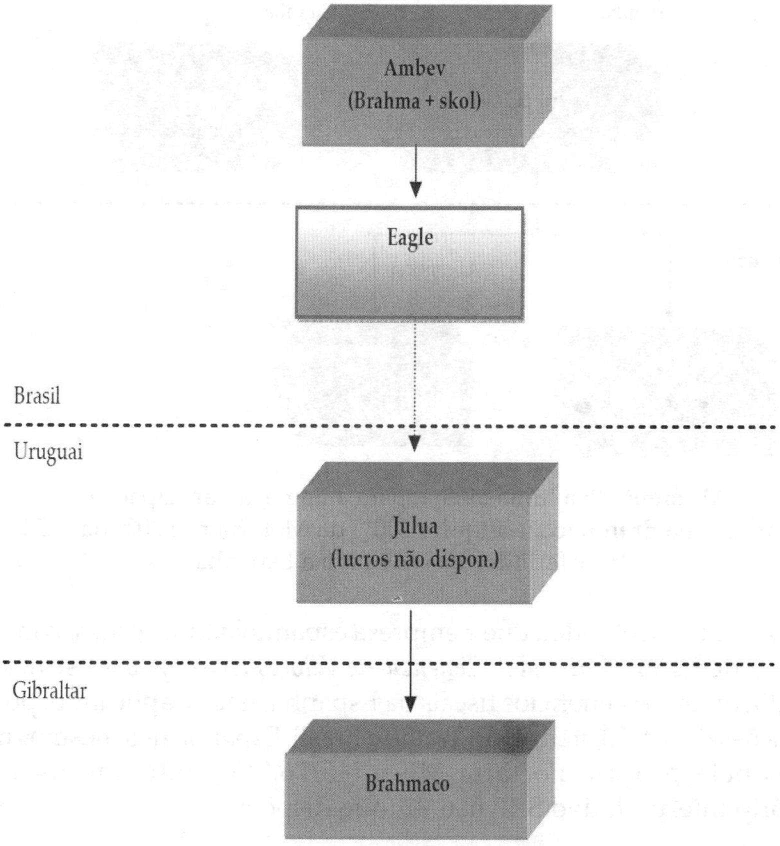

Momento 1: a Eagle detém controle societário da Julua, que, por sua vez, detém o controle da Brahmaco.

Figura 12

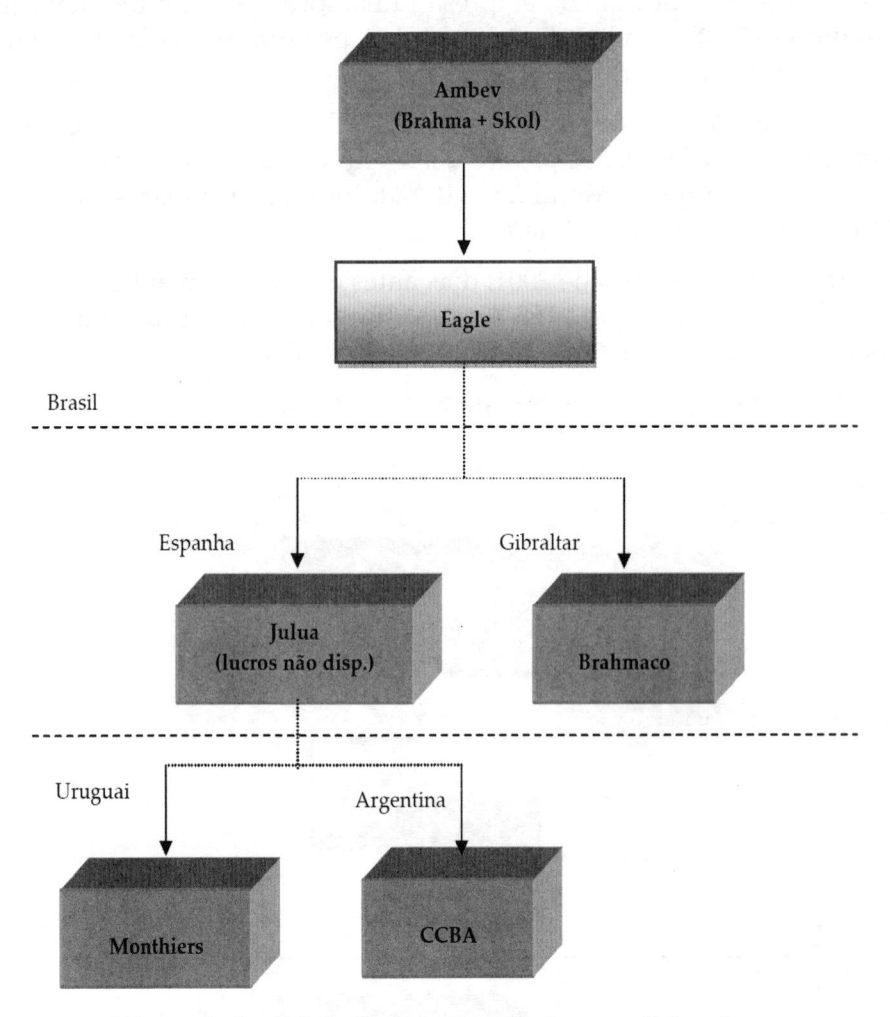

```
                    Ambev
                (Brahma + Skol)
                       |
                       v
                     Eagle
Brasil
- - - - - - - - - - - -|- - - - - - - - - - - - - - - - - - -
              Espanha  |   Gibraltar
                       v
                     Julua            Brahmaco
                (lucros não disp.)
- - - - - - - - - - - -|- - - - - - - - - - - - - - - - - - -
            Uruguai    |   Argentina
                       v
                   Monthiers          CCBA
```

Momento 2: a Julua aliena, para a Eagle, a participação que detém na Brahmaco, e adquire 100% da Monthiers e 70% da CCBA, transferindo sua sede para a Espanha.

A Fiscalização entendeu que a empresa espanhola Julua estava constituída sob a forma de ETVE (*Entidad de Tenencia de Valores Extranjeros*), estrutura que lhe garantia diversos benefícios fiscais na Espanha, não se aplicando, portanto, as disposições do art. 23, item 4, do Tratado Brasil-Espanha nos mesmos moldes definidos pela própria Portaria MF n. 45/76,[210] tendo em vista o Ato Declaratório Interpretativo SRF n. 6/02, que dispõe:

---

(210) De acordo com o inciso IX dessa Portaria: "Os dividendos de que trata o art. 23, § 4º, da Convenção, recebidos por residente ou domiciliado no Brasil, não estão sujeitos a imposto".

Sujeitam-se à incidência do imposto de renda os lucros e dividendos recebidos por residentes ou domiciliados no Brasil, decorrentes de **participação em Entidade de Tenencia de Valores Extranjeros — ETVE**, regulada pela Lei Espanhola do Imposto de Sociedades, **não se aplicando o disposto no § 4º do art. 23 da Convenção** destinada a Evitar a Dupla Tributação e Prevenir a Evasão Fiscal em Matéria de Impostos sobre a Renda entre o Brasil e a Espanha, promulgada pelo Decreto n. 76.975, de 1976. (grifos nossos)

A Fiscalização então lavrou dois autos de infração, o primeiro referente aos lucros apurados até 31 de dezembro de 2001 e o segundo referente ao lucro auferido no ano de 2002 — ambos desconsiderando o Tratado vigente entre Brasil e Espanha. Vejamos abaixo cada um desse julgamentos.

5.1.3.1. Primeiro julgamento (Acórdão n. 101-95.802/06)

No primeiro julgamento, o CARF entendeu que os lucros auferidos no exterior (em 2001) pela sociedade brasileira Eagle não poderiam ser no Brasil tributados — a despeito da Medida Provisória n. 2.158-35/01 — com fundamento no art. 7º do Tratado Brasil-Espanha, que dispõe sobre o lucro das empresas.

De acordo com o voto vencedor da conselheira relatora Sandra Maria Faroni, a legislação anterior à Medida Provisória n. 2.158-35/01 tratava de tributar o "lucro disponibilizado", quer pelo efetivo pagamento ou crédito, quer pelas hipóteses previstas em lei como presunção de pagamento/crédito. De modo que se podia concluir que a legislação anterior visava alcançar os dividendos distribuídos pela sociedade estrangeira em face de sua controlada ou coligada brasileira (ainda que de forma presumida).

A partir da entrada em vigor da Medida Provisória n. 2.158-35/01, no entanto, a base do imposto brasileiro passou a ser o "lucro apurado no balanço", por ficção legal, isto é, ainda que não distribuído o lucro é considerado auferido para fins tributários, tanto que, segundo entendimento da conselheira relatora, a própria base tributável no Brasil não é o lucro líquido auferido no exterior, mas o lucro da SEC antes dos impostos — e não seria possível distribuir dividendos sobre valores superiores aos lucros auferidos.

Assim sendo, não seria possível atribuir aos lucros apurados em balanço, antes de qualquer distribuição (disponibilizados apenas por ficção legal), o caráter de dividendo, de modo que o dispositivo legal do Tratado que se contraporia à regra da Medida Provisória n. 2.158-35/01 seria o art. 7º, afastando, por derradeiro, a aplicação dos arts. 10 (dividendos) e 23, item 4 (isenção na distribuição de dividendos) para o caso em pauta.

A conselheira então concluiu seu entendimento fundamentando seu voto inclusive na regra de interpretação autêntica contida no art. 3º, item 2, do

Tratado,[211] que, por tratar a Medida Provisória n. 2.158-35/01 de lucros auferidos, aplica-se ao caso o disposto no art. 7º da Convenção, de modo que não pode haver tributação no Brasil de lucros auferidos por pessoa jurídica domiciliada na Espanha enquanto estes não estiverem disponibilizados à pessoa jurídica brasileira.[212]

Complementando seu voto, a conselheira Sandra Maria Faroni fez referência ao Acórdão n. 108-008.765 da 8ª Câmara do antigo 1º Conselho de Contribuintes (caso Refratec), em que predominou a linha de raciocínio de que o art. 7º não era aplicável ao caso, mas o art. 10 do Tratado, que se presta apenas para regular a tributação dos dividendos distribuídos pelo Estado de fonte, restando ao Estado de residência total liberdade para tributá-los em seu território.

Segundo a Conselheira, a linha de raciocínio adotada no caso Refratec sustentou que a tributação de lucros antes dos impostos não elimina o caráter de dividendos desses valores, pois na verdade trata-se apenas de uma técnica de tributação e não de um conceito novo de lucro.

Ainda assim, concluiu a Conselheira, seria necessário ter observado o disposto no art. 23, item 4, do Tratado, que concede isenção de impostos, no Brasil, a dividendos pagos por sociedades controladas espanholas, e, no caso Eagle, não sendo a Julua empresa sob o regime de ETVE — a teor do que dispõe o Ato Declaratório Interpretativo SRF n. 6/02 —, aplicar-se-ia a disposição do art. 23, item 4, do Tratado, nos mesmos moldes definidos pela Portaria MF n. 45/76.

Somos também do entendimento de que a Medida Provisória n. 2.158-35/01 tributa o lucro da empresa estrangeira, porém isso, a nosso ver, não impediria também a aplicação dos arts. 10 e 23 do Tratado. A tributação do lucro no exterior tendo como base o resultado auferido antes dos impostos, por outro lado, não deixa de ser uma técnica de tributação, pois a legislação brasileira permite que o imposto de renda pago no exterior seja compensado com os tributos sobre a renda incidentes no Brasil, e se o lucro da sociedade estrangeira aqui considerado fosse o lucro líquido (após os impostos), estar-se-ia deduzindo o imposto estrangeiro em duplicidade. O fato de a Medida Provisória n. 2.158-35/01 determinar a tributação do lucro apurado no balanço, por si só, não significa que o lucro disponibilizado fictamente no Brasil afastaria

---

(211) Determina o referido art. 3º (2) que: "Para a aplicação da presente Convenção por um Estado Contratante, qualquer expressão que não se encontre de outro modo definida terá o significado que lhe é atribuído pela legislação desse Estado Contratante relativa aos impostos que são objeto da Convenção, a não ser que o contexto imponha interpretação diferente".
(212) Por conseguinte, o lucro auferido pelas subsidiárias da Julua (controladas indiretas) também não estariam alcançados pela tributação brasileira, ao contrário do que foi decidido no 2º Julgamento desse mesmo caso, conforme veremos a seguir.

a aplicação dos arts. 10 e 23 do Tratado. Foi a possibilidade de compensação do imposto de renda pago no exterior que gerou a necessidade de considerar o lucro estrangeiro pelo seu valor bruto (antes dos tributos incidentes sobre a renda), e não a mudança de sua natureza jurídica.

De fato, o próprio art. 1º, § 7º, da Instrução Normativa SRF n. 213/02 estabelece que "Os lucros, rendimentos e ganhos de capital de que trata este artigo a serem computados na determinação do lucro real e da base de cálculo de CSLL, serão considerados pelos seus *valores antes de descontado o tributo pago no país de origem*", por que posteriormente em seu art. 14 ela admite a compensação, nos mesmos termos da Lei n. 9.249/95, art. 26: "O imposto de renda pago no país de domicílio da filial, sucursal, controlada ou coligada e o pago relativamente a rendimentos e ganhos de capital, poderão ser compensados com o que for devido no Brasil". A Instrução Normativa SRF n. 38/96, também em seu art. 1º, § 9º, estabelecia a mesma regra.

De todo modo, como a base para o pagamento de dividendos é o lucro, entendemos que se nos termos do art. 23 do Tratado Brasil-Espanha não é possível tributar o dividendo — lucro dividido por ações —, também não é possível evidentemente tributar o lucro que lhe deu origem. Portanto, entendemos que a regra de tributação brasileira instituída pela Medida Provisória n. 2.158-35/01 pode ser combatida com fundamento tanto no art. 7º dos Tratados quanto nos arts. 10 e 23 (este último, somente nas hipóteses em que for aplicável), pois quem não pode o mais também não pode o menos.

Por outro lado, a decisão do 1º julgamento do caso Eagle foi positiva para os contribuintes de um modo geral, por que afasta a tributação brasileira sobre lucros auferidos no exterior com base no art. 7º do Tratado Brasil-Espanha, e esse art. 7º (lucro das empresas) está presente em todos tratados em que o Brasil é signatário, de modo que se esse entendimento se mantiver, todas as empresas brasileiras que mantêm investimentos em participação societária nos países com os quais o Brasil seja signatário estarão protegidas, sendo discutível a questão somente nos casos em que haja no Tratado disposição expressa determinando que o tratado não impedirá a aplicação das regras "CFC" internas de cada país[213] ou nos casos de abuso de direito/fraude pelo contribuinte brasileiro.

5.1.3.2. Segundo julgamento (Acórdão n. 101-97.070/08)

O segundo julgamento do caso Eagle, referente aos lucros auferidos pela sua sociedade controlada no ano de 2002, analisou autuação com fundamento (i) na não tributação de lucros auferidos no exterior; e (ii) na não tributação da variação cambial sobre o valor do investimento detido pela Eagle no exterior.

---

(213) Conforme mencionamos no Capítulo 4, tópico 4.4, do presente estudo.

Houve, antes do julgamento, pedido de diligência com a finalidade de identificar o regime tributário a qual estava sujeita a empresa Julua nas Ilhas Canárias, na Espanha, bem como se esta já havia recolhido alguma vez imposto de renda durante todo o seu período de existência naquele país.

Após o cumprimento da diligência, ficou constatado que a sociedade espanhola (Julua) não estava constituída sob a forma de ETVE, estando submetida ao regime geral de impostos sobre sociedade pela lei espanhola (Ley n. 43/95), tendo a Administração fazendária da Espanha encaminhado às autoridades brasileiras, inclusive, cópia de suas declarações de imposto de renda referente aos anos de 2002 a 2004.

O principal motivo dessa diligência foi a interpretação que a Procuradoria-Geral da Fazenda Nacional — PGFN deu ao art. 23, item 4, do Tratado Brasil-Espanha quando estabelece que "quando um residente do Brasil receber dividendos que de acordo com as disposições da presente Convenção **sejam tributáveis na Espanha**, o Brasil isentará de imposto esses dividendos". (grifos nossos) Isso porque, de acordo com o entendimento da PGFN, os lucros da Eagle não eram tributados na Espanha, portanto o Brasil seria competente para tributá-los e não se aplicaria a regra de isenção prevista no referido artigo. Com o encerramento da diligência, essa questão ficou superada.

Advertimos, mais uma vez, que a regra do art. 23, item 4, acima mencionado determina que a isenção no Brasil sobre dividendos recebidos da Espanha se aplica quando de acordo com as disposições da presente Convenção tais dividendos sejam **tributáveis na Espanha** (*subject to tax*), o que não quer dizer necessariamente **tributados** naquele país. Como dissemos no Capítulo anterior, na verdade essa regra estabelece apenas que, se pelo Tratado tais rendimentos são tributáveis na Espanha (e o são, pois a empresa Julua não é um estabelecimento permanente da Eagle, aplicando-se portanto o disposto no art. 7º), o Brasil isentará de impostos os dividendos recebidos daquele país. Esse entendimento é compartilhado pela conselheira relatora, que cita em seu voto a doutrina do prof. Alberto Xavier e os próprios comentários da OCDE, mas reconhece que a diligência foi solicitada para maior segurança de tomada de posição da Câmara.

Também é importante mencionar que o foco central desse 2º julgamento foi a alegação da PGFN de que a aplicação do Tratado Brasil-Espanha não poderia alcançar os lucros auferidos pelas sociedades investidas da Julua (controladas indiretas da Eagle), localizadas na Argentina (CCBA) e no Uruguai (Monthiers), já que a legislação espanhola não determina o registro desses resultados naquele país, não sofrendo lá, assim, qualquer tributação.

E o CARF acabou por fim entendendo que, embora o Tratado Brasil-Espanha afaste a tributação brasileira sobre os lucros auferidos pela Julua, para fins de aplicação do art. 74 da Medida Provisória n. 2.158-35, "os lucros de controladas indiretas consideram-se auferidos diretamente pela investidora brasileira, e sua tributação no Brasil não se submete às regras do tratado internacional firmado com o país de residência da controlada direta".

Antes de iniciarmos a análise dos fundamentos da decisão, julgamos conveniente comentarmos o voto vencido da conselheira Sandra Maria Faroni, pela sua profunda e brilhante análise do tema, que resultou em valiosa contribuição à reflexão desse caso.

Voto vencido da Relatora

A conselheira relatora inicia seu voto mantendo seu entendimento sustentado no primeiro julgamento do caso Eagle, de que a Medida Provisória n. 2.158-35/01 tributa o lucro, ao passo que a legislação anterior tributava o dividendo, e, nesse sentido, a sociedade controlada pela Eagle no exterior (Julua) não poderia ser tributada, com base no art. 7º do Tratado Brasil-Espanha.

Sobre a alegação da Procuradoria-Geral da Fazenda Nacional — PGFN de que os lucros das subsidiárias da Julua (localizadas no Uruguai e na Argentina) não estariam protegidos pelo Tratado, a conselheira defendeu que a disponibilização dos lucros da Monthiers (Uruguai) e da CCBA (Argentina), em face da Eagle no Brasil, somente poderia ser possível através da Julua, pois a Eagle não possui em seu patrimônio investimentos naquelas empresas. E que o fato de a legislação espanhola possuir regras internas de reconhecimento de equivalência patrimonial diferentes das regras brasileiras não afastaria a aplicação do Tratado.

Mantendo esse entendimento, a relatora ainda reflete que a única forma de considerar que a legislação tributária brasileira poderia alcançar os lucros das subsidiárias da Julua seria se lhe fossem conferidos natureza de dividendos antecipados. Então, amparando-se no conceito de dividendos presumidos de que trata o art. 10, item 5, da Convenção Modelo OCDE, e citando o item dos Comentários dessa Convenção Modelo que determina que "se a legislação do país considera o montante tributável como um dividendo, deve aplicar-lhe a isenção de imposto prevista na convenção fiscal, e se não o fizer, expõe-se à acusação de impedir o funcionamento do privilégio da afiliação, ao tributar antecipadamente o dividendo (a título de dividendo presumido)",[214] conclui que mesmo assim não haveria outra forma de a Espanha reconhecer tais resultados (que ainda não lhe foram disponibilizados) senão pela forma de

---

(214) Voto relator do Acórdão n. 101-97.070, de 17 de dezembro de 2008, p. 18. O privilégio de afiliação a que se refere a relatora é o benefício de isenção sobre dividendos previsto no Tratado Brasil-Espanha, art. 23, item 4.

dividendo presumido (como nos moldes anterior da legislação brasileira, até a publicação da Medida Provisória n. 2.158-35/01, de modo que da mesma forma aplicar-se-ia a isenção prevista no art. 23, item 4, do Tratado Brasil--Espanha).

Isto é: como a empresa brasileira não detém participação nas controladas (Monthiers e CCBA) de sua controlada (Julua), a única forma de a legislação brasileira de tributação em bases universais alcançá-las seria por meio de uma consideração presumida de que o lucro não disponibilizado na Espanha o houvesse sido.

Por fim, a conselheira traz à tona discussão acerca da interpretação e alcance do art. 23, item 4, do Tratado Brasil-Espanha, que se dá pelo fato de o art. 10 do Tratado conferir competência concorrente para ambos os Estados (isto é, o da fonte, Espanha, e o da residência, Brasil) para tributar os dividendos pagos, estabelecendo apenas o limite, ao Estado de fonte, de 15% sobre tais valores. Nessa linha, os outros 85% dos dividendos não seriam tributáveis na Espanha, podendo, portanto, ser tributados no Brasil.

A conselheira relatora então faz referências aos Comentários da OCDE sobre a eliminação da dupla tributação de dividendos relativa a uma participação substancial detida por uma sociedade na outra, que mencionam a possibilidade de os Estados Contratantes inserirem disposições na Convenção para evitar a tributação em cascata, o que não ocorre com os itens 3 e 4 do art. 23 do Tratado Brasil-Espanha, que têm caráter genérico, alcançando os dividendos decorrentes de qualquer percentual de participação (e não apenas a substancial). E, como esse não foi o caso da legislação brasileira, a contradição apenas se explicaria pelo fato de os Tratados seguirem sempre o mesmo modelo de estrutura. Ora, porque estabelecer competência impositiva ao país de residência no art. 10 para depois retirá-la no art. 23, ao invés de simplesmente não estabelecê-la? O caso do Tratado Brasil-Espanha se deve ao fato da adoção da estrutura padrão, que do art. 6º ao art. 22 trata da atribuição de competência, e no art. 23, da eliminação de dupla tributação, e como o Brasil não apresentou reservas na competência limitada estabelecida pelo art. 10 — que seria mais apropriado pelo método da Convenção Modelo —, a princípio poderia causar essa contradição, conclui relatora.

Aqui ousamos discordar em parte da conselheira. No nosso entendimento, o tratado não atribui competência tributária. Na verdade, cada país possui a sua soberania tributária e é livre para instituir tributação sobre atividades exercidas em sua jurisdição ou por contribuintes nela considerados residentes (ou nacionais etc.), a depender do critério de conexão adotado. O que o tratado faz é **limitar a competência** dos países que o celebram. Isto é, estabelecer em que circunstâncias seus signatários podem exercê-la.

Nesse sentido, o art. 10 dos tratados geralmente limita a competência do Estado de fonte, como é o caso do Tratado Brasil-Espanha ao limitar em até 15% a competência espanhola de tributar o valor dos dividendos pagos. E como um complemento dessa limitação, o art. 23 estabelece uma limitação adicional, que somente se aplicará se atendidos determinados requisitos, que estabelece como condição que o lucro seja sujeito à tributação na Espanha; ou o caso da Áustria, que exige adicionalmente ao que exige o Tratado Brasil-Espanha, que a sociedade brasileira detenha ao menos 25% de participação na empresa austríaca.

E por fim a relatora observa que essas considerações foram trazidas apenas para reflexão de seus pares, que eventualmente entendam que o Tratado seria aplicável e seu artigo de regência para o caso seria o art. 10. No decorrer do Julgamento, verificamos que o conselheiro José Sérgio Gomes havia adotado o entendimento de que o art. 10 seria o aplicável, e que a legislação brasileira alcançava os lucros das subsidiárias da Julua em 85% (subtraindo-se os 15%).[215] Contudo, esse conselheiro também teve o voto vencido nesse entendimento.

Sobre a tributação da variação cambial dos investimentos da Julua, a conselheira já de plano a afasta por falta de previsão legal, mencionando inclusive a mensagem de veto do art. 46 da Medida Provisória n. 135/03, que, conforme comentamos no Capítulo 2.2.2, previa a tributação da variação cambial de investimentos detidos no exterior mas não foi aprovada pelo Poder Executivo quando da sanção da conversão em lei da referida Medida Provisória.

Voto vencedor

O conselheiro Valmir Sandri inicia seu voto vencedor trazendo à baila o que na sua visão é o ponto central da discussão: quando a legislação brasileira "determina a adição dos lucros auferidos por controladas, no exterior, ao lucro real da controladora domiciliada no Brasil, restringe o alcance desta norma apenas ao lucro apurado pela controlada direta ou abarca também o lucro da controlada indireta?".

Em seguida, menciona que os resultados das controladas indiretas da empresa Eagle (Monthiers e CCBA), embora não tivessem sido reconhecidos na Julua — por conta da não previsão na legislação espanhola de cálculo da equivalência patrimonial sobre investimentos detidos no exterior —, foram

---

(215) Em sua declaração de voto, o conselheiro consignou que em seu entendimento a alíquota efetiva aplicável ao lucro da Julua e de suas subsidiárias seria de 19% (34% – 15%), sendo que, ao seu ver, o disposto no art. 23 do Tratado Brasil-Espanha (isenção, no Brasil, sobre dividendos recebidos da Espanha) se aplicaria somente em relação aos 15% passíveis de tributação na Espanha.

mesmo assim reconhecidos no balanço de sua controladora indireta brasileira (Eagle), para atendimento da legislação societária e regulamentações da CVM.[216]

Então o conselheiro cita que a Lei n. 9.249/95 determina a tributação do lucro de sociedades controladas domiciliadas no exterior segundo as normas da legislação brasileira, havendo também previsão na Lei n. 9.430/96 de que esse lucro seja trazido ao Brasil de forma individualizada, por controlada.[217]

Após ressaltar que a legislação tributária brasileira não faz distinção entre controlada direta e controlada indireta, o conselheiro então buscou o conceito de sociedade controlada na legislação societária, civil e tributária, bem como na doutrina.

Na legislação societária, o conselheiro ampara-se no § 2º do art. 243 da Lei n. 6.404/76 (e até mesmo em sua exposição de motivos), que determina que: "Considera-se controlada a sociedade na qual a controladora, diretamente **ou através de outras controladas**, é titular de direitos de sócio que lhe assegurem, de modo permanente, preponderância nas deliberações sociais e o poder de eleger a maioria dos administradores". (grifos nossos)

Na legislação civil, o conselheiro cita o art. 1.098 do Código Civil, que define como controlada: "I — a sociedade de cujo capital outra sociedade possua a maioria dos votos nas deliberações dos quotistas ou da assembleia geral e o poder de eleger a maioria dos administradores; ou II — a sociedade cujo **controle**, referido no inciso antecedente, **esteja em poder de outra**, mediante ações ou quotas possuídas por sociedades ou sociedades por esta já controladas".

Nesse sentido, o conselheiro destaca seu entendimento de que "para o direito comercial e civil o conceito jurídico de controlada abarca tanto a controlada direta quanto a indireta. Não há distinção. Para a legislação tanto faz o controle ser direto ou indireto, em ambos os casos estamos diante de uma empresa controlada, para imputação de deveres e obrigações".

O conselheiro também menciona que a legislação tributária adotou integralmente o conceito de sociedade controlada do direito privado, uma vez que o art. 243 da Lei n. 6.404/76 se encontra integralmente reproduzido no art. 384 do Regulamento do Imposto de Renda — RIR/99, além do fato de o RIR/99 prever outros dispositivos com o mesmo conteúdo, como é o caso do art. 466, que trata da distribuição disfarçada de lucros.[218] E no caso em pauta,

---

(216) Lei n. 6.404/76, arts. 116 e 243, § 2º, e Instrução CVM n. 247/96, art. 5º.
(217) Lei n. 9.430/96, art. 16: "Sem prejuízo do disposto nos arts. 25, 26 e 27 da Lei n. 9.249, de 26 de dezembro de 1995, os lucros auferidos por filiais, sucursais, controladas e coligadas, no exterior, serão: I — considerados de forma individualizada, por filial, sucursal, controlada ou coligada; (...)"
(218) De acordo com o art. 466 do RIR/99: "Se a pessoa ligada for sócio ou acionista controlador da pessoa jurídica, presumir-se-á distribuição disfarçada de lucros ainda que os negócios de que tratam os

"a Julua (Espanha), a Monthiers (Uruguai) e a CCBA (Argentina) são, todas elas, controladas da Eagle no Brasil, razão pela qual devem ser adicionados os lucros por elas auferidos no exterior ao lucro líquido da investidora brasileira, nos termos do art. 25 da Lei n. 9.249/95, devendo tais adições ser feitas de forma individualizadas, consoante o comando do art. 16 da Lei n. 9.430/96", conclui o conselheiro.

Sobre a equivalência patrimonial, o conselheiro reconhece que esta não tem qualquer efeito tributário, conforme previsto no art. 25, § 6º, da Lei n. 9.249/95, existindo na lei somente o dever da sociedade brasileira adicionar em sua base tributável o resultado auferido no exterior por meio de suas controladas, por isso mesmo o fato de sua controlada direta (Julua) ter ou não reconhecido o resultado de suas controladas indiretas (Monthiers e CCBA), por meio do cálculo da equivalência patrimonial, não afeta em nada a adição de seus resultados ao lucro tributável da Eagle. Não por outro motivo, para fins societários, a Eagle desconsiderou o fato de a Julua não fazer o cálculo da equivalência patrimonial sobre os investimentos que detinha diretamente no exterior e os reconheceu em seu balanço aqui no Brasil.

Nesse mesmo sentido, o conselheiro afasta a argumentação da defesa de que a tributação brasileira dos resultados da Monthiers e da CCBA estaria desconsiderando a personalidade jurídica da Julua, controlada direta da Eagle, porque a legislação brasileira determina a tributação de lucros auferidos no exterior por intermédio de empresas controladas, "que abarca a tributação do lucro tanto de controladas diretas como o lucro de controladas indiretas".

Por fim, sobre a aplicação do Tratado Brasil-Espanha o conselheiro Valmir Sandri sustenta que a legislação brasileira estabelece que os lucros auferidos no exterior por meio de controladas devem ser trazidos ao Brasil de forma individualizada, de modo que a aplicação dos tratados a eles inerentes também deve ser feita de forma individualizada. Assim, o CARF não estaria afastando a aplicação do tratado, mas, sim, dando "efetividade aos preceitos definidos no referido convênio, eliminando a dupla tributação dos lucros nele auferidos e tributando os lucros alienígenas, decorrentes de estratagemas utilizadas pelas empresas com o fito de eximir-se e/ou reduzir os tributos devidos, que, embora possam ser consideradas lícitas, seus resultados não se encontram contemplados nos tratados".

Pois bem. Concordamos com o Conselho no sentido de que a legislação societária brasileira (seguida pela tributária) define como controlada tanto a

---

incisos I a VI do art. 464 sejam realizados com a *pessoa ligada por intermédio de outrem, ou com sociedade na qual a pessoa ligada tenha, direta ou indiretamente, interesse*.
Parágrafo único. Para os efeitos deste artigo, sócio ou acionista controlador é a pessoa física ou jurídica que, *diretamente ou através de sociedade ou sociedades sob seu controle*, seja titular de direitos de sócio ou acionista que lhe assegurem, de modo permanente, a maioria de votos nas deliberações da sociedade". (grifos nossos)

empresa na qual a sua controladora participa diretamente, quanto a empresa em que esta participa indiretamente. Porém, desconsiderar a existência da empresa estrangeira (controlada direta) para alcançar diretamente o resultado das suas controladas indiretas, desconsiderando inclusive o tratado internacional existente entre Brasil e Espanha (e nesse caso até mesmo entre Brasil e Argentina e entre Brasil e Uruguai, conforme comentaremos a seguir), parece-nos extrapolar os limites legais.

De fato, assim como sustentado pela conselheira relatora, não há como a empresa brasileira ter a disponibilidade do resultado de sua controlada indireta senão por intermédio de sua controlada direta. Isto é, os resultados da CCBA e da Monthires precisariam primeiro passar pela Julua para então integrar o patrimônio da Eagle (assumindo aqui que não estamos discutindo nessa esfera a constitucionalidade da Medida Provisória n. 2.158-35/01, o que sem dúvida daria mais força a esse argumento).

Não por outro motivo, o próprio art. 1º, § 6º, da Instrução Normativa SRF n. 213/02 estabeleceu que "os resultados auferidos por intermédio de outra pessoa jurídica, na qual a filial, sucursal, controlada ou coligada, no exterior, mantenha qualquer tipo de participação societária, ainda que indiretamente, **serão consolidados no balanço da filial, sucursal, controlada ou coligada** para efeito de determinação do lucro real e da base de cálculo da CSLL da beneficiária no Brasil". (grifos nossos)

Ora, se os lucros das sociedades controladas indiretas da empresa brasileira não lhe pertencem diretamente, pertencendo somente às suas controladoras diretas (ainda assim, somente no momento em que estas tiverem a disponibilidade de tal lucro), a determinação na legislação tributária de que tais resultados sejam consolidados na controlada direta da empresa brasileira evidencia que **a tributação de forma individualizada deve ocorrer na figura das controladas diretas**, e não de suas controladas indiretas alhures, indefinidamente. Outro raciocínio implicaria desconsideração da personalidade jurídica da controlada direta da empresa brasileira, que a própria RFB cuidou em preservar.

E nesse sentido, estando os resultados consolidados na controlada direta da empresa brasileira, ainda que somente para fins tributários — porque no caso em análise a legislação espanhola não exige o cálculo da equivalência patrimonial sobre os investimentos detidos no exterior pela Julua —, não haveria como desconsiderar também o tratado entre Brasil e Espanha, que determina que os lucros auferidos pela empresa Espanhola somente lá são tributáveis (art. 7º).

A única razão que as autoridades fiscais brasileiras teriam para desconsiderar a aplicação do tratado Brasil-Espanha seria a identificação (comprovada) do uso de estruturas abusivas ou artificiais pelo contribuinte brasileiro, que, como já vimos nesse estudo, é admitido pela própria OCDE — o que não aconteceu no caso em análise.[219]

Ainda assim, se os resultados das empresas Monthiers e CCBA não fossem consolidados na Julua, porque nela ainda não foram reconhecidos (embora para fins tributários seja necessário consolidá-los, como vimos), para que os lucros apurados pelas controladas indiretas da empresa brasileira fossem reconhecidos no Brasil, por ficção legal, seria necessário considerá-los primeiramente na sua controlada direta (Julua), também por ficção legal, já que esses lucros também não foram disponibilizados para a controladora espanhola.

Nesse sentido, como os resultados das controladas indiretas da sociedade brasileira devem ser consolidados em sua controlada direta, entendemos que o tratado existente entre a sociedade brasileira e essa sua controlada direta é plenamente aplicável para todos os resultados nela consolidados (que ele, de forma individualizada, reflete na controladora brasileira). E, na mesma linha de entendimento da conselheira relatora Sandra Faroni, entendemos que a única forma de a legislação brasileira alcançar os lucros auferidos pela sua sociedade controlada indireta seria considerando-os como dividendos presumidos (art. 10, item 5, da Convenção Modelo da OCDE), ocasião em que o fisco brasileiro também estaria impedido de tributá-los por força dos arts. 10 e 23, item 4, do Tratado Brasil-Espanha.

Assim, embora essa questão pudesse ter sido analisada sob outro enfoque pelo CARF, nos parece que um dos fatores que poderia ter exposto a empresa Eagle nesse julgamento seria o fato de esta reconhecer (para fins societários) no seu balanço local os resultados auferidos pelas suas controladas indiretas, embora esses resultados não houvessem sido reconhecidos na sua própria controlada direta (Julua, na Espanha).

Comentários adicionais

Além dos comentários já expostos na sequência dos votos, temos os seguintes comentários adicionais:

1) Tributação de controladas indiretas e aplicação do Tratado Brasil--Espanha: No que pese o CARF ter seguido a linha de raciocínio do respeitável conselheiro Valmir Sandri (voto vencedor), entendemos que os lucros auferidos pelas controladas indiretas da sociedade brasileira em nenhum momento lhe estão disponíveis antes de que

---

(219) De fato, de acordo com o art. 50 do Código Civil: "Em caso de abuso da personalidade jurídica, caracterizado pelo desvio de finalidade, ou pela confusão patrimonial, pode o juiz decidir, a requerimento da parte, ou do Ministério Público quando lhe couber intervir no processo, que os efeitos de certas e determinadas relações de obrigações sejam estendidos aos bens particulares dos administradores ou sócios da pessoa jurídica".

seja feita a correspondente deliberação de distribuição à sua controladora espanhola, e, após, a sua posterior deliberação à sociedade brasileira. Nesse caso, sequer a Julua tem a disponibilidade jurídica desse lucro, como poderia então a sociedade brasileira (Eagle) tê-lo, por ficção da ficção? Não há em nenhum momento a disponibilidade econômica ou jurídica de tais lucros na Eagle. Pelo contrário, e se para fins de tributação brasileira o resultado da sociedade estrangeira investida através de suas sociedades controladas ou coligadas devem ser nela consolidados,[220] como pode a autoridade fiscal brasileira negar a aplicação do Tratado do país de consolidação, legitimamente celebrado pela República Federativa do Brasil e o Governo do Estado Espanhol desde de 1974?

2) Aplicação do Tratado Brasil-Argentina: Embora o exame dos fatos evidencie que a parte considerável do lucro das empresas controladas pela Julua seja advindo do Uruguai, nos causa estranheza o fato de sequer o CARF ter reconhecido a existência do Tratado Brasil-Argentina, aprovado pelo Decreto n. 87.976/82, e que contém basicamente as mesmas disposições do Tratado Brasil-Espanha. Se o Tratado Brasil-Espanha não poderia ser usado para afastar a aplicação das abusivas regras brasileiras de tributação de lucros auferidos no exterior ainda não efetivamente disponibilizados, por que desconsiderar a aplicação do Tratado celebrado há longo tempo entre Brasil e Argentina?

3) Aplicação do Tratado Brasil-Uruguai: Da mesma forma, a decisão do CARF não considerou o Tratado de Montevidéu, celebrado entre o Brasil e diversos países latino-americanos, além do próprio Uruguai (entre eles Argentina, Bolívia, Colômbia, Chile, Equador, México, Paraguai, Peru e Venezuela), para a instituição da Associação Latino-Americana de Integração — ALADI,[221] ratificada pelo Congresso Nacional brasileiro e promulgado por meio do Decreto n. 87.054/82. De acordo com o art. 48 do referido Tratado: "Os capitais procedentes dos países-membros da Associação gozarão no território

---

(220) Instrução Normativa SRF n. 213/02, art. 1º, § 6º. A Instrução Normativa SRF n. 38/96 também possuía previsão no mesmo sentido (art. 10, §§ 1º e 2º).

(221) De acordo com o art. 1º do Tratado de Montevidéu, a criação da ALADI teve como objetivo dar prosseguimento ao processo de integração encaminhado a promover o desenvolvimento econômico-social, harmônico e equilibrado da região. Não por outro motivo, em sua exposição de motivos os países se mostram "dispostos a impulsar o desenvolvimento de vínculos de solidariedade e cooperação com outros países e áreas de integração da América Latina, com o propósito de promover um processo convergente que conduza ao estabelecimento de um mercado comum regional; Convencidos da necessidade de contribuir para a obtenção de um novo esquema de cooperação horizontal entre países em desenvolvimento e suas áreas de integração, inspirado nos princípios do direito internacional em matéria de desenvolvimento; e consideram a decisão adotada pelas Partes Contratantes do Acordo Geral sobre Tarifas Aduaneiras e Comércio, que permite a celebração de acordos regionais ou gerais entre países em desenvolvimento, com a finalidade de reduzir ou eliminar mutuamente os entraves a seu comércio recíproco".

dos outros países-membros de um tratamento não menos favorável do que o tratamento que se concede aos capitais provenientes de qualquer outro país não membro, sem prejuízo do previsto nos acordos que os países-membros possam celebrar nesta matéria, nos termos do presente Tratado". Ou seja, de acordo com esse dispositivo — também conhecido como "cláusula da nação mais favorecida" — os capitais procedentes do Uruguai (e dos demais países da ALADI) não poderão ter no Brasil (assim como nos demais países-membros da ALADI) tratamento menos benéfico do que os procedentes de outros países (não membros), incluindo-se aqueles decorrentes de acordos internacionais que o Brasil celebre com outros países em matéria tributária. Ora, se o Brasil celebrou diversos tratados para evitar a dupla tributação internacional com outros países não membros da ALADI, assegurando, dentre outros, que (i) os lucros auferidos em um Estado Contratante somente serão nele tributáveis, a não ser que esse Estado Contratante exerça no outro uma atividade por meio de um Estabelecimento Permanente (art. 7º); (ii) a tributação de dividendos somente quando efetivamente distribuídos (art. 10) e em alguns casos; (iii) a isenção de dividendos tributáveis no outro Estado Contratante (art. 23-B) — conforme vimos detalhadamente no Capítulo 4 desse Livro —, os investimentos detidos por empresas brasileiras no Uruguai não poderão ter tratamento menos favorável do que os investimentos detidos por empresas brasileiras nesses outros países não membros da ALADI (ex.: Espanha, Áustria, Noruega, Índia, Holanda, Dinamarca etc.).[222]

4) Tributação de dividendos presumidos: Estamos também totalmente de acordo com o entendimento da conselheira relatora, no sentido de que a única forma de a legislação brasileira alcançar os lucros das sociedades investidas pela sociedade controlada ou coligada da sociedade brasileira seria considerando-os como dividendos presumidos, o que também estaria protegido pelo art. 23, item 4, do Tratado Brasil-Espanha. Isso porque, quando um Estado Contratante pretende tributar os lucros auferidos mas ainda não distribuídos pelo outro Estado contratante, e esse lucro não se refere a rendimento específico previsto no Tratado (lucro das empresas, juros ou *royalties*), então esse lucro deve ser considerado como dividendo presumido. E, nessas condições, tal lucro deve ser considerado como dividendo para fins de aplicação do Tratado, aplicando-se a ele eventuais benefícios previstos no Tratado. Se o país de residência não considerar tal tratativa, poderá ser alegado que ele está

---

(222) Na mesma linha de raciocínio: TORRES, Heleno. In: ROCHA, Valdir de Oliveira (coord.). *Operações com países de tributação favorecida*: algumas reflexões: grandes questões atuais de direito tributário. São Paulo: Dialética, 2009. v. 13, p. 186-187.

obstruindo a aplicação da isenção de afiliação prevista no Tratado (art. 23, item 4), tributando antecipadamente um dividendo na forma de dividendo presumido.[223] De fato, como os lucros das subsidiárias da Julua (Espanha), localizadas em outros países (Argentina e Uruguai), sequer já lhes pertence, como poderia pertencer à sociedade brasileira? A única forma jurídica de se considerar esse estranho absurdo seria considerá-los como dividendos presumidos na sociedade espanhola,[224] o que não seria possível devido à previsão de isenção contida no art. 23, item 4, do Tratado. De fato, o lucro auferido pelas subsidiárias da empresa espanhola (consideradas "controladas indiretas" da sociedade brasileira) poderiam jamais chegar ao patrimônio da sociedade brasileira, para que esta tivesse alguma disponibilidade, senão através da própria sociedade espanhola. Imaginamos, por exemplo, uma situação em que a sociedade espanhola esteja em situação de prejuízo de USD 5 milhões no ano, e suas subsidiárias auferissem no mesmo período, juntas, lucro equivalente a USD 2 milhões. Como poderia o lucro de USD 2 milhões (ainda que efetivamente distribuído pelas controladas indiretas da sociedade brasileira, sem necessidade de emprego de qualquer ficção jurídica) chegar a sociedade brasileira se antes ele teria que integrar o patrimônio de sua controladora que no ano está em situação de prejuízo? Se a empresa brasileira, nesse caso, fosse obrigada a pagar somente IRPJ e CSLL sobre os USD 2 milhões, estar-se-ia tributando situação que não caracteriza qualquer acréscimo patrimonial, isto é, seria a tributação pelo imposto de renda de um patrimônio. Entendemos que, nesse sentido, o 2º julgamento do caso Eagle foi demasiadamente incoerente.

5.1.3.2.1. Possíveis efeitos da manutenção do entendimento adotado pelo CARF no segundo julgamento do caso Eagle

Com o entendimento acerca da tributação das controladas indiretas adotado pelo CARF no segundo julgamento do caso Eagle, as empresas brasileiras (que possuem tais modalidades de investimentos) devem avaliar quais as medidas a tomar, especialmente se esse entendimento se mantiver no Conselho ao longo dos próximos anos.

Isso porque: (i) o entendimento adotado pelo CARF vai de encontro com as próprias regras estabelecidas pela Instrução Normativa SRF n. 213/02; e,

---

(223) Conforme item 38 dos Comentários à Convenção Modelo OCDE, como bem observou a relatora.
(224) E isso também se insere no contexto de que a Espanha, como a maioria dos países — conforme veremos mais adiante no Capítulo de Direito Comparado —, tributa o lucro de suas subsidiárias somente quando de seu efetivo recebimento, na forma de dividendo (salvo situação abrangida pelas suas regras "CFC", que não é aplicada de forma genérica e ampla como as regras brasileiras).

(ii) é absolutamente questionável judicialmente, principalmente pelo fato de desconsiderar a personalidade jurídica da controladora direta da sociedade brasileira e de negar aplicação ao tratado existente entre o seu país e o Brasil.

Como forma de facilitar a compreensão do tópico (i) acima mencionado, elaboramos o quadro abaixo com um resumo do entendimento do CARF (no Caso "Eagle 2") em face da Instrução Normativa SRF n. 213/02, que regulamenta e consolida a legislação brasileira de tributação de lucros auferidos no exterior (Leis ns. 9.249/95, 9.430/96, 9.532/97, 9.959/00 e Medida Provisória n. 2.158-35/01).

Vejamos as regras de disponibilização de resultados à sociedade brasileira e de compensação do tributo pago no exterior sobre tais resultados. Note que em princípio a consolidação de resultados gera a possibilidade de compensação do lucro de uma sociedade com eventual prejuízo de outra, por essa razão a legislação cuidou de estabelecer em quais situações essa compensação é possível, da mesma forma que disciplinou a maneira que o crédito do imposto pago no exterior pode ser imputado ao lucro sobre tais resultados consolidados.

	Intrução Normativa (SRF) n. 213/02		Entendimento adotado pelo CARF (Caso "Eagle 2")	
	Disponibilização à sociedade brasileira	Compensação do tributo pago no exterior	Disponibilização à sociedade Brasileira	Compensação do imposto pago no exterior
Controle direto	De forma individualizada, por filial, sucursal, coligada ou controlada; vedada a consolidação de resultados, exceto filiais e sucursais, domiciliadas num mesmo país, quando a matriz no Brasil indicar uma dessas filiais ou sucursais como entidade líder (os resultados poderão ser consolidados por país e os prejuízos de uma poderão ser compensados com os lucros de outra).	De forma individualizada, por filial, sucursal, coligada ou controlada; vedada a consolidação de resultados, exceto filiais e sucursais, domiciliadas num mesmo país, quando a matriz no Brasil indicar uma dessas filiais ou sucursais como entidade líder.	De forma individualizada, por filial, sucursal, coligada ou controlada (sem mencionar a possibilidade da consolidação entre filiais e sucursais residentes em um mesmo país, pois não havia essa situação no caso analisado).	De forma individualizada, por filial, sucursal, coligada ou controlada.
Controle indireto	Resultados serão consolidados (para fins tributários) no balanço da primeira filial, sucursal, controlada ou coligada (controlada direta). Não há vedação para aplicação dos tratados internacionais. Os prejuízos apurados por uma controlada ou coligada, no exterior, somente poderão ser compensados com lucros dessa mesma controlada ou coligada.	A filial, sucursal, controlada ou coligada, no exterior, deverá consolidar os tributos pagos correspondentes a lucros, rendimentos ou ganhos de capital auferidos por meio de outras pessoas jurídicas nas quais tenha participação societária, porém o tributo pago no exterior, passível de compensação, será sempre proporcional ao montante dos lucros, rendimentos ou ganhos de capital que houverem sido computados na determinação do lucro real.	De forma individualizada, por filial, sucursal, coligada ou controlada (pois não há na lei tributária distinção de tratamento entre controlada direta e indireta); o tratado existente entre o Brasil e o país da controlada direta não se aplica às controladas indiretas.	De forma individualizada, por filial, sucursal, coligada ou controlada.

Como podemos depreender do quadro acima, a principal diferença entre a regra da Instrução Normativa n. 213/02 e o entendimento do CARF adotado no caso "Eagle 2" é que na primeira a sociedade brasileira deve consolidar os resultados na sua controlada direta, que, por sua vez, detém os demais investimentos no exterior, consolidando de igual forma os tributos pagos no exterior sobre tais resultados consolidados; e o segundo estabelece a disponibilização individual de resultados, e sua consequente compensação individual de tributo pago no estrangeiro — talvez até como meio de justificar a não aplicação do tratado da controlada direta que deve consolidar os resultados das demais.

Assim, na prática teríamos basicamente duas formas de trazer os resultados das investidas da sociedade brasileira ao País:

Figura 13
(Forma 1 — Instrução Normativa SRF n. 213/02)

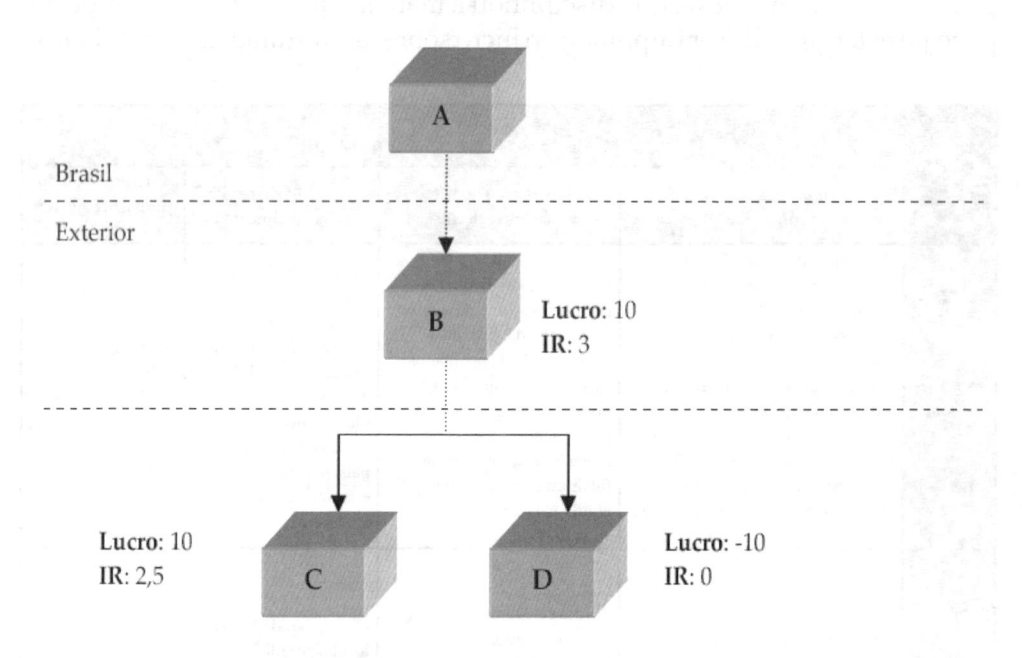

Brasil

Exterior

A

B — Lucro: 10 / IR: 3

C — Lucro: 10 / IR: 2,5

D — Lucro: -10 / IR: 0

Lucro a ser disponibilizado em "A": 20, consolidado em "B"

Tributo pago a ser compensado em "A": 5,5, consolidado em "B"

Aplicação do tratado entre "A" e "B" ao resultado consolidado: Sim

---

No caso de eventual pagamento de IR pela empresa "D", que, por apurar prejuízo, muito provavelmente a legislação de seu país o considere como passível de recuperação (restituição, compensação com outros tributos etc.), esse tributo não seria compensável no Brasil, pois não está relacionado a qualquer resultado disponibilizado no Brasil (através da consolidação feita em "B").

Figura 14
(Forma 2 — Entendimento CARF no caso "Eagle 2")

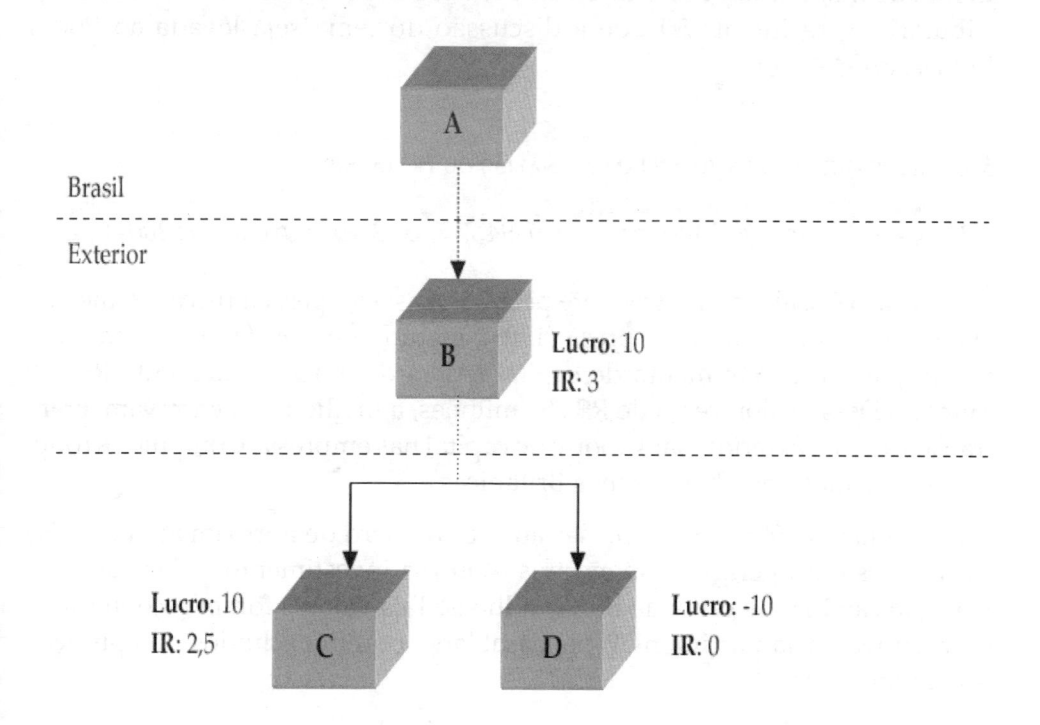

Brasil

Exterior

A

B — Lucro: 10 / IR: 3

C — Lucro: 10 / IR: 2,5

D — Lucro: -10 / IR: 0

Lucro a ser disponibilizado em "A": 10 + 10, de forma individualizada

Tributo pago a ser compensado em "A": 3 + 2,5, de forma individualizada

Aplicação do tratado entre "A" e "B" aos resultados adicionados em "A": Não

---

Da mesma maneira que no exemplo anterior, o prejuízo de "D" não é compensável com os lucros das demais sociedades controladas. No caso de eventual pagamento de IR pela empresa "D", que, por apurar prejuízo, muito provavelmente a legislação de seu país o considere como passível de recuperação (restituição, compensação com outros tributos etc.), esse tributo não seria compensável no Brasil, pois não está relacionado a qualquer resultado disponibilizado no Brasil.

Assim, não sendo mais possível consolidar os resultados auferidos pelas suas controladas indiretas no país de sua controlada direta, nos termos da legislação tributária regulamentada pela Instrução Normativa SRF n. 213/02, a sociedade brasileira não teria direito de aplicar — sobre essas sociedades controladas indiretamente — eventual tratado existente entre o Brasil e o país dessa sua controlada direta, de acordo com a nova posição adotada pelo CARF; de modo que, se isso implicar em um aumento relevante de sua carga tributária, será inevitável que a discussão do tema seja levada ao Poder Judiciário.[225]

5.2. Casos que não envolveram a análise de tratados

5.2.1. Caso Casablanc (Acórdão n. 101-94.747, de 22 de outubro de 2004)

O caso Casablanc foi bastante peculiar. O sócio, pessoa física, no mesmo ano em que constituiu a empresa (1998), efetuou em seu favor um adiantamento para futuro aumento de capital (Afac) de aproximadamente R$ 780 milhões. Desse valor, cerca de R$ 750 milhões, à medida que entravam, eram transferidos ao exterior, para aporte de capital nas empresas Comptel e Kronu, ambas situadas nas Ilhas Virgens Britânicas.

Ainda em 1998, tais empresas auferiram lucro de aproximadamente R$ 19 milhões em operações financeiras e outros investimentos, além de uma variação cambial de cerca de R$ 11 milhões. Tais valores foram reconhecidos (por equivalência patrimonial) na Casablanc, porém excluídos da apuração do seu lucro real.

Embora tenha havido deliberação para distribuição de lucros no montante de R$ 30 milhões nesse mesmo ano, logo em seguida fez-se o distrato do Afac, ficando a sociedade Casablanc devedora dos valores adiantados pelo seu sócio (R$ 780 milhões).

Como forma de pagamento desse Afac, o sócio (pessoa física) recebeu as ações das sociedades estrangeiras pelo mesmo valor adiantado à sociedade (R$ 780 milhões), já incluindo o valor de seus lucros e variação cambial positiva reconhecidos na sociedade Casablanc por meio da equivalência patrimonial (cerca de R$ 750 milhões + R$ 19 milhões de lucros + R$ 11 milhões de variação cambial).

O resultado disso foi que a Casablanc não considerou "disponibilizado" o lucro auferido em suas controladas no exterior, por tê-lo transferido ao seu

---

(225) Caso essa posição do CARF se mantenha, o que ainda não é possível saber, pois a questão é muito recente.

sócio, ficando apenas com a diferença entre o valor remetido ao exterior (R$ 750 milhões) e o valor recebido inicialmente do sócio como Afac (R$ 780 milhões), já que os R$ 30 milhões adicionais foram pagos com lucros e variação cambial auferidos no exterior na forma de dação (das ações) em forma de pagamento.[226]

Para melhor demonstração do caso, as operações são ilustradas a seguir, por etapa:

• **Etapa 1** — o sócio adianta aumento de capital na empresa Casablanc (Afac). É o que nos mostra a figura abaixo.

Figura 15

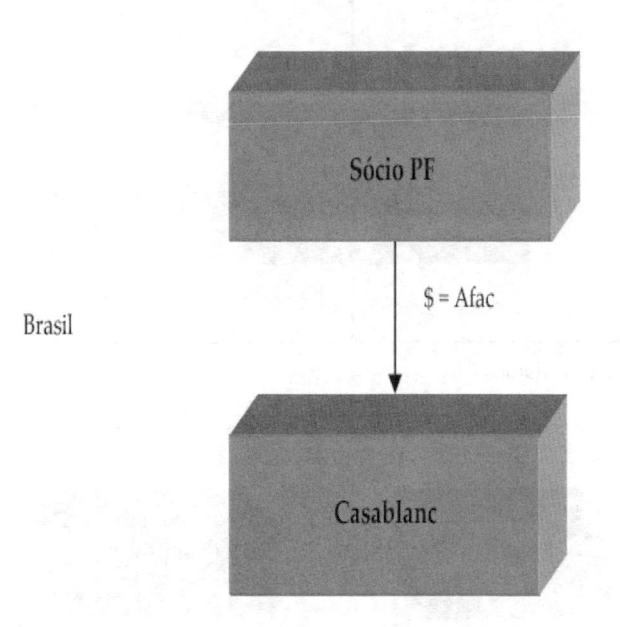

Adiantamento de capital, pelo
sócio pessoa física, para a Casablanc (Afac).

---

(226) Notemos que o sócio pessoa física registra todo valor das ações como custo de aquisição do investimento, o que lhe permitiria, eventualmente, reduzir o ganho de capital em eventual posterior alienação dessa participação.

- **Etapa 2** — a Casablanc utiliza esses valores para aportar capital em duas empresas situadas no exterior (Ilhas Virgens Britânicas), que registram lucro de R$ 19 milhões e variação cambial de R$ 11 milhões.

Podemos observar melhor essa operação na figura a seguir.

Figura 16

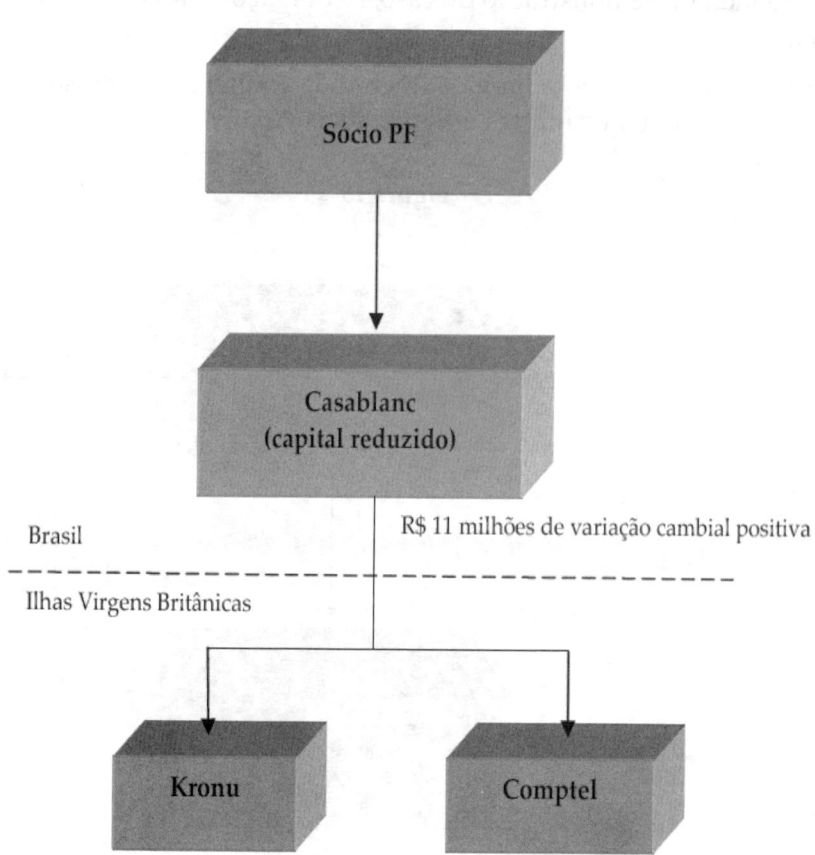

Aporte de capital, pela Casablanc,
em duas empresas situadas no exterior.

• **Etapa 3** — opera-se o distrato do Afac, dando a Casablanc ao seu sócio, em pagamento, as ações que detinha nas empresas localizadas no exterior, incluindo-se a variação cambial positiva e, por equivalência patrimonial, o lucro não disponibilizado.

Vejamos figura a seguir.

Figura 17

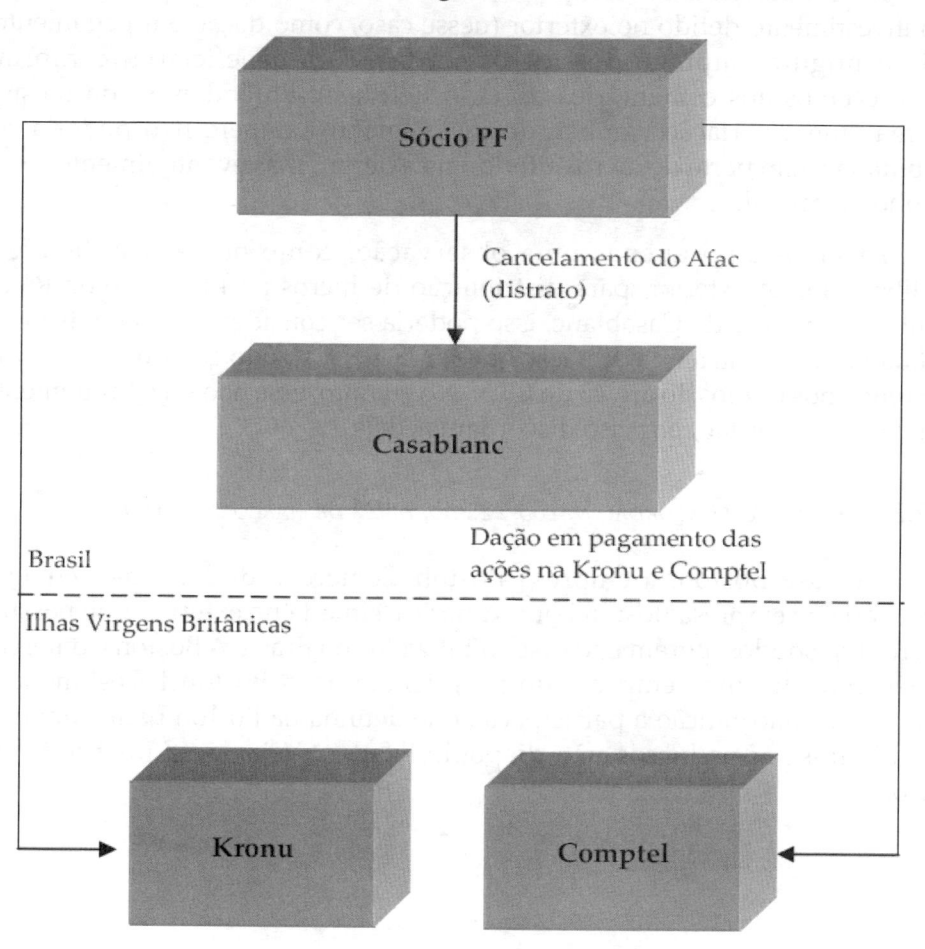

Sócio PF

Cancelamento do Afac
(distrato)

Casablanc

Dação em pagamento das
ações na Kronu e Comptel

Brasil

Ilhas Virgens Britânicas

Kronu   Comptel

Lucros auferidos e variação cambial incorporados
ao valor do investimento

Operação de distrato.

No seu voto vencedor, o conselheiro Mário Junqueira Franco Júnior afirma que o fato de o lucro auferido no exterior pela Casablanc ter sido por ela utilizado para quitar suas próprias obrigações caracteriza "emprego do valor, em favor da beneficiária",[227] já que "a disponibilização de que trata a norma é o uso do valor adicionado pelos lucros auferidos no exterior, para quaisquer fins, ainda que seja para pagamento de dívida".

Mais uma vez aqui reforçamos nosso entendimento de que a alienação do investimento detido no exterior (nesse caso, como dação em pagamento) não configura emprego dos lucros em favor da beneficiária (conforme esclarecemos nos comentários do caso Refratec). Entendemos, da mesma forma, que a variação cambial do investimento também não poderia ser tributada como parte de lucro auferido no exterior, mas eventualmente como ganho de capital.

Fazemos aqui apenas uma observação: como nesse caso houve a deliberação, no exterior, para distribuição de lucros no montante de R$ 30 milhões em favor da Casablanc, isso poderia ser considerado como disponibilidade jurídica da renda, situação que concretizaria o fato gerador do imposto de renda nos termos do art. 43 do CTN. No entanto, esse não foi o fundamento adotado no acórdão, por isso discordamos dele.

5.2.2. Caso Boston (Acórdão n. 103-22.230, de 22 de março de 2006)

No caso Boston, a empresa Boston Comercial detinha participação societária na empresa Boston Latin America, situada no exterior, que possuía lucros registrados, porém não disponibilizados no Brasil. A Boston Comercial então constitui uma empresa no país denominada Boston Investimentos, dando em contribuição a participação que detinha na Boston Latin America, incluindo-se aí os lucros não disponibilizados. Vejamos a ilustração do caso.

---

(227) Conforme o art. 2º, § 2º, *b*, item 4, da Lei n. 9.532/97.

Figura 18

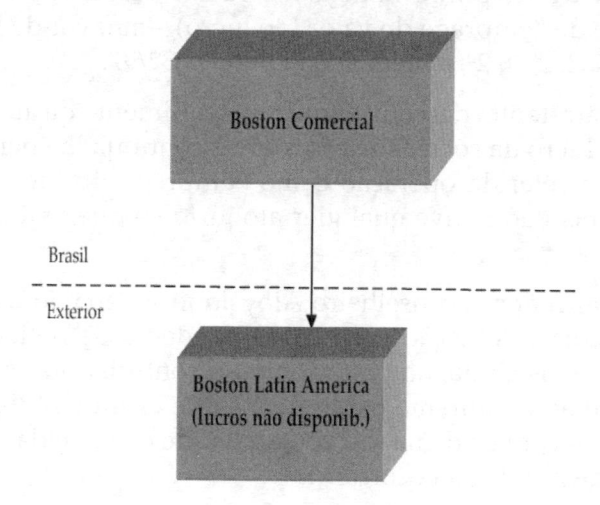

Brasil
- -
Exterior

Momento 1: Boston Comercial detém participação na Boston Latin America, que apura lucros, mas não são reconhecidos no Brasil para fins tributários (disponibilizados).

Figura 19

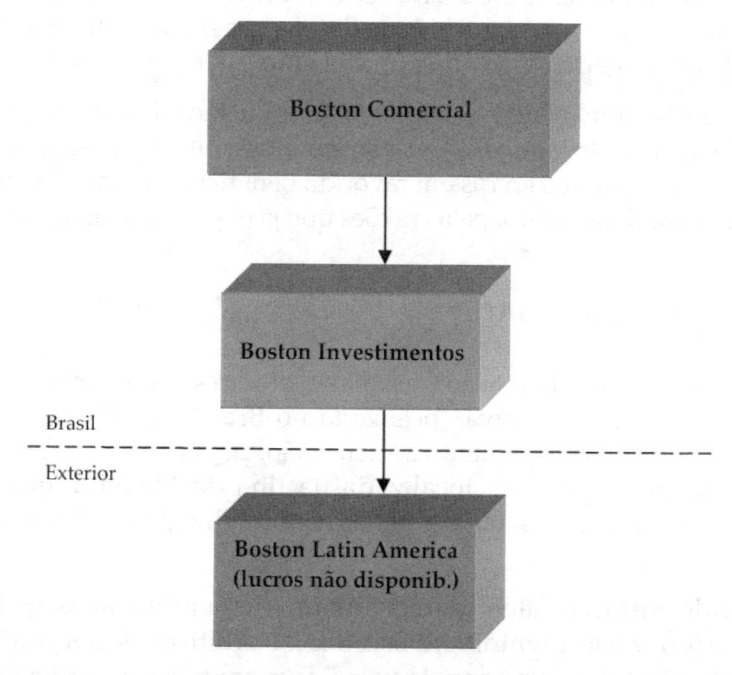

Brasil
- -
Exterior

Momento 2: Boston Comercial constitui a Boston Investimentos, dando em contribuição a participação que detém da Boston Latin America.

No caso em pauta, a fiscalização considerou a alienação do investimento como hipótese de disponibilização de lucro auferido no exterior por enquadramento de "emprego do valor (do lucro), em favor da beneficiária" a que se refere o art. 2º, § 2º, *b*, item 4, da Lei n. 9.532/97.

O CARF, entretanto, desconsiderou o entendimento da autoridade fiscal, alegando que o lucro da sociedade no exterior continua lhe pertencendo, não caracterizando a referida operação como "emprego do lucro, em favor da beneficiária", pois não houve qualquer ato jurídico que tenha resultado em sua transferência.

Em voto vencedor, o conselheiro Aloysio José Percínio da Silva destaca que "O lucro, cuja destinação permanece pendente de deliberação, não se incorpora, ao menos ainda, ao patrimônio da controladora. A alienação das quotas transfere ao adquirente os direitos sobre eventual 'disponibilização' futura, que será reconhecida na sua contabilidade e oferecida à tributação, se cabível, no momento da sua ocorrência".

Com seu atual brilho, o Conselheiro concluiu que "o fato indicado pela fiscalização é passível de tributação como simples alienação de participação societária, compondo o lucro real, mas não sob o regime de lucro obtido no exterior".

Assim, caso houvesse eventual ganho de capital à Boston Comercial na operação, tendo em vista que a participação na Boston Latin America não lhe pertence mais diretamente, este deveria ser computado na apuração do lucro real, mas isso não autorizaria a autoridade fiscal a considerar o lucro auferido pela sociedade estrangeira como "disponibilizado" para fins tributários.

No que pese a equivalência patrimonial já estar reconhecida no custo de aquisição do investimento, aqui o CARF não entendeu que sua alienação caracteriza a disponibilização dos lucros em favor da beneficiária. Esse, a nosso ver, é o entendimento mais acertado, pelas razões que já expusemos anteriormente.

5.2.3. Caso Ediva (Acórdão n. 103-22.451, de 24 de maio de 2006)

O caso Ediva foi semelhante ao Casablanc, porém seu julgamento seguiu rumo diverso. A sociedade Ediva, localizada no Brasil, decidiu reduzir seu capital, entregando como pagamento ao seu sócio, pessoa física, as ações que detinha na empresa Lightning, localizada na Ilha da Madeira, que havia auferido lucros, porém ainda não os havia disponibilizado no País para fins tributários.

No auto de infração, além de considerar disponibilizados os lucros auferidos do exterior pela Lightning, a fiscalização arbitrou-os, por considerar inidônea a documentação apresentada pela Ediva em relação ao prejuízo por ela auferido em 2001 (equivalência patrimonial negativa).

Vejamos, a seguir, a ilustração da operação do caso Ediva em dois momentos.

Figura 20

Momento 1: Sociedade controlada da Ediva registra lucro no exterior, sem considerá-los disponibilizados.

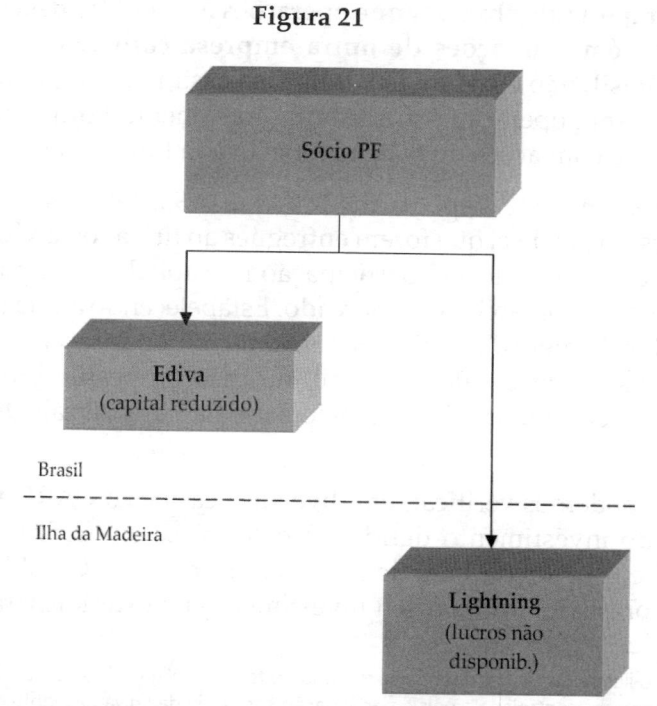

Figura 21

Redução de capital da Ediva, dando as ações da Lightning ao sócio, pessoa física.

No julgamento do caso, o conselheiro relator Alexandre Barbosa Jaguaribe entendeu que a transferência das ações detidas no exterior a título de devolução de capital, efetuada pelo mesmo valor contabilmente registrado, não caracterizou a "entrega em favor da beneficiária" a que se refere o art. 2º, § 2º, b, item 4, da Lei n. 9.532/97. Isso porque esse dispositivo legal se aplica somente nos casos em que "a sociedade controlada estrangeira — ela mesma, agindo em nome próprio, utiliza os lucros gerados no exterior em favor da beneficiária — controladora brasileira".

O Relator prossegue em seu voto vencedor, afirmando que, no caso:

> (...) foi a controlada, ora recorrente, quem devolveu ao sócio, pelo mesmo valor contábil, pelo seu capital investido, toda participação societária detida na sua controlada. É transparente que a controlada não empregou esses lucros em lugar nenhum, até porque a operação de redução de capital não envolve lucros e sim participação societária. **Além do mais, os lucros da controlada continuam a figurar em seu balanço, em suspenso.**

Em seu voto, o Conselheiro relator faz também uma comparação com o tratamento tributário dado à redução de capital no Brasil quando envolvidas sociedades estrangeiras:

> A redução de capital é uma operação societária normal e corriqueira. **Importante observar que operações nos moldes desta ora analisada, porém com ações de outra empresa coligada,**[228] **localizada no Brasil, não ensejam a tributação.** Assim, não vejo razão para que a mesma operação sofra tributação somente porque o pagamento é feito com ações de coligada localizada fora do território nacional.

De fato, conforme dispõe o art. 22 da Lei n. 9.249/95, os bens e direitos do ativo da pessoa jurídica, que forem entregues ao titular ou a sócio ou acionista a título de devolução de sua participação no capital social, poderão ser avaliados pelo valor contábil ou de mercado. Estabelecendo ainda que a diferença entre o valor de mercado e o valor constante da declaração de bens, no caso de pessoa física, ou o valor contábil, no caso de pessoa jurídica, não será computada, pelo titular, sócio ou acionista, na base de cálculo do IRPJ e da CSLL.

Como podemos verificar, em diversas ocasiões o CARF entendeu que a alienação do investimento detido no exterior se enquadra no conceito de "emprego em favor da beneficiária", como no caso Casablanc, em que a sociedade brasileira utilizou seu investimento no exterior para quitar dívida

---

(228) Embora o ilustre Conselheiro tenha se referido ao termo "coligada", os dados do caso demonstram tratar-se de empresa "controlada", pois a participação societária da Ediva na Lightning, a partir de 2001, era de 100%.

que possuía com seu sócio decorrente de distrato de adiantamento para futuro aumento de capital, incluindo-se nesse investimento o lucro da sociedade estrangeira já reconhecido no Brasil pelo critério da equivalência patrimonial.

No caso Ediva (assim como no Boston), a participação societária detida no exterior, incluindo-se os lucros, foi dada como forma de a sociedade brasileira quitar obrigação com seu sócio em decorrência de redução de capital, razão pela qual constatamos substancial semelhança entre os casos, o que não justificaria a adoção de dois entendimentos diferentes por parte da mesma Instituição.

Nos mesmos termos que expusemos no caso Refratec, a nosso ver, o entendimento mais acertado foi o adotado nos casos Ediva e Boston, pois o emprego dos lucros auferidos no exterior continua à disposição de seu titular, e, como ainda não foram distribuídos aos seus acionistas, podem até mesmo deixar de existir, caso sejam consumidos por prejuízos futuros ou simplesmente não deliberados para que sejam utilizados em investimentos da sociedade em momento futuro.

Nesse mesmo sentido, conclui Roberto Duque Estrada sobre o caso Ediva: "Não poderia ser mais precisa a análise do Relator, ao confirmar que o conceito de emprego não tem essa vocação abrangente e ampliativa, devolvendo-o ao seu devido lugar de simples modalidade de pagamento de lucro".[229]

5.2.4. Caso Safra (Acórdão n. 101-96.652, de 16 de abril de 2008)

O caso Safra também envolveu o conceito de "emprego em favor da beneficiária" previsto na Lei n. 9.532/97. Além de questões pontuais referentes à decadência, à data a ser considerada na utilização da taxa de câmbio e à tributação da variação cambial, o Conselho analisou a implicação da alienação pelo Banco Safra, da totalidade de suas quotas na empresa Geizer Limited para a empresa Sociedade de Empreendimentos, Publicidade e Participações — SODEPA.

Em seu voto vencedor, a conselheira relatora Sandra Faroni novamente traz à baila seu entendimento de que a alienação, por empresa brasileira (no caso venda), de participação societária detida no exterior caracteriza o emprego de lucros em favor da beneficiária, previsto no art. 2º, § 2º, b, item 4, da Lei n. 9.532/97.

A Conselheira relata também que, como o lucro da sociedade estrangeira já se encontrava refletido no patrimônio líquido de sua investidora no Brasil,

---

(229) ESTRADA, Roberto Duque. Tributação dos lucros de controladas e coligadas no exterior. A interpretação do conceito de "emprego" do art. 1º, § 2º, b, "4" da Lei n. 9.532/97. Análise da jurisprudência do CARF sobre a matéria. *Revista de Direito Tributário Internacional*, v. 9, p. 198.

através do cálculo da equivalência patrimonial, na posterior alienação desse investimento a terceiros, "é obvio que a investidora dispôs dos lucros que auferiu através da coligada no exterior".

No que pese a legislação prever como hipótese de disponibilização o emprego dos lucros, pela sociedade estrangeira, em favor de sua investida (beneficiária), o entendimento do CARF abrange os casos em que o emprego foi feito pela própria beneficiária (e não pela sociedade estrangeira "em favor de").

Sobre a tributação da variação cambial do investimento, o CARF mais uma vez a afastou, mantendo seu entendimento já adotado em casos anteriores de que não há previsão legal para tal tributação, tendo o Poder Executivo, inclusive, vetado tal tributação quando teve a oportunidade de sancionar a Medida Provisória n. 135/03 (art. 46).

5.2.5. CASO TRAFFIC (ACÓRDÃO N. 103-23.465, DE 28 DE MAIO DE 2008)

O caso Traffic também envolveu o conceito de emprego dos lucros auferidos no exterior em favor da beneficiária brasileira, porém com uma questão adicional bastante controvertida: o critério de apuração do lucro da sociedade investida domiciliada no exterior.

Em síntese, a Traffic foi autuada por não disponibilizar os lucros auferidos por meio de sua sociedade investida — a T&T, localizada nas Ilhas Cayman — na qual detinha 50% de participação no ano de 2001.

No que pese a T&T ter apurado um prejuízo (acumulado em 2001) de aproximadamente US$ 7,1 milhões, as autoridades fiscais brasileiras recompuseram tal resultado, considerando indedutíveis as baixa no recebimento de créditos realizadas pela T&T, chegando-se a um lucro de US$ 47,6 milhões (acumulado no mesmo período).

Na prática, a Fiscalização glosou uma redução de US$ 54,7 milhões do resultado da T&T, que se referia exclusivamente à baixa de créditos considerados incobráveis, o que mudou significativamente o valor oferecido à tributação no Brasil.

Como fundamento da autuação, a Fiscalização invocou o art. 25, § 2º, I, da Lei n. 9.249/95, que determina que os lucros auferidos por filiais, sucursais ou controladas, no exterior, de pessoas jurídicas domiciliadas no Brasil serão computados na apuração do lucro real com observância do seguinte: "I — as filiais, sucursais e controladas deverão demonstrar a apuração dos lucros que auferirem em cada um de seus exercícios fiscais, **segundo as normas da legislação brasileira**".

Como as regras de dedutibilidade da legislação **tributária** brasileira não permitiriam a baixa de tais créditos,[230] a Fiscalização então também os considerou indedutíveis no balanço da T&T (em Cayman) para fins de tributação desses resultados no Brasil através de sua até então investidora.

Em sua defesa, a Traffic alegou que havia observado os princípios contábeis da prudência e do conservadorismo e que a legislação brasileira determina apenas a obrigação de a empresa controlada ou coligada domiciliada no exterior fazer uso da legislação **comercial** brasileira na hipótese de ausência de regras contábeis locais, e em nenhum momento as obriga a aplicar as regras **tributárias** brasileiras.

Sob a relatoria do conselheiro Antonio Bezerra Neto, o CARF então inicia o julgamento do caso reconhecendo que a determinação do art. 25, § 2º, I, da Lei n. 9.249/95, de que as sociedades controladas ou coligadas "deverão demonstrar a apuração dos lucros que auferirem em cada um de seus exercícios fiscais, segundo as normas da legislação brasileira", é genérica, porém não deixa dúvidas de que a legislação a ser observada deve ser **tanto a comercial quanto a tributária**, aplicando-se o antigo brocardo de que "não cabe ao intérprete distinguir onde o legislador não o fez".

Em seguida o CARF sustentou que há também perfeita harmonia entre as legislações comercial e tributária brasileiras, que adotam o critério de perdas efetivas (e não prováveis) para o reconhecimento de perda no recebimento de créditos. Porém, no caso em análise, a dedução efetuada da ordem de US$ 54 milhões extrapolou a razoabilidade da aplicação do princípio da prudência, não somente pelos valores envolvidos, mas também pela falta de provas de que tais créditos seriam de fato totalmente incobráveis.

Sobre o alcance da expressão "emprego em favor da beneficiária", o Conselheiro entendeu que a operação de alienação em questão nela se enquadra basicamente pelas seguintes razões: (i) a Lei n. 9.532/97 criou espécies que devem prevalecer sobre o gênero (princípio da especialidade), não se aplicando o argumento da Traffic de que a lei não previu expressamente a alienação como forma de presunção da disponibilização (como fazia a Instrução Normativa SRF n. 213/02); e (ii) não obstante a Lei n. 9.532/97 se refira ao termo "emprego em favor da beneficiária" para descrever conduta da sociedade investida no exterior, nada impede que este emprego também seja feito pela sua investidora no Brasil.

---

(230) No Brasil, de acordo com a Lei n. 9.430/96, art. 9º, um valor tão significante como esse somente poderia ser deduzido como perda se: (i) houvesse sido declarada a insolvência, falência ou concordata do devedor, em sentença emanada do Poder Judiciário e observando-se determinadas condições; ou (ii) no caso de crédito concedido sem garantia, houvesse vencido há mais de um ano, desde que iniciados e mantidos os procedimentos judiciais para o seu recebimento; ou ainda (iii) se o crédito fosse concedido com garantia, somente quando decorridos mais de dois anos, desde que iniciados e mantidos os procedimentos judiciais para o seu recebimento ou o arresto das garantias.

Então novamente fazendo menção ao fato de que o lucro da sociedade estrangeira já se encontrava refletido no patrimônio da empresa brasileira que nela participava — e que tal valor foi levado em conta para se apurar o valor da operação —, o CARF entendeu que a disponibilização de que trata a lei é o uso dos lucros auferidos no exterior, para quaisquer fins, e isso implica uma utilização tanto direta como indireta dos mesmos, sendo claro que a investidora dispôs dos lucros de sua coligada no exterior ao aliená-lo.

Em relação à aplicação da legislação **tributária** brasileira aos lucros apurados no exterior considerados disponibilizados pela Traffic, entendemos que o CARF, nesse caso, deu maior abrangência ao disposto no art. 25 da Lei n. 9.249/97 ao estabelecer que "as filiais, sucursais e controladas deverão **demonstrar** a apuração dos lucros que auferirem em cada um de seus exercícios fiscais, **segundo as normas da legislação brasileira**". Nada na legislação faz se entender que a Lei n. 9.249/95 se referia à legislação tributária (independentemente de a operação subjacente do caso Traffic ter sido razoável, ou de terem sido apresentadas provas condizentes ou não), de modo que a sociedade brasileira estivesse obrigada a apurar — para fins tributários — o lucro de sua investida (ao invés de apenas demonstrá-lo).

Neste sentido, vale lembrar que a Lei n. 9.249 é de 1995, e já em 1996 a Secretaria da Receita Federal havia emitido para sua regulamentação a Instrução Normativa n. 38/96, estabelecendo em seu art. 10, §§ 1º e 2º, que as demonstrações contábeis da controlada ou coligada deveriam ser elaboradas com observância dos "princípios contábeis geralmente aceitos, segundo as normas da legislação brasileira", devendo as contas e subcontas serem classificadas "segundo as normas da **legislação comercial brasileira**".

A Instrução Normativa SRF n. 213/02 também manteve os dispositivos contábeis da Instrução Normativa SRF n. 38/96, estabelecendo em seu art. 6º também que "as demonstrações financeiras das filiais, sucursais, controladas ou coligadas, no exterior, serão elaboradas segundo as **normas da legislação comercial** do país de seu domicílio". E somente nos casos de inexistência de normas expressas que regulem a elaboração de demonstrações financeiras no país de domicílio da sociedade estrangeira é que tais demonstrações deveriam ser elaboradas com observância dos princípios contábeis geralmente aceitos, segundo as normas da legislação brasileira.[231] Ou seja, a própria Receita Federal do Brasil reconhece que somente deve ser observada a legislação comercial para elaboração das demonstrações contábeis no exterior, não havendo menção na lei à legislação tributária, conforme interpretação extensiva do Conselheiro.[232]

---

(231) Instrução Normativa SRF n. 213/02, art. 1º, § 6º.
(232) Também o art. 11 da Lei de Introdução ao Código Civil (LICC, aprovada pelo Decreto-Lei n. 4.657/42) estabelece que "as organizações destinadas a fins de interesse coletivo, como as sociedades e as fundações, obedecem à lei do Estado em que se constituírem", de modo que não pode a legislação

Ora, se assim fosse, estariam os contribuintes brasileiros em situação de completa perplexidade, devendo verificar com detalhes conta por conta de sua sociedade investida no exterior, e fazer uma nova apuração de imposto de renda para o reconhecimento do resultado no Brasil, o que seria até contrário à previsão legal de considerar o lucro no exterior antes dos impostos. E se a legislação estrangeira prevê determinado incentivo fiscal diferentemente da legislação brasileira (que também possui os seus diversos incentivos para cálculo do Imposto de Renda), o que deveria o contribuinte fazer? Desconsiderar a legislação estrangeira e aplicar a legislação brasileira? Adicionar todas as provisões no balanço da empresa estrangeira? Deduzir gastos com pesquisa e desenvolvimento tecnológico? Abater ali despesas com alimentação de trabalhadores e incentivos à cultura? Então o lucro auferido pela subsidiária no exterior que se refira à equivalência patrimonial de suas controladas indiretas também não será tributado no Brasil? E se o contribuinte estrangeiro fez determinada operação porque na legislação tributária local lhe era permitido? Devemos desconsiderar isso agora? Teria ele que observar duas legislações ao mesmo tempo para exercer suas atividades naquele país? Tudo isso não teria o menor sentido.

Da mesma forma, ao se disponibilizar o lucro apurado no exterior, a legislação brasileira não permite que o contribuinte efetue "exclusões"[233] de sua base de cálculo de imposto de renda no Brasil, porque, se assim fosse, a empresa cuja subsidiária estrangeira auferisse receitas referentes a dividendos, equivalência patrimonial, reversão de provisões etc. deveria também ter o direito de excluí-las de sua base tributável que é reconhecida no Brasil.

Na nossa opinião, o que o art. 25, § 2º, I, da Lei n. 9.249/95 estabelece é a obrigatoriedade de o contribuinte demonstrar, apresentar, o resultado de sua sociedade investida no exterior de acordo com os critérios e padrões da legislação comercial brasileira, que atualmente estão previstos no art. 187 da Lei das S.A. O que faz todo sentido, porque não poderia a fiscalização tributária, ou até mesmo regulatória (ex.: Bacen, CVM etc.), investidores e credores em geral da multinacional brasileira ter que analisar e interpretar diferentes formas de demonstração financeira, a depender do país em que a sociedade atua. Muito mais correto que o resultado das sociedades estrangeiras esteja padronizado em sua controladora brasileira.

De acordo com o art. 187 da Lei das S.A., com a redação que lhe deu a Lei n. 11.941/09:

Art. 187. A demonstração do resultado do exercício discriminará:

---

tributária brasileira obrigar a sociedade estrangeira a apurar seu lucro de acordo com outras regras que não as suas.
(233) Isto é, excluir da base tributável receitas auferidas no exterior que não são tributadas no Brasil.

I — a receita bruta das vendas e serviços, as deduções das vendas, os abatimentos e os impostos;

II — a receita líquida das vendas e serviços, o custo das mercadorias e serviços vendidos e o lucro bruto;

III — as despesas com as vendas, as despesas financeiras, deduzidas das receitas, as despesas gerais e administrativas, e outras despesas operacionais;

IV — o lucro ou prejuízo operacional, as outras receitas e as outras despesas;

V — o resultado do exercício antes do Imposto sobre a Renda e a provisão para o imposto;

VI — as participações de debêntures, empregados, administradores e partes beneficiárias, mesmo na forma de instrumentos financeiros, e de instituições ou fundos de assistência ou previdência de empregados, que não se caracterizem como despesa;

VII — o lucro ou prejuízo líquido do exercício e o seu montante por ação do capital social.

Pois bem. São esses, a nosso ver, os padrões que a sociedade brasileira deve observar para **demonstrar** à Fiscalização o resultado de suas controladas, filiais e sucursais.[234]

Nesse mesmo sentido é a linha de raciocínio de Marco Antônio Gomes Behrndt e Diana Piatti de Barros Lobo, ao afirmarem que:

> Assim, ao prescrever a norma do inciso I, § 2º do art. 25 da Lei n. 9.249/95, o que o legislador impôs ao contribuinte, em nossa opinião, foi a **obrigação de apresentar** ao Fisco brasileiro o lucro auferido no exterior e, consequentemente, os seus valores positivos e negativos, de acordo com a regra brasileira, isto é, obrigação de **expor**, segundo as normas brasileiras, o lucro calculado consoante as normas do seu país de domicílio.
>
> Trata-se, assim, de uma **obrigação formal**, referente à exposição do resultado apurado, que deve ser feita conforme os termos do art. 187 da Lei das Sociedades Anônimas, **e não a uma obrigação de quantificar o resultado da empresa estrangeira segundo as normas da legislação interna.** (grifos nossos)

Ou seja, também na visão desses autores a obrigação prevista no inciso I do § 2º do art. 25 da Lei n. 9.249/95 é de se demonstrar o lucro da sociedade estrangeira, e não de apurar.

---

(234) Obviamente seguindo também Normas Brasileiras de Contabilidade, emitidas pelo Conselho Federal de Contabilidade.

Quanto à alienação de participação societária detida no exterior ser considerada "emprego dos lucros em favor da beneficiária", gerando por conseguinte a caracterização de pagamento — hipótese de disponibilização presumida prevista na Lei n. 9.532/97 —, reforçamos mais uma vez nosso entendimento de que tal operação em hipótese alguma caracteriza o emprego dos lucros pela sociedade controlada ou coligada em favor de sua investidora, conforme previsto na lei. Conforme dissemos antes, a nosso ver, essa operação poderia ser tributada eventualmente como ganho de capital, mas não como hipótese de pagamento de lucros por meio de seu emprego em favor da beneficiária brasileira.

5.2.6. CASO MARCOPOLO (ACÓRDÃO N. 105-17.084, DE 25 DE JUNHO DE 2008)

O caso Marcopolo foi amplamente divulgado pela mídia, e, sob o ponto de vista jurídico, chamou a atenção porque envolveu a tributação de lucros auferidos no exterior pelas suas controladas não com fundamento nas regras de disponibilização previstas na Medida Provisória n. 2.158-35/01 e legislação anterior, mas pela identificação de omissão de receitas por parte da fiscalização.

Assim, embora o fundamento da autuação fiscal tenha sido adverso do tema tratado no presente estudo, entendemos oportuno comentar o caso devido à sua relação com o tema "lucros no exterior". Vejamos os fatos.

De acordo com o relatório contido no acórdão, a empresa constituiu duas *tradings* no exterior: uma no Uruguai (MIC) e outra nas Ilhas Virgens Britânicas (Ilmot). Suas exportações então passaram a ser intermediadas por essas empresas (MIC e Ilmot), que, ao adquirir as mercadorias da Marcopolo, efetuavam a sua revenda aos clientes finais.

A fiscalização identificou que as mercadorias eram remetidas diretamente aos clientes finais e que o preço de mercado era de fato praticado pelas empresas MIC e Ilmot, e não pela Marcopolo, embora esta atendesse às regras de controle de preços de transferência (PT) em vigor.

A situação do caso Marcopolo é ilustrada na figura a seguir.

Figura 22

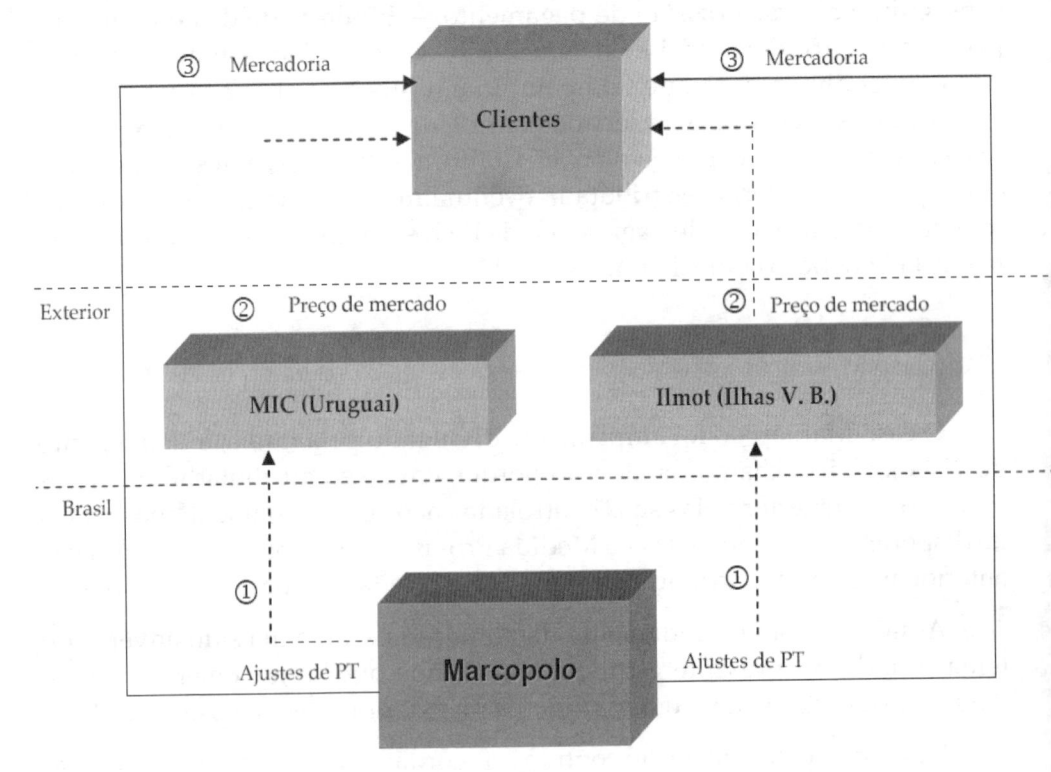

Marcopolo: constituição de duas *tradings* que passam a intermediar suas exportações.

Operação 1: Marcopolo vende seus produtos às suas subsidiárias, por preço abaixo do preço de mercado, e efetua ajustes em sua base de IRPJ e CSLL para atender à legislação dos preços de transferência (PT).
Operação 2: As subsidiárias MIC e Ilmot revendem os produtos adquiridos aos clientes da Marcopolo pelos seus respectivos valores de mercado.
Operação 3: Marcopolo entrega os produtos diretamente aos seus clientes.

Com base nesses fatos, a fiscalização alcançou os lucros no exterior não pelo mecanismo de disponibilização de lucros auferidos no exterior, e sim com fundamento na "omissão de receitas".[235] Isto é, tendo em vista que as empresas constituídas no exterior não passaram de meras estruturas artificiais (na visão da fiscalização) para represar no exterior o lucro que seria auferido no Brasil, a fiscalização considerou que a receita auferida pelas empresas no

---

(235) De acordo com o RIR/99, art. 288: "Verificada a omissão de receita, a autoridade determinará o valor do imposto e do adicional a serem lançados de acordo com o regime de tributação a que estiver submetida a pessoa jurídica no período de apuração a que corresponder a omissão".

Uruguai e Ilhas Virgens Britânicas eram na verdade receitas da própria Marcopolo, que haviam sido artificialmente transferidas para o exterior.

Durante o processo fiscalizatório, as autoridades fiscais constataram que as empresas *off-shore* (MIC e Ilmot) não tinham um corpo operacional efetivo, e que até mesmo as despesas de energia elétrica, aluguel e telefone eram registradas em nome de outras empresas que não as *off-shore* da Marcopolo.

Por essa razão, nem sequer as despesas incorridas no exterior pelas sociedades MIC e Ilmot foram admitidas como dedutíveis pela Fiscalização, pois foram consideradas não comprovadas.

Polêmico trecho do Auto de Infração, destacado no próprio relatório do relator Wilson Fernandes Guimarães, foi o referente às empresas *off-shore*. No tocante à MIC, situada nas Ilhas Virgens Britânicas, em que a Fiscalização destaca como paraíso fiscal onde há mais empresas do que pessoas, comparando-a com a cidade onde está localizada a sede da Marcopolo (Caxias do Sul), transcrevemos a seguir o teor do texto:

> Situada nas Ilhas Virgens Britânicas — paraíso fiscal onde é prometido sigilo e não há cobrança de impostos sobre a renda de empresas estrangeiras; onde estariam registradas mais de 600.000 empresas, em país com área de 153 km^2 e população de 23 mil habitantes (a título de comparação, a Receita Federal registraria em Caxias do Sul a existência de 34.500 empresas ativas regulares, sejam matrizes ou filiais, em município de 400 mil habitantes e área de 1.644 km^2); e onde há grande quantidade de firmas que oferecem serviços de criação de *off-shores*, tais como a sucursal de empresa panamenha, Sucre & Sucre Trust Ltd.

Também em relação à empresa Ilmot, localizada no Uruguai sob a forma de *Sociedad Anonima Financeira de Inversión* — Safi, a Fiscalização destacou, além dos benefícios fiscais existentes, o fato de que nenhuma despesa da empresa foi devidamente comprovada, e os documentos apresentados evidenciaram que estas foram incorridas em nome de terceiros. É o seguinte o teor do texto:

> A Ilmot foi criada no Uruguai, onde as sociedades anônimas financeiras de investimentos (Safi) gozam de tratamento fiscal privilegiado. Sendo solicitadas faturas de energia elétrica e de serviços telefônicos de 2000 para justificar a existência da empresa, foram apresentados documentos de 2006, onde consta a empresa KPMG Uruguay como usuária dos serviços (fls. 409/411), esta que, segundo a autuada, seria locadora o espaço para Consadi Asociados Asesoramiento Empresarial (...).

Por fim, o acórdão do CARF,[236] corroborando o entendimento da 1ª Turma da DRJ de Porto Alegre, conclui que houve prática de dissimulação pelo contribuinte, com o único fim de omitir receitas ao Fisco brasileiro, nos seguintes termos:

> As declarações de vontade de mera aparência, reveladoras da prática de ato simulado, uma vez afastadas, fazem emergir os atos que se buscou dissimular. No caso vertente, em que a contribuinte construiu de forma artificiosa operações de exportação para empresas sediadas em países que adotam tratamento fiscal favorecido, o abandono da intermediação inexistente impõe a tributação das receitas omitidas, resultante da diferença entre o montante efetivamente pago pelo destinatário final e o apropriado contabilmente pela fornecedora do produto.

Ana Lúcia Castagnari Marra e Henrique de Freitas Munia e Erbolato, em interessante estudo intitulado "Substância de Controladas no Exterior e a Jurisprudência Recente do Conselho de Contribuintes", enumeram os principais fatores que levaram as autoridades fiscais a identificar a ocorrência de simulação no Acórdão n. 105-17.084 (caso Marcopolo), vejamos:[237]

> i. as faturas de energia elétrica e de serviços de telefonia apresentadas para comprovar o uso desses serviços pelas controladas no Uruguai e em BVI estavam em nome de terceiros ou faziam referência ao endereço de terceiros e não havia documentação que explicasse a relação entre as controladas e tais terceiros;
>
> ii. a fatura de serviços de telefonia relativa à controlada no Uruguai não continha registro de chamadas telefônicas para a Empresa ou para os clientes internacionais, revelando reduzida quantidade de ligações internacionais;
>
> iii. as informações sobre a localização da controlada em BVI não eram precisas;
>
> iv. as controladas no Uruguai e em BVI não possuíam sítio na internet;
>
> v. o faturamento anual da controla em BVI era elevado em comparação com suas despesas com salários, que era limitada apenas aos pagamentos feitos a quatro sociosgerentes da Empresa;
>
> vi. todos os documentos das controladas no Uruguai e em BVI eram emitidos na sede da empresa no Brasil e assinalados por seus funcionários na qualidade de mandatários das controladas no exterior sem que esses recebessem qualquer remuneração delas;
>
> vii. as faturas comerciais das controladas no Uruguai e em BVI apresentavam grande semelhança com as faturas emitidas pela empresa;

---

(236) Processo n. 11020.004103/2006-21, julgado na sessão de 25 de junho de 2008.
(237) Os autores se referem nesse texto à Marcopolo como "Empresa" e às Ilhas Virgens Britânicas como "BVI" (*British Virgin Islands*).

viii. não existiam contratos de venda das controladas no Uguguai e em BVI com clientes internacionais, muito embora tais empresas tivessem realizado vendas em valores expressivos; e

ix. os serviços de assistência técnica aos clientes internacionais eram fornecidos efetivamente pela Empresa, apesar de seu fornecimento caber, contratualmente, às controladas no Uruguai e em BVI.[238]

Por essas razões, a Fiscalização desconsiderou as vendas realizadas pelas sociedades controladas e as considerou, para fins tributários, como realizadas diretamente pela própria Marcopolo. Com efeito, verificamos cada vez mais presente o entendimento da Fiscalização e do próprio CARF, de que as operações e estruturas desenvolvidas pelos contribuintes somente têm validade para fins tributários quando eivadas de substância econômica, de modo que não fique caracterizado que tal operação/estrutura foi criada artificialmente com o único fim de evitar o pagamento de impostos.[239]

Em relação ao argumento de que as transações no Brasil estavam em consonância com as regras brasileiras sobre preço de transferência, o Conselho considerou isso mera "sofisticação do planejamento tributário". Conforme foi relatado no Acórdão, a fiscalização constatou que "a adequação ao mecanismo dos preços de transferência seria utilizada pela contribuinte como componente da simulação, fortalecendo a aparência de legalidade das operações". O que o CARF confirmou ao afirmar:

> Assim, as verificações empreendidas pela Fiscalização não são incompatíveis com a eventual adequação dos preços praticados pela contribuinte com suas controladas às regras de preços de transferência, eis que, enquanto tais regras operam no campo presuntivo, no caso vertente cuidou a autoridade fiscal de reunir elementos que possibilitassem apurar o efetivo subfaturamento.

Entendemos, no entanto, que os ajustes de preços de transferência realizados nas operações praticadas entre a Marcopolo e as suas sociedades controladas no exterior deveriam ser excluídos das "receitas omitidas" adicionadas às bases de cálculo do IRPJ e CSLL por força do Auto de Infração da Marcopolo.

---

(238) Vários autores. *Revista de Direito Tributário Internacional,* São Paulo: Quartier Latin, ano 5, n. 13, p. 14-15, 2009.

(239) Importante mencionar que a Secretaria da Receita Federal, como forma de disciplinar o procedimento especial de verificação da origem dos recursos aplicados em operações de comércio exterior e combate à interposição fraudulenta de pessoas, criou por meio da Instrução Normativa n. 228/02 o procedimento especial de fiscalização para as empresas que revelarem indícios de incompatibilidade entre os volumes transacionados no comércio exterior e a capacidade econômica e financeira evidenciada. Na referida Instrução Normativa, é prevista uma série de procedimentos para se verificar a real substância das sociedades no exterior com a qual a empresa brasileira realiza operações, cabendo à empresa fiscalizada comprovar: (i) o seu efetivo funcionamento e a condição de real adquirente ou vendedor das mercadorias, mediante o comparecimento de sócio com poder de gerência ou diretor, acompanhado da pessoa responsável pelas transações internacionais e comerciais; e (ii) a origem lícita, a disponibilidade e a efetiva transferência, se for o caso, dos recursos necessários à prática das operações.

Nesse caso, assim como na hipótese de disponibilização de lucros auferidos no exterior, pelos mesmos argumentos sustentados no tópico 2.3 ("Tributação de lucros auferidos no exterior e o controle dos preços de transferência"), a tributação de uma mesma receita, pelos mesmos tributos, com tratamentos distintos (nesse caso, omissão de receitas e controle dos preços de transferência) implica uma bitributação econômica, ferindo diversos preceitos constitucionais, como o princípio da isonomia e da capacidade contributiva, entre outros.

Ainda, por caracterizar a ocorrência de dolo, fraude ou simulação, a teor do § 4º do art. 150 do CTN,[240] o Acórdão em referência desconsidera o período decadencial de cinco anos contados da data do lançamento do crédito tributário — lançamento por homologação — para alcançar os fatos geradores a partir do primeiro dia do exercício seguinte àquele em que o lançamento poderia ter sido efetuado,[241] aplicando também multa de ofício qualificada de 150%.[242]

Por fim, cumpre-nos mencionar que os comentários e descrições feitos aqui sobre o caso Marcopolo foram feitos baseados no acórdão do caso, proferido pelo CARF e disponibilizado em sua página da internet. Uma análise mais aprofundada do caso requereria um acompanhamento mais efetivo do procedimento fiscal e acesso aos autos. Assim, não podemos opinar com propriedade sobre o fato de a estrutura utilizada ter sido ou não realmente artificial.

Na defesa da Marcolopo são trazidos diversos fatores não considerados pela fiscalização, como o fato de as empresas brasileira e *off-shore* trabalharem com prazos de pagamentos diferentes, riscos diferentes (variação cambial, garantias etc.), além de também executarem cada uma suas atividades próprias, conforme devidamente mencionado pelo conselheiro Alexandre Antônio Alkmim Teixeira, em seu voto vencido:

> O mesmo se diga com relação à consideração das despesas das empresas MIC e ILMOT na formação do lucro tributável. Na verdade, o auto de infração desconsiderou *parcialmente* os negócios da Recorrente com as suas subsidiárias: se por um lado, imputou como rendimento da empresa residente o resultado das vendas das

---

(240) CTN, art. 150: "O lançamento por homologação, que ocorre quanto aos tributos cuja legislação atribua ao sujeito passivo o dever de antecipar o pagamento sem prévio exame da autoridade administrativa, opera-se pelo ato em que a referida autoridade, tomando conhecimento da atividade assim exercida pelo obrigado, expressamente a homologa. (...) § 4º Se a lei não fixar prazo a homologação, será ele de cinco anos, a contar da ocorrência do fato gerador; expirado esse prazo sem que a Fazenda Pública se tenha pronunciado, considera-se homologado o lançamento e definitivamente extinto o crédito, *salvo se comprovada a ocorrência de dolo, fraude ou simulação*". (grifos nossos)
(241) Conforme art. 173, I, do mesmo diploma legal (Código Tributário Nacional).
(242) Conforme inciso II do art. 44 da Lei n. 9.430/96.

subsidiárias estrangeiras; por outro não levou em consideração as despesas dedutíveis que estas empresas registravam em sua contabilidade.

Conforme satisfatoriamente demonstrado pela Recorrente, as subsidiárias MIC e ILMOT, além da intermediação dos negócios na condição de *trading companies*, também prestavam serviços auxiliares e de pós-venda dos produtos da Recorrente, como, por exemplo, fornecimento de garantia, pagamento de comissão a vendedores finais, etc. Se a Fiscalização pretendia integrar as receitas das subsidiárias na formação do lucro tributável da Recorrente, os referidos custos também deveriam, necessariamente, ser considerados, sob pena de se tributar "receita" como se fosse "renda" da pessoa jurídica.

Assim, embora o julgamento do caso Marcopolo seja controvertido, entendemos que esse caso é um bom exemplo para se demonstrar que quando a RFB entende que há abuso do contribuinte, ela se vale de uma série de regras que lhe permitem desconsiderar a estrutura ou a operação praticada, de modo que fica evidente que não precisaríamos no Brasil de uma regra "CFC" tão nociva quanto a que temos hoje. Se a intenção do governo é punir as empresas que evitam o pagamento de tributos de forma abusiva ou ilegítima (que, ao que nos pareceu, pode não ter de fato acontecido no caso Marcopolo), então que se puna essas empresas através de uma análise qualificada feita caso a caso, não punindo todos os contribuintes de forma generalizada.

Capítulo 6

Panorama Internacional — Breve Comparativo entre as Regras Brasileiras e as Regras de outros Países

Como forma de enriquecer o presente estudo, efetuamos uma breve pesquisa acerca da legislação de alguns países sobre a tributação de Sociedade Estrangeira Controlada — SEC, também conhecida internacionalmente como regras "CFC" (do inglês *Controlled Foreign Corporations*), dando especial ênfase às regras tributárias da Alemanha, do Reino Unido e da França, em seu contexto da Comunidade Europeia. Também analisamos as regras "CFC" do Japão e Estados Unidos.

Antes de ingressarmos na análise das regras "CFC" de outros países, cumpre-nos tecer um breve relato sobre a origem e o objetivo dessas regras no plano internacional.

Antes de mais nada, é oportuno ressaltar que as regras "CFC" surgiram em um contexto em que determinados países identificaram que alguns de seus contribuintes estavam alocando lucros no exterior — geralmente em países com condições de tributação mais favoráveis —, e que, na maioria dos casos, esses lucros advinham de atividades "passivas", isto é, sem relação ao efetivo exercício de uma atividade empresarial, muitas vezes ligada à percepção de juros de aplicações financeiras ou empréstimos, *royalties*, dividendos etc.

Assim, as regras "CFC" foram criadas e são internacionalmente aplicadas, na maior parte dos casos, como forma de evitar a postergação ou o não pagamento de tributos em razão de vantagens fiscais oferecidas por outros países em condições desiguais, sobretudo nos casos em que os rendimentos auferidos não são oriundos propriamente de uma atividade empresarial efetiva.

Clóvis Panzarini Filho e Raffaele Russo ensinam que:

> A possibilidade de diferir o imposto de renda encoraja residentes a realocar (acumular) rendimentos, preferencialmente os chamados "rendimentos passivos", a pessoas jurídicas localizadas no exterior, especialmente em paraísos fiscais, ao invés de repatriá-los. Tal prática violaria os princípios fundamentais da isonomia e da neutralidade na exportação de capital, sobre os quais a tributação em bases universais baseia-se.[243]

De fato, pelo princípio da neutralidade tributária, a carga tributária de um país não deve influenciar decisões empresariais, isto é, um empresário não deve decidir atuar em determinado país unicamente por razões tributárias, sob pena de macular a igualdade de tratamentos tributários entre os países. Investidores exportadores de capital devem, em princípio, estar sujeitos à mesma carga tributária efetiva tanto em seu país de residência quanto no exterior, de maneira tal que sua decisão de onde investir/atuar seja fiscalmente neutra. Por essa razão, a opção de determinados contribuintes de um país de atuar em países com condições tributárias favoráveis — em geral não atuando "ativamente" —, deixando de oferecer à tributação rendimentos auferidos no exterior, é que fez surgirem em âmbito internacional as regras "CFC".

Clóvis Panzarini Filho e Raffaele Russo relatam que as regras "CFC" originariamente surgiram nos Estados Unidos, em 1962, por meio das chamadas regras *Subpart F*, embora o país já possuísse desde 1937 essas regras para empresas *holdings* pessoais.[244]

De acordo com ambos os autores:

> O conceito introduzido pela legislação tributária norte-americana tardou um pouco em ser seguido por outros países: somente 10 anos depois, em 1972, Canadá e Alemanha adotaram suas próprias regras de CFC. Tal prática foi seguida por outros três países — França, Japão e Reino Unido — em 1986.[245]

---

(243) PANZARINI FILHO, Clóvis; RUSSO, Raffaele. A compatibilidade entre as regras de CFC e os tratados internacionais. Vários autores, *Revista de Direito Tributário Internacional*, São Paulo: Quartier Latin, ano 1, n. 3, p. 12, 2006.
(244) *Ibidem*, p. 11.
(245) *Ibidem*, p. 12.

Tiago Cassiano Neves explica que na União Europeia, Áustria, Bélgica, Chipre, Holanda, Luxemburgo e Malta são países usualmente escolhidos para interposição de sociedades *holdings* pelo fato de não possuírem regras "CFC".[246] Essas sociedades têm por objeto participação societária em outras empresas, em geral localizadas em outros países, se beneficiando, dessa forma, do fato de que o resultado dessas outras empresas não é tributado na *holding*.

Por fim, cumpre-nos esclarecer que há alguns critérios gerais comumente adotados pela maior parte dos países em sua legislação interna para aplicação das regras "CFC".

Renata Fontana elenca os seguintes aspectos comuns das atuais regras "CFC":[247]

- **Definição de sociedade estrangeira controlada**: As regras "CFC" definem Sociedade Estrangeiras Controladas — SEC, que são reconhecidas com personalidade jurídica própria, com residência distinta do país de sua controladora;

- **Controle:** As regras "CFC" são aplicadas nos casos em que sociedade estrangeira é controlada direta ou indiretamente pela sociedade detentora de seu capital (geralmente mais de 50% das ações com direito a voto);

- **Contribuintes:** a legislação do país define a quais contribuintes as regras "CFC" são aplicáveis — geralmente tanto pessoas físicas quanto pessoas jurídicas —, apontando também o momento de sua aplicação;

- **Nível de tributação estrangeira:** na maior parte dos casos a regra "CFC" é aplicada somente nos casos em que a sociedade estrangeira controlada está localizada em países com tributação favorecida. O critério de identificação de tributação favorecida geralmente é definido com base em uma comparação entre a alíquota efetiva do imposto de renda (ou correspondente) no país estrangeiro e no país de residência, sendo comum também a utilização de uma relação de países considerados paraísos fiscais para fins de aplicação da regra ("lista negra");

---

(246) NEVES, Tiago Cassiano. Estratégia de internacionalização e sociedades *holding* na Europa: aspectos práticos e comparativos. Vários autores. *Revista de Direito Tributário Internacional*, São Paulo: Quartier Latin, ano 1, n. 3, p. 294, 2006.
(247) FONTANA, Renata. O futuro incerto dos regimes de sociedade estrangeira controlada dos Estados--membros da União Europeia. Vários autores, *Revista de Direito Tributário Internacional*, São Paulo: Quartier Latin, ano 2, n. 4, p. 132-133, 2006.

- **Natureza da renda**: a aplicação das regras "CFC" também está geralmente vinculada à natureza na renda auferida no exterior, sendo aplicada tão somente quando esta se der em razão de investimentos, dividendos, ganho de capital, *royalties* etc. (renda passiva).

Renata Fontana também explica que há situações em que as regras "CFC" podem não ser aplicadas (salvaguardas), dentre as quais destaca as seguintes:[248]

- **Exceção de distribuição**: aplicável quando a sociedade estrangeira controlada repatria parcela considerável de seu lucro;

- **Exceção de renda ativa**: aplicável quando a sociedade estrangeira de fato exerce operações comerciais/industriais (ativas), em vez de apenas rendas passivas;

- **Exceção "companhia com capital aberto"**: aplicável quando a sociedade é listada em bolsa de valores no país em que atua;

- **Exceção de intenção**: aplicável quando a sociedade controladora demonstrar que existem razões econômicas plausíveis para interposição da sociedade no país, com propósito negocial — e não apenas razões tributárias.

Apresentamos, a seguir, as regras "CFC" de alguns países selecionados.

6.1. ALEMANHA[249]

6.1.1. *Breves considerações*

Antes de iniciarmos a abordagem das regras "CFC" alemãs, cumpre-nos fazer uma breve menção sobre o sistema tributário alemão de tributação sobre a renda.

Como regra geral, as pessoas físicas devem observar as disposições da Lei do Imposto sobre os Rendimentos (*Einkommensteuergesetz* — *EStG*), que determina que todos os residentes na Alemanha estão sujeitos à tributação sobre a totalidade dos seus rendimentos[250] (tributação em bases universais).

---

(248) *Ibidem*, p. 132-135.
(249) Além das citações mencionadas pontualmente em cada tópico, a análise das regras tributárias alemãs neste estudo foi feita com base em esclarecimentos dos colegas Ulrich Berger, Harald Hirschberg e Hans-Werner Brems, aos quais presto meus sinceros agradecimentos.
(250) § 1º, n. 1 do *Einkommensteuergesetz (EStG)*.

Essa regra se aplica tanto para as atividades "ativas"[251] quanto para as atividades passivas,[252] e os rendimentos auferidos por essas pessoas são tributados de modo uniforme, independentemente de terem sido obtidos na Alemanha ou no exterior.

As pessoas jurídicas, por sua vez, devem observar a Lei do Imposto das Sociedades (*Körperschaftssteuergesetz*), que determina que, numa sociedade, o lucro obtido, quer na Alemanha quer no exterior, é imputado aos seus sócios residentes na Alemanha,[253] na proporção das suas participações, e sujeito ao imposto sobre a renda por força do princípio da transparência fiscal.[254]

6.1.2. ALÍQUOTA APLICÁVEL ÀS PESSOAS JURÍDICAS

Convém observar que a alíquota do imposto de renda corporativo da Alemanha (federal), em decorrência da reforma tributária aprovada em 6 de julho de 2007, foi reduzida de 25% para 15%, com vigência a partir de 2008. A essa alíquota, as empresas domiciliadas nesse país devem acrescentar um adicional de solidariedade de 5,5%, resultando em uma alíquota efetiva de 15,825%. Isso, somado a um imposto sobre o comércio (municipal), cuja alíquota média é de 14%, resulta no fato de que as pessoas jurídicas alemãs estão sujeitas a uma tributação média sobre sua renda de aproximadamente 29,825%.

Essa redução de carga tributária sobre a renda na Alemanha deu-se em um contexto em que a maior parte dos países da União Europeia vem reduzindo suas alíquotas internas de impostos sobre a renda como forma de se tornarem mais competitivos na atração de investimentos e capital.

A Espanha, por exemplo, reduziu sua alíquota de imposto de renda corporativo de 35% em 2006 para 32,5% em 2007, chegando a 30% em 2008. O Reino Unido reduziu de 30% para 28%, também a partir de 2008. A Itália, por sua vez, reduziu a partir de 2008 a alíquota de seu imposto de renda federal (*Imposta Sul Reditto delle Societá* — Ires) de 33% para 27,5% e municipal (*Imposta Regionale Sulle Attivitá Produtive* — Irap) de 4,25% para 3,9%, ao passo que a França reduziu a tributação sobre o ganho de capital de 8,26% para 1,72% (34,43% sobre 5% do ganho), entre outros.

---

(251) § 2º, n. 1, ponto 2, do EStG, denominado "resultado de exploração". A definição de atividade "ativa" será abordada a seguir.
(252) § 2º, n. 1, ponto 5, do EStG, denominado "rendimentos de capitais". A definição de atividade "passiva" será abordada a seguir.
(253) Segundo o mesmo § 1º da EStG e o § 1º da Lei do Imposto das Sociedades (*Körperschaftssteuergesetz*).
(254) § 15, n. 1, ponto 2, da EStG.

6.1.3. Origem e condições das regras "CFC"

As regras "CFC" alemãs, conhecidas como "cálculo adicional de tributação" (*Hinzurechnungsbesteuerung*), foram oficialmente[255] introduzidas no país em 1972, com o regulamento de tributação internacional (*Aussensteuergesetz*).[256] Tal regulamento, aprovado em 1972, foi alterado em 21 de dezembro de 1993, pela Lei de Harmonização Fiscal e Combate à Fraude, que incluiu determinadas regras de antielisão.[257]

Para que as regras "CFC" alemãs sejam aplicadas, isto é, para que o imposto de renda alemão alcance os resultados auferidos no exterior (adiante será possível verificar que somente a renda "passiva" é tributada) pelas suas sociedades estrangeiras controladas (imposto de renda corporativo, adicional de solidariedade e imposto sobre o comércio), é necessário o cumprimento concomitante de quatro condições: (1) não enquadramento do investimento no Regulamento de Tributação de Investimentos, (2) enquadramento dos rendimentos como "renda passiva", (3) detenção de controle e (4) residência da sociedade em país com tributação favorecida. Vejamos cada um deles.

6.1.3.1. Não enquadramento do investimento no regulamento de tributação de investimentos

As regras "CFC" não se aplicam se o investimento detido no exterior pela sociedade alemã estiver sujeito ao regulamento de tributação de investimentos (*Investmentsteuergesetz*).

Aprovado desde janeiro de 2004, o regulamento de investimentos estrangeiros basicamente trata dos fundos de investimentos alemães, que investem na Alemanha ou no exterior, atribuindo a eles três diferentes tratamentos tributários de acordo com seus respectivos cumprimentos às regras tributárias de relatórios e publicações. Isto é, dependendo da adequação dos fundos a essas regras tributárias, estes podem ter três diferentes tratamentos tributários.

Dessa forma, os fundos são classificados em transparentes (brancos), semitransparentes (cinzas), ou não transparentes (negros), recaindo a maior carga tributária sobre os fundos de investimentos que se enquadraram na condição de "não transparentes".

Assim, as regras "CFC" alemãs não se aplicam aos fundos de investimentos alemães que detêm aplicações no exterior enquadradas em qualquer das qualificações citadas no parágrafo anterior.

---

(255) Alexander Rust relata que em 1960 criou-se uma legislação "CFC" na Alemanha, mas esta foi reiteradamente rejeitada pelos tribunais locais (RUST, Alexander. National report Germany. In: LANG, Michael et al. (coords.). *CFC legislation, tax treaties and EC law*. London: Kluwer, 2004. p. 255; ECKL, Petra. The tax regime for controlled foreign corporations. *European Taxation*, Amsterdam: IBFD, n. 1, p. 2, 2003).
(256) *Gesetz über die Besteuerung bei Auslandsbezeiehungen*, de 8 de setembro de 1972.
(257) *Missbrauchsbekämpfungs — und Steuerbereinigungsgesetz*.

A essência dessa regra é que, no que pese o governo alemão incentivar suas instituições financeiras a atuarem globalmente, isso não poderia implicar que elas o façam por intermédio de uma subsidiária localizada em outro país com o fim de reduzir a tributação. Porém, para os fundos de investimento alemães constituídos de acordo com a lei tributária de investimentos (*Investmentsteuergesetz*), ainda que apliquem seus recursos em outros países, as regras "CFC" não se aplicam.

6.1.3.2. Detenção de controle

As regras "CFC" alemãs também somente serão aplicadas se a empresa alemã detiver mais de 50% das ações com direito a voto na sociedade estrangeira, ou ao menos mais de 50% dos direitos de voto, direta ou indiretamente. Ações detidas em empresas estrangeiras que participam no capital votante da sociedade estrangeira controlada são consideradas também para fins de qualificação do controle societário a que se refere essa condição, em sua devida proporção ao capital da investida.[258]

Esse percentual de participação mínima se reduz para 1% se a sociedade estrangeira aufere renda passiva com caráter de investimento[259] em valor superior a € 62,000 no período-base.[260] Ou, ainda, caso mais de 90% da renda da sociedade estrangeira seja decorrente de renda passiva,[261] exceto se essa sociedade for listada em uma bolsa de valores reconhecida.

6.1.3.3. Enquadramento dos rendimentos como "renda passiva"

Outro requisito para aplicação das regras "CFC" alemãs é que a sociedade estrangeira aufira renda passiva.

O art. 8º, § 1º, do Regulamento de Tributação Estrangeira alemão define taxativamente as rendas consideradas "ativas" para fins de aplicação das regras "CFC". Caso a sociedade estrangeira controlada não tenha o seu resultado decorrente de alguma dessas atividades, sua renda será, portanto (a *contrario sensu*), considerada de natureza passiva. A relação de atividades consideradas ativas é apresentada a seguir:

- agricultura e silvicultura;
- manufatura e montagem de produtos;

---

(258) Art. 7º, § 2º, item 1 do *Aussensteuergesetz*.
(259) *Zwischeneinkuenfte mit Kapitalanlagecharakter*.
(260) Isto é, seria necessário pelo menos € 62,000 de rendimentos passivos auferidos pela sociedade estrangeira.
(261) Isto é, se os rendimentos passivos auferidos pela sociedade estrangeira controlada fossem inferiores a 10% do total de seus rendimentos, as regras "CFC" não seriam aplicáveis, a não ser que se caracterize o controle de outra forma (seria necessário mais 50% dos direitos de voto).

• receita de instituições de crédito e companhias de seguro, exceto se estas prestam sobretudo serviços para acionistas majoritários da sociedade alemã;

• receita de comercialização/revenda, exceto se o acionista alemão ou parte estritamente a ele relacionada assessora na preparação, contratação e execução das operações;

• receita de prestação de serviços, exceto se tais serviços são exclusivamente prestados ao acionista alemão ou parte estritamente a ele relacionada, assim como se por ele assessorado;

• receita de aluguel ou *leasing* de propriedade, desde que o rendimento correspondente do acionista seja isento por tratado de dupla tributação;

• receita de licenciamento de propriedade intelectual, desde que nenhuma pesquisa ou desenvolvimento do acionista alemão seja explorado ou envolvido;

• receita de aluguel e *leasing* comercial de propriedade móvel, desde que o acionista alemão ou parte a ele relacionada não estejam envolvidos;

• rendimento de juros, desde que o capital emprestado seja captado no mercado de capitais internacional e concedido a empresas que exerçam atividades "ativas", conforme definidas em item anterior;

• dividendos recebidos de empresas;

• ganho de capital decorrente da venda de investimentos, liquidação de sociedades ou redução de capital de sociedades que exerçam atividades "ativas".

6.1.3.4. Residência da sociedade em país com tributação favorecida

Por fim, para que seja aplicada a "regra CFC" da Alemanha, é necessário que o país no qual esteja situada a sociedade estrangeira controlada seja considerado de tributação favorecida. Para tanto, a legislação alemã considera país de tributação favorecida aquele que tributa a renda em alíquota efetiva inferior a 25%,[262] exceto se:[263]

---

(262) Até 1º de janeiro de 2001 esse índice era de 30%, de acordo com o art. 8º, § 3º, do *Aussensteuergesetz*. Atualmente, o índice mínimo de 30% somente se aplica no caso de enquadramento das regras antielisão, conforme será constatado adiante.

(263) Clóvis Panzarini Filho e Raffaele Russo observam que a Alemanha possui uma lista de países com tributação favorecida, porém essa lista não é taxativa (PANZARINI FILHO, Clóvis; RUSSO, Raffaele. A compatibilidade entre as regras de CFC e os tratados internacionais. Vários autores. *Revista de Direito Tributário Internacional*, São Paulo: Quartier Latin, ano 1, n. 3, p. 19, 2006).

- o baixo nível de tributação se deve à compensação com resultados de outras origens;

- a despesa tributária no país (imposto de renda efetivo) tiver sido reduzida por isenção ou sistema de imputação do país no qual a sociedade estrangeira detenha investimentos em participação societária, por impostos devidos nas sociedades estrangeiras nas quais o lucro foi gerado.[264]

6.1.4. Aplicação das regras "CFC"

Assim, uma vez cumpridas as quatro condições apontadas, a legislação alemã determina a aplicação das suas regras "CFC", de modo que o imposto de renda alemão alcance a **renda passiva auferida no exterior** pelas sociedades estrangeiras controladas da empresa alemã (proporcionalmente à sua participação societária): imposto de renda corporativo, adicional de solidariedade e imposto sobre o comércio, sendo possível ainda a compensação desses lucros com eventuais prejuízos fiscais existentes na sociedade controladora alemã.

Ao se aplicar as regras "CFC" alemãs, todas as sociedades estrangeiras nas quais a sociedade estrangeira controlada pela empresa alemã detiver participação também estarão abrangidas (*pass through*).

6.1.5. Dividendos recebidos

No caso de pagamento de dividendos por parte da sociedade estrangeira controlada, a legislação alemã concede isenção a 95% dos valores recebidos, restando apenas 5% destes sujeitos à tributação.[265]

6.1.6. Prejuízos fiscais

Por ocasião da aplicação das regras "CFC", os prejuízos incorridos pela sociedade estrangeira controlada somente são compensáveis com o eventual lucro auferido por essa mesma sociedade em períodos futuros.

6.1.7. Regras "CFC" alemãs versus tratados internacionais

Uma vez caracterizada as condições de aplicação das regras CFC, a renda passiva gerada pela sociedade estrangeira controlada está sujeita à tributação

---

(264) Isto é, eventual imposto pago em outros países pela sociedade estrangeira controlada deve ser levado em consideração para se apurar a alíquota efetiva do país em que ela está localizada.

(265) Sobre esses lucros (5%) não é permitido compensar o imposto de renda pago no exterior. Na prática, a alíquota média sobre dividendos recebidos aplicada na Alemanha é de 1,5% (5% de aproximadamente 30%).

na Alemanha ainda que haja previsão de isenção em tratado internacional celebrado entre a Alemanha e o país de residência da sociedade estrangeira. No entanto, é permitida a compensação de eventual imposto estrangeiro sobre o rendimento disponibilizado na sociedade alemã. Clóvis Panzarini Filho e Raffaele asseveram que "(...) é interessante apontar que, a partir de 2003, a Alemanha passou expressamente a adotar suas regras de CFC independentemente da existência de tratados para evitar a bitributação firmados com os países onde se localiza a sociedade subsidiária não residente".[266]

6.1.8. REGRAS ANTIELISÃO

Para coibir o abuso das regras "CFC" alemãs, o Regulamento de Tributação Estrangeira introduziu no seu § 20 os itens ns. 2 e 3,[267] que determinam que, quando são imputados lucros com caráter de aplicações de capitais (renda "passiva") na acepção do § 10, n. 6,[268] a um estabelecimento situado no exterior, de um contribuinte sujeito à tributação global na Alemanha, e esses lucros são tributáveis a título de "lucros intermediários" como se esse estabelecimento fosse uma sociedade estrangeira, deve-se evitar a dupla tributação mediante o crédito dos impostos cobrados no estrangeiro sobre esses lucros, e não pela sua isenção.[269] Ou seja, o lucro da SEC deve ser considerado, e o imposto de renda pago deve ser compensado, ao invés de simplesmente desconsiderar o lucro da SEC.

O § 8º, n. 1, do Regulamento de Tributação Estrangeira estabelece que uma sociedade estrangeira é uma sociedade intermediária em relação aos lucros que estão sujeitos a uma taxa **de imposto reduzida**. O item 3 do mesmo artigo considera que a taxa do imposto é reduzida "quando os lucros não são tributados, a título do imposto sobre os lucros, a uma alíquota de 30% ou superior no Estado da direção efetiva nem no Estado da sede da sociedade estrangeira".

---

(266) PANZARINI FILHO, Clóvis; RUSSO, Raffaele. A compatibilidade entre as regras de CFC e os tratados internacionais. Vários autores, *Revista de Direito Tributário Internacional*, São Paulo: Quartier Latin, ano 1, n. 3, p. 20, 2006.
(267) Com a alteração de 21 de dezembro de 1993 advinda da Lei de Harmonização Fiscal e Combate à Fraude, conforme mencionado anteriormente.
(268) O § 10, n. 6, segundo período, da AStG prevê que os "lucros intermediários" com caráter de aplicações de capitais são lucros da "sociedade intermediária" estrangeira que resultam da "detenção, da gestão, da manutenção ou do aumento do valor de meios de pagamento, de créditos, de títulos de crédito, de participações ou de valores patrimoniais análogos".
(269) Em relação às pessoas físicas, também o § 50, n. 3, do EStG estabelece que a Alemanha não concederá benefícios de Convenções para evitar a dupla tributação ou diretivas da União Europeia às entidades não residentes, se terceiros que não teriam direito a tais benefícios participam em tais entidades sem razão econômica evidente.

Com bases nessas regras "CFC" antielisão, travou-se uma batalha na Corte alemã de grande repercussão, que foi posteriormente remetida ao órgão de reenvio europeu, o Tribunal de Justiça Europeu,[270] conforme comentaremos a seguir.

6.1.9. Caso Columbus Container Services (Processo C-298/05, Acórdão de 6 de dezembro de 2007[271])

Importante caso envolvendo a aplicação das regras CFC antielisão alemãs, recentemente julgado pelo Tribunal de Justiça Europeu, foi o caso *Columbus Container Services*, em que a autoridade fiscal alemã (*Finanzamt Bielefeld-Innenstadt*) desconsiderou as disposições do Tratado Alemanha-Bélgica.[272]

No caso em tela, uma família alemã de oito pessoas detinha participação em uma empresa belga, sendo 80% diretamente e 20% por meio de uma empresa alemã (sociedade de pessoas) por eles controlada (*Partnership*). A empresa belga, denominada *Columbus Container Services* — CCS, tinha como objeto a atividade de centralização das atividades financeiras e da contabilidade, financiamento da tesouraria das filiais e das sucursais, a gestão eletrônica de dados e atividades de publicidade e de marketing do Grupo. Tais atividades — consideradas "passivas" pela legislação alemã — somente em 1996 geraram um lucro na Bélgica de aproximadamente € 4,1 milhões.

O Fisco alemão então negou a aplicação do Tratado Alemanha-Bélgica, que determina a tributação dos lucros de uma empresa (que não constitua um estabelecimento permanente) residente na Bélgica somente neste país, afastando a competência do governo alemão para se tributar tais resultados.

O Fisco da Alemanha então imputou os resultados auferidos na Bélgica pela *Columbus Container Services BVBA* & Co. aos sócios alemães, concedendo, todavia, o direito ao crédito sobre o imposto de renda efetivamente pago naquele país.

A autuação fiscal alemã embasou-se nas regras de antiabuso contidas na legislação "CFC" alemã, mencionadas há pouco, aplicáveis quando a sociedade estrangeira controlada seja considerada uma "sociedade intermediária", auferindo rendimentos passivos sujeitos a uma tributação inferior a 30% no país de domicílio.[273] Nesse caso, a legislação alemã estabelece a aplicação do

---

(270) Conhecido como *European Court of Justice* — ECJ.
(271) Inteiro teor do acórdão disponível em: <www.curia.europa.eu/>.
(272) Convenção entre o Reino da Bélgica e a República Federal da Alemanha para evitar a dupla tributação e regular determinadas outras questões em matéria de impostos sobre o rendimento e o patrimônio, assinada em Bruxelas, em 11 de abril de 1967.
(273) O acórdão do Tribunal de Justiça menciona, segundo o direito belga, as empresas qualificadas como "centros de coordenação", abrangidas pelo regime fiscal instaurado pelo Decreto Real n. 187, de

sistema de imputação (método do crédito) ao invés de isenção (isto é, os rendimentos passivos da sociedade estrangeira são tributados na Alemanha, podendo-se compensar nesse país os impostos pagos no exterior).[274]

Observemos na figura a seguir a ilustração da estrutura societária em análise.

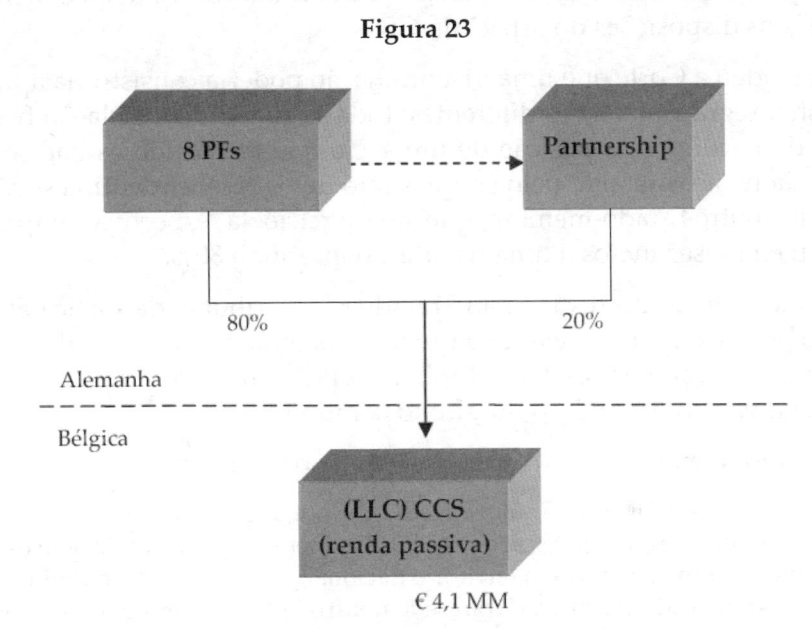

Figura 23

Estrutura societária da Columbus Container Services.

Em sua defesa, a *Columbus Container Services* alegou que a aplicação das regras "CFC" alemãs desrespeitava o Tratado em vigor entre a Alemanha e a Bélgica e feria os arts. 43 e 56 do Tratado da Comunidade Europeia — CE, que estabelecem, respectivamente, o direito de estabelecimento[275] e o livre movimento de capitais.[276]

---

30 de dezembro de 1982 (*Moniteur belge*, de 13 de janeiro de 1983). Por força desse decreto real, a base tributável relativa aos lucros obtidos na Bélgica por um centro de coordenação é determinada basicamente segundo o método do *cost plus*.

(274) De acordo com o descrito no Processo C n. 298/05, a substituição do método da isenção pelo do crédito de imposto aumentou em 53% a carga tributária dos sócios dessa sociedade.

(275) Segundo o art. 43 do Tratado de Bruxelas, que criou a Comunidade Europeia: "No âmbito das disposições seguintes, são proibidas as restrições à liberdade de estabelecimento dos nacionais de um Estado-membro no território de outro Estado-membro. Esta proibição abrangerá igualmente as restrições à constituição de agências, sucursais ou filiais pelos nacionais de um Estado-membro estabelecidos no território de outro Estado-membro. A liberdade de estabelecimento compreende tanto o acesso às atividades não assalariadas e o seu exercício como a constituição e a gestão de empresas e, designadamente, de sociedades, na acepção do segundo parágrafo do art. 48 TCE, nas condições definidas na legislação do país de estabelecimento para os seus próprios nacionais, sem prejuízo do disposto no capítulo relativo aos capitais".

(276) De acordo com o art. 56 do Tratado de Bruxelas: "1. No âmbito das disposições do presente capítulo, são proibidas todas as restrições aos movimentos de capitais entre Estados-membros e entre

O Tribunal de Justiça Europeu, no entanto, entendeu que a aplicação, no âmbito da tributação dos sócios da Columbus, do método do crédito de imposto previsto nas disposições do § 20, ns. 2 e 3, do Regulamento de Tributação Estrangeira alemão, embora tenha tornado mais onerosa a tributação da socie-dade, não implica necessariamente que as referidas disposições constituam uma restrição à liberdade de estabelecimento na acepção das disposições do art. 43 da CE.

Entendeu a Corte que uma discriminação poderia consistir na aplicação da mesma regra a situações diferentes; todavia, à luz da legislação fiscal do Estado de residência, a posição de um sócio que recebe lucros não se torna necessariamente diferente pelo simples fato de os receber de uma sociedade com sede noutro Estado-membro, que, no exercício da respectiva competência fiscal, sujeita esses lucros a uma tributação inferior a 30%.

No tocante ao desrespeito ao Tratado,[277] o Tribunal de Justiça afirmou que não pode examinar a relação entre uma medida nacional e as disposições de uma convenção para evitar a dupla tributação, uma vez que esta questão não é relativa à interpretação do direito comunitário.

Vejamos a ementa do Acórdão, reproduzida a seguir:

> (...) os arts. 43, CE e 56, CE devem ser interpretados no sentido de que não se opõem a uma legislação fiscal de um Estado-membro por força da qual os rendimentos de um residente em território nacional, resultantes de investimentos de capital num estabelecimento com sede noutro Estado-membro, não são isentos do imposto nacional sobre os rendimentos, mas são sujeitos a tributação, da qual é deduzido o imposto cobrado no outro Estado-membro, isto não obstante a existência de uma convenção para evitar a dupla tributação, celebrada com o Estado-membro da sede desse estabelecimento.

6.1.10. Reflexos do caso Cadbury versus Schweppes (Reino Unido)

Na Comunidade Europeia, talvez o caso de maior repercussão tenha sido o Cadbury *versus* Schweppes, que envolveu a aplicação das regras "CFC" do Reino Unido. Após o julgamento do caso pelo Tribunal de Justiça Europeu, as autoridades fiscais alemãs editaram um guia esclarecendo em quais circunstâncias as regras "CFC" alemãs não deveriam ser aplicadas na União Europeia.

De acordo com tal guia, as circunstâncias são as seguintes:

- a sociedade estrangeira controlada pratica substanciais atividades econômicas;

Estados-membros e países terceiros. 2. No âmbito das disposições do presente capítulo, são proibidas todas as restrições aos pagamentos entre Estados-membros e países terceiros".
(277) Também conhecido pela doutrina como *treaty overriding*.

- o contribuinte está apto a demonstrar tais atividades econômicas às autoridades fiscais;

- tais atividades econômicas são exercidas no mesmo país em que está domiciliada a sociedade.

O caso Cadbury *versus* Schweppes será abordado a seguir, após uma breve explanação sobre as regras "CFC" britânicas.

6.2. REINO UNIDO[278]

No Reino Unido, o imposto sobre a renda e sobre as sociedades é disciplinado pelo Regulamento de 1988, denominado *Income and Corporation Taxes Act 1988*.

De acordo com a "Section 6" do referido Regulamento, uma sociedade considerada residente no Reino Unido está sujeita ao imposto sobre as sociedades em bases universais, compreendendo os lucros auferidos pelas suas sucursais, filiais, subsidiárias ou agências por intermédio das quais a sociedade exerce suas atividades em outros países. No entanto, há uma previsão de que as sociedades residentes no Reino Unido não são, em princípio, tributadas pelos lucros de suas sociedades estrangeiras até o momento em que referidos lucros sejam efetivamente distribuídos.

A exceção a essa regra surge com a aplicação das regras "CFC" britânicas, previstas nas "Sections 747 a 756" e nos "Schedules 24 a 26" do Regulamento de 1988, que são aplicadas nas seguintes condições:

- se a sociedade britânica detiver uma participação de mais de 50% na sociedade estrangeira; e

- se a sociedade estrangeira estiver localizada em um país que estabeleça nível baixo de tributação, assim entendido aquele inferior a três quartos do montante do imposto que seria pago no Reino Unido se os lucros de tal sociedade fossem ali tributados.[279]

As regras "CFC" do Reino Unido preveem, contudo, determinadas exceções, cujos termos têm variado ao longo do tempo. Atualmente, a referida legislação não se aplica no caso de se verificar uma das seguintes condições:

---

[278] Conforme LOTHAR, Lammersen; SCHWAGER, Robert. *The effective tax burden of companies in european regions* — an international comparison. Mannheim: Centre for European Research (ZEW), 2005. p. 28-48; KPMG LLP (UK): *Investment in UK*, KPMG LLP, 13 out. 2006, p. 22-23; e regulamento do imposto de renda do Reino Unido baixado na internet (*Income and Corporation Taxes Act 1988*). Disponível em: <http://www.opsi.gov.uk/acts/acts1988/Ukpga_19880001_en_1> Acesso em: 14, 15 e 16 nov. 2008.

[279] Como a alíquota atual do imposto de renda no Reino Unido é de 28% (desde janeiro de 2008), um nível baixo de tributação é considerado atualmente 21%.

- a sociedade estrangeira adota uma política de distribuição de dividendos aceitável, isto é, determinada percentagem dos lucros da sociedade estrangeira é distribuída em determinado prazo e tributada em nome de uma sociedade residente no Reino Unido;[280]

- a sociedade estrangeira exerce atividades consideradas isentas no Reino Unido;[281]

- a sociedade estrangeira possui pelo menos 35% das suas ações com direito a voto negociados em bolsa de valores reconhecida;

- o lucro tributável da sociedade não ultrapassa £ 50,000 no período-base;

- o estabelecimento e a atividade da sociedade estrangeira satisfazem ao "teste de intenção", que contém dois elementos cuja satisfação deve ser demonstrada cumulativamente pelo contribuinte:

— **transações efetuadas entre a sociedade estrangeira e a respectiva sociedade controladora**: se a controladora domiciliada no Reino Unido e a SEC praticarem operações que resultem em determinada redução de imposto no Reino Unido, o contribuinte deve provar que a diminuição do imposto no Reino Unido não constituía o objetivo principal ou um dos principais objetivos dessas transações;

— **razão de constituição da sociedade estrangeira**: o contribuinte deve provar que a principal razão de ser da SEC, ou uma das principais, não era a obtenção de uma diminuição do imposto no Reino Unido por meio do desvio de lucros. A legislação considera que existe desvio de lucros na hipótese de se poder razoavelmente supor que, caso não existisse a SEC, as respectivas receitas teriam sido recebidas por um residente no Reino Unido e tributadas em seu nome.

Adicionalmente, o Fisco britânico publicou em 1996 uma lista de países em que, mediante determinadas condições, uma SEC podia ser criada e ser considerada imune à aplicação das regras "CFC".

---

(280) Em regra, no prazo de 18 meses, 90% deve ser distribuído.
(281) No Regulamento de Imposto de Renda Britânico de 1988, seção 25, § 6º, item 2, *b*, são elencados alguns serviços comerciais, financeiros, de distribuição e atacado que considera isento, tais como: prática de quaisquer atividades de distribuição no atacado, embarcação e transporte aéreo, administração de trusts etc. No regulamento, essa lista é taxativa, mas a isenção não se aplica se 50% ou mais das receitas brutas da sociedade advirem de operações praticadas com empresas do grupo.

Ressaltamos, ainda, que, nos termos da "Section 208" do Regulamento britânico de 1988, os dividendos que uma sociedade residente no Reino Unido recebe de uma sociedade igualmente residente nesse país não estão sujeitos ao imposto sobre as sociedades, ao passo que os dividendos que uma sociedade residente no Reino Unido recebe de uma sociedade residente fora do Reino Unido estão sujeitos ao imposto sobre as sociedades.[282] Nesse caso, os dividendos recebidos não são qualificados como rendimentos de investimento isentos.

Em contrapartida, nos termos das "Sections 788 e 790" do referido Regulamento, essa sociedade tem direito a um crédito do imposto pago pela sociedade distribuidora no seu país de residência, concedido tanto pela legislação em vigor do Reino Unido, quanto pelos tratados para evitar a dupla tributação da qual ele participa. Esse imposto estrangeiro só pode ser compensado até o limite do imposto sobre sociedades devido no Reino Unido sobre tal rendi-mento.

Por outro lado, a legislação do Reino Unido não permite a dedução dos prejuízos de uma sociedade estrangeira nos lucros de outra, ainda que ambas sejam residentes no mesmo país, assim como também não permite a dedução de prejuízos daquela sociedade estrangeira em sua controladora localizada no Reino Unido.

Renata Fontana adverte que as regras "CFC" do Reino Unido sofreram recentemente alterações que as tornaram mais restritivas:

> Especificamente, dois grupos de normas de SECs entraram em vigor em 31 de março de 2005, mas produzindo efeitos em relação ao exercício fiscal com início em 3 de dezembro de 2004. O primeiro grupo de normas visa evitar que grupos com várias subsidiárias manipulem a alocação de lucros entre as empresas do grupo, escondendo a renda em entidades sem personalidade jurídica. O segundo conjunto de normas foi projetado para negar a aplicação da exceção de alguns países excluídos (...), impondo o requisito adicional que uma SEC não deve estar envolvida em qualquer tipo de esquema ou transação, o propósito (ou um dos principais propósitos) de qual seja obter uma redução da carga tributária no Reino Unido.[283]

Por fim, cumpre-nos mencionar que, até 1999, a legislação relativa às regras "CFC" só se aplicavam por instrução da Administração Fiscal do Reino

---

(282) Até 1º de julho de 1997, a legislação do Reino Unido permitia às companhias de seguros optarem pela não sujeição ao imposto sobre as sociedades, os dividendos recebidos de outros Estados-membros da Comunidade Europeia.
(283) FONTANA, Renata. O futuro incerto dos regimes de sociedade estrangeira controlada dos Estados--membros da União Europeia. Vários autores. *Revista de Direito Tributário Internacional*, São Paulo: Quartier Latin, ano 2, n. 4, p. 149.

Unido. Não havia, no que tange às sociedades controladoras residentes, nenhuma obrigação de declaração relativa às regras "CFC". A partir de então, as sociedades residentes no Reino Unido ficaram obrigadas a determinar elas próprias a aplicabilidade dessa legislação ao seu caso particular e a tributação que resulta da sua eventual aplicação (regra conhecida como da "autoliquidação").[284]

É oportuno destacar a relevância das críticas que Renata Fontana tece a respeito das regras "CFC" do Reino Unido:

> Particularmente no que tange ao regime de SEC do Reino Unido, residentes desta jurisdição interessados em investir externamente estão procurando por uma combinação de fatores atraentes oferecidos pelos mercados estrangeiros. De acordo com a explicação das autoridades fiscais do Reino Unido, com relação ao regime de SEC do Reino Unido, as disposições do regime são justamente dirigidas para as sociedades residentes no Reino Unido que pretendem se beneficiar de vantagens tributárias oferecidas por jurisdições com baixa tributação da renda. Nesse sentido, é possível concluir-se que o regime de SEC do Reino Unido coloca em risco a competição fiscal atrativa na União Europeia.

Em razão das restrições que as regras "CFC" do Reino Unido contêm, diversos questionamentos judiciais e administrativos já foram feitos na Comunidade Europeia no tocante à aplicação dessas regras. Os dois casos mais relevantes já analisados pelo Tribunal de Justiça Europeu nesse contexto serão objeto de análise a seguir.

6.2.1. CASO CADBURY SCHWEPPES (PROCESSO C-196/04, ACÓRDÃO DE 2 DE MAIO DE 2006)[285]

Talvez o caso de maior repercussão na Comunidade Europeia, e também bastante comentado internacionalmente, foi o caso *Cadbury Schweppes*, em que o Tribunal de Justiça Europeu proferiu decisão bastante inovadora.

O caso envolvia uma sociedade residente no Reino Unido, a Cadbury Schweppes Plc — Cadbury, que detinha o controle da Cadbury Schweppes Overseas Ltd. — CSO, também domiciliada no Reino Unido, e que por sua vez detinha filiais localizadas na Irlanda, a Cadbury Schweppes Treasury Services — CSTS e a Cadbury Schweppes Treasury International — CSTI, constituídas no Centro Internacional de Serviços Financeiros (International Financial Services Centre), em Dublin, na Irlanda.

---

(284) Semelhante ao "autolançamento", que temos na legislação brasileira.
(285) Inteiro teor do acórdão disponível em: <www.curia.europa.eu/>.

Na data em que a autoridade fiscal britânica aplicou as regras "CFC" locais, essas duas filiais se encontravam sujeitas a uma tributação de 10% sobre os lucros gerados na Irlanda. Suas atividades (da CSTS e da CSTI) consistiam em angariar fundos e canalizá-los para as filiais do grupo Cadbury.

Segundo as autoridades fiscais do Reino Unido, a Cadbury criou a CSTS, a qual substituiu uma estrutura anterior que envolvia uma sociedade sediada em Jersey, com três finalidades. Em primeiro lugar, para resolver um problema decorrente da lei fiscal canadense para os residentes canadenses que eram acionistas preferenciais da Cadbury; em segundo, para evitar a necessidade de se obter autorizações do Tesouro do Reino Unido para empréstimos no exterior; e, em terceiro, para reduzir, ao abrigo da Diretiva 90/435/CEE,[286] a tributação na fonte dos dividendos pagos dentro do grupo. Assim sendo, as autoridades fiscais entenderam que todos esses objetivos teriam sido alcançados se a CSTS estivesse sediada no Reino Unido.

A autoridade britânica entendeu que a Cadbury constituiu a CSTS e a CSTI como filiais indiretas, com domicílio fiscal na Irlanda, apenas com o fim de possibilitar que as atividades de empréstimos financeiros efetuadas dentro do grupo se beneficiassem do regime do "International Financial Services Centre" aplicável às sociedades de financiamento de grupo na Irlanda, evitando a tributação no Reino Unido.

Como resultado da baixa carga tributária aplicável às sociedades constituídas no referido Centro, os lucros obtidos pela CSTS e pela CSTI estavam sujeitos a um "nível baixo de tributação", conforme estabelecem as regras "CFC" do Reino Unido. O Fisco britânico também considerou que, no exercício de 1996, nenhuma das condições que permite afastar esta lei se aplicava (teste de intenção, política de distribuição de dividendos da SEC etc.), exigindo da CSO, primeira sociedade do grupo residente no Reino Unido, o montante de £ 8,6 milhões a título do imposto sobre as sociedades pelos lucros realizados pela CSTI durante o período-base que se encerrou em 28 de setembro de 1996. O auto de infração compreendeu apenas os lucros da CSTI, pois no mesmo período a CSTS sofreu um prejuízo, e na legislação britânica não existia possibilidade de dedução das perdas de uma filial nos lucros da outra, ainda que ambas residentes no mesmo país.

A figura a seguir ilustra melhor a situação societária das empresas envolvidas.

---

(286) Directiva 90/435/CEE do Conselho, de 23 de julho de 1990, relativa ao regime fiscal comum aplicável às sociedades-mães e sociedades afiliadas de Estados-membros diferentes. De acordo com o art. 6º dessa Diretiva, "O Estado-membro de que depende a sociedade-mae não pode aplicar uma retenção na fonte sobre os lucros que esta sociedade recebe da sua afiliada".

Figura 24

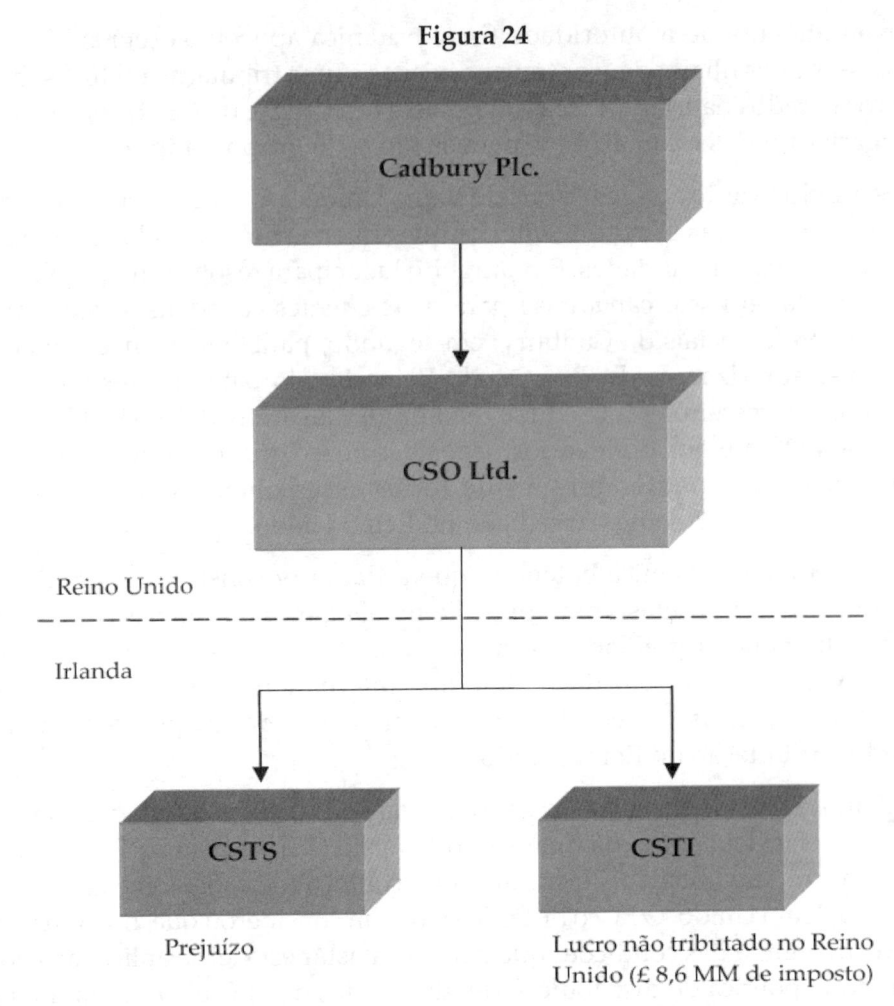

```
                    Cadbury Plc.
                         |
                         v
                     CSO Ltd.
Reino Unido
- - - - - - - - - - - - - - - - - - - - - - - - -
Irlanda
                    /          \
                   v            v
                CSTS            CSTI
              Prejuízo      Lucro não tributado no Reino
                            Unido (£ 8,6 MM de imposto)
```

Situação societária do caso Cadbury Schweppes.

A Cadbury e a CSO recorreram do auto de infração ao Tribunal de Justiça Europeu, alegando que as regras "CFC" do Reino Unido se opõem à liberdade de estabelecimento prevista no art. 43, CE, à livre prestação de serviços a que se refere o art. 49, CE[287] e à livre circulação de capitais enunciada no art. 56, CE.

O Tribunal então iniciou o julgamento do caso manifestando o entendimento de que, quando um cidadão de um Estado-membro detém participação

---

[287] Art. 49 do Tratado da Comunidade Europeia — CE: "No âmbito das disposições seguintes, são proibidas as restrições à livre prestação de serviços na Comunidade em relação aos nacionais dos Estados-membros estabelecidos num Estado da Comunidade que não seja o do destinatário da prestação. O Conselho, deliberando por maioria qualificada, sob proposta da Comissão, pode tornar as disposições do presente capítulo extensivas aos prestadores de serviços nacionais de um Estado terceiro estabelecidos na Comunidade". (Os arts. 43, CE e 56, CE já foram reduzidos no caso *Columbus Container Services*.)

no capital de sociedade sediada em outro Estado-membro, que lhe permita exercer certa influência nas decisões dessa sociedade e determinar a respectiva atividade, são aplicadas as disposições do Tratado atinentes à liberdade de estabelecimento e não as que se refiram à livre circulação de capitais.

Nesses termos, o Tribunal de Justiça enfatizou que, seguindo sua jurisprudência, desde que a filial controlada exerça uma atividade real e efetiva no Estado-membro em que foi criada, as razões que motivaram a sociedade-mãe a implantar essa filial em determinado Estado de acolhimento não podiam prejudicar os direitos que a referida sociedade possui em virtude do Tratado.

Assim, o Tribunal constatou que a aplicação das regras "CFC" no caso em análise resultou em um tratamento fiscal diferenciado, prejudicando as sociedades que, como a Cadbury, tenham criado filiais que efetivamente existiam e atuavam na Irlanda, no "International Financial Services Centre", impedindo uma sociedade residente de exercer o seu direito de estabelecimento.

No julgamento, o Tribunal, por diversas vezes, afirmou que o obstáculo a uma liberdade de circulação garantida pelo Tratado só pode ser justificado pela luta contra a evasão fiscal se a legislação em causa tiver como finalidade específica excluir dos benefícios fiscais as manobras puramente artificiais, cujo objetivo seja contornar a lei nacional. Em contrapartida, as jurisdições nacionais podem, caso a caso, com base em elementos objetivos, ter em conta o comportamento abusivo ou fraudulento dos seus contribuintes, para lhes recusar o benefício das disposições de direito comunitário invocadas.

Nesse aspecto, em princípio seria muito mais fácil criar uma sociedade estrangeira artificial quando esta se destina a prestar serviços, do que quando esta se destina a uma atividade de produção de um bem de consumo. Ainda mais quando os serviços em causa consistam, como no caso em apreço, em levantar fundos e fornecê-los às filiais do grupo mundial Cadbury, podendo ainda, graças aos meios modernos de comunicação, serem prestados por pessoal e instrumentos informáticos que não se encontram física e materialmente na Irlanda. Nesse caso, a sociedade formalmente constituída em Dublin poderia aí não ter qualquer consistência material e corresponder apenas àquilo que se convencionou chamar de "sociedade de prateleira", ou "caixa de correio" — o que não se verificou no caso.

Portanto, as regras "CFC" do Reino Unido **poderiam se aplicar somente às manobras puramente artificiais** destinadas a contornar a lei nacional, desobrigando ainda o contribuinte britânico do ônus da prova, e cabendo à autoridade daquele país provar que as atividades da sociedade estrangeira controlada eram destituídas de interesse econômico.

Vejamos a ementa do acórdão:

Os arts. 43, CE e 48, CE devem ser interpretados no sentido de que não se opõem a uma legislação fiscal nacional que preveja a inclusão na matéria coletável de uma sociedade-mãe residente dos lucros obtidos por uma sociedade estrangeira controlada estabelecia noutro Estado-Membro quando esses lucros estejam sujeitos nesse Estado a um nível de tributação muito inferior ao que vigora no Estado de residência da sociedade-mãe, se essa legislação se aplicar apenas **às manobras puramente artificiais destinadas a contornar a lei nacional**. Essa legislação deve pois permitir ao contribuinte ficar isento se provar que a filial controlada se encontra realmente implantada no Estado de estabelecimento e que as transações que tenham como efeito uma redução da tributação da sociedade-mãe correspondem a prestações efetivamente realizadas nesse Estado e que não eram destituídas de interesse econômico na perspectiva da atividade desenvolvida pela referida sociedade.

Por seu teor e contexto em que foi proferido, o julgamento do caso Cadbury Schweppes teve grande repercussão na Comunidade Europeia, como é o caso da própria Alemanha, que publicou um guia de procedimentos esclarecendo a aplicação de suas regras "CFC", conforme mencionado anteriormente.

Com ele, ficou esclarecido que as operações substanciais praticadas pelos contribuintes de boa-fé, que envolvam estruturas legítimas, não podem ser desconsideradas pelo fisco pelo simples fato de estarem sujeitas a uma carga tributária menor.

Renata Fontana explica que a decisão do Tribunal no caso Cadbury Schweppes: "(...) é memorável e representa um grande avanço ao reafirmar que a arbitragem fiscal é lícita dentro da EU, e.i., sem implicar necessariamente em abuso de direitos e sem privar os nacionais da EU de reivindicarem proteção sob o Tratado da CE".[288]

6.2.2. THE TEST CLAIMANTS IN THE CFC AND DIVIDEND GROUP LITIGATION (PROCESSO C-201/05, ACÓRDÃO DE 23 DE ABRIL DE 2008)[289]

O caso *CFC and Dividend Group Litigation* surgiu em julho de 2003 com uma Ordem de Litígio de Grupo[290] (*Group Litigation Order* — GLO) e teve por

---

(288) FONTANA, Renata. O futuro incerto dos regimes de sociedade estrangeira controlada dos Estados-membros da União Europeia. Vários autores, *Revista de Direito Tributário Internacional*, São Paulo: Quartier Latin, ano 2, n. 4, p. 199.
(289) Inteiro teor do acórdão disponível em: <www.curia.europa.eu/>.
(290) Renata Fontana explica que uma GLO "é uma medida tomada de acordo sob a parte 19 do Código de Processo Civil de 1998, por meio da qual reivindicações sobre o mesmo objeto são agrupadas por referência àqueles assuntos. Casos-teste podem ser escolhidos e os custos podem ser compartilhados entre todos os recorrentes. Estes grupos de recorrentes podem incluir centenas de participações, minimizando a

objeto a contestação das disposições da legislação fiscal do Reino Unido relativas aos dividendos e regras "CFC".

Esse litígio foi constituído por pedidos apresentados por 21 grupos de sociedades internacionais contra a Administração Fiscal do Reino Unido no Tribunal Superior de Justiça (*High Court of Justice — England & Wales, Chancery Division*). Nesse caso, os pedidos de três grupos de sociedades, a Anglo American, a Cadbury Schweppes e a Prudential, foram escolhidos como processos-piloto.

A Anglo American e a Cadbury Schweppes alegaram no órgão jurisdicional que agiram em conformidade com as regras "CFC" e de tributação de dividendos do Reino Unido, e que, se soubessem que essas disposições eram contrárias ao direito comunitário (como alegam), não teriam pago imposto sobre os dividendos que receberam das suas sociedades estrangeiras controladas nem sobre os lucros por elas auferidos, pedindo então o reembolso dos montantes indevidamente cobrados e/ou a reparação dos prejuízos resultantes das disposições da legislação britânica, bem como de todas as despesas suportadas para dar cumprimento às referidas disposições.

O pedido da Prudential, por sua vez, tinha por objeto a contestação da tributação de dividendos recebidos de sociedades não residentes por algumas das suas sociedades residentes, pelo fato de que os dividendos recebidos de sociedades residentes no Reino Unido não sofreram a mesma tributação.

A esse respeito, a Prudential também pediu que lhe fosse concedido o reembolso dos montantes indevidamente cobrados e/ou a reparação dos prejuízos resultantes da tributação, em aplicação das disposições da legislação fiscal do Reino Unido sobre os dividendos.

O fundamento dos pedidos embasou-se na argumentação de que os princípios da liberdade de estabelecimento,[291] da livre prestação de serviços[292] e da livre circulação de mercadorias[293] se opõem à legislação "CFC" do Reino Unido, bem como às suas regras de tributação de dividendos, pois:

- discrimina os dividendos recebidos de sociedades residentes no Reino Unido em favor dos dividendos recebidos das sociedades não residentes nessa localidade, na medida em que isentam do imposto

---

publicidade e negociações para acordos coletivos. Se uma decisão é proferida ou um despacho é concedido em uma reivindicação do grupo, aquela decisão ou despacho tornam-se obrigatórios com relação às outras partes, em outras reivindicações que faziam parte do registro do grupo quando a decisão foi proferida ou o despacho concedido, salvo se a corte decidir em contrário" (FONTANA, Renata. O futuro incerto dos regimes de sociedade estrangeira controlada dos Estados-membros da União Europeia. Vários autores, *Revista de Direito Tributário Internacional*, São Paulo: Quartier Latin, ano 2, n. 4, p. 152).

(291) Art. 43 da Comunidade Europeia, que assegura a liberdade de estabelecimento.
(292) Art. 49 da Comunidade Europeia, que assegura a livre prestação de serviços.
(293) Art. 56 da Comunidade Europeia, que assegura a livre circulação de capitais.

sobre as sociedades os dividendos recebidos por uma sociedade domiciliada nesse Estado-membro pagos por outras sociedades lá domiciliadas, mas que sujeitam ao imposto sobre as sociedades os dividendos recebidos pela sociedade domiciliada no Reino Unido pagos por uma sociedade domiciliada em outro Estado-membro e, em particular, por uma sociedade por ela controlada domiciliada em outro Estado-membro e nele sujeita a um nível baixo tributação, ainda que autorize a dedução de eventual imposto pago na fonte sobre tais dividendos;

- até 1º de julho de 1997, discriminava os dividendos recebidos de sociedades em geral em favor das sociedades seguradoras, na medida em que determinados dividendos recebidos por uma companhia de seguros domiciliada em um Estado-membro de uma sociedade domiciliada em outro Estado-membro, embora estivessem sujeitos ao imposto sobre as sociedades, por opção da companhia de seguros poderiam não se sujeitar ao imposto sobre as sociedades;

- a legislação "CFC" britânica impõe uma série de requisitos para que os lucros das sociedades estrangeiras controladas por sociedades domiciliadas no Reino Unido não sejam nele tributados;

- o aumento recente de controle e restrições impostos no Reino Unido restringem os direitos fundamentais do contribuinte europeu, como a liberdade de estabelecimento e a liberdade de circulação de capitais.

Com base nessas alegações, as empresas solicitaram ao Tribunal de Justiça Europeu que determinasse também as condições sob as quais o reembolso e/ou a reparação fossem efetuados pelo governo britânico.

Até que, no dia 23 de abril de 2008, o Tribunal, em extenso acórdão, decidiu que:[294]

Fere o Direito Comunitário:

(i) a legislação britânica anterior que permitia a isenção sobre lucros de companhias de seguros somente quando domiciliadas no Reino Unido;

(ii) a aplicação das regras CFC em outro Estado-membro que tenha tributação menor, quando as atividades nele realizadas tenham substância econômica, e não sejam apenas estruturas artificiais.

---

(294) JORNAL Oficial da União Europeia. Pedido de decisão judicial. High court of justice, chancery division (Reino Unido). Interpretação dos arts. 43, 49 e 56. Disponível em: <http://eur-lex.europa.eu/ LexUriServ/ LexUriServdo?uri=OJ:C:2008:209:0013:0014:PT:PDF> Acesso em: 22 dez. 2008.

Não fere o Direito Comunitário:

(i) a tributação de lucros auferidos em outros países-membros sob determinadas situações;

(ii) impor requisitos de conformidade, desde que razoáveis;

(iii) concessão de vantagens tributárias a empresas britânicas quando vinculadas às informações somente lá disponíveis.

Com isso, o Tribunal de Justiça Europeu colocou um fim às discussões acerca da legislação "CFC" do Reino Unido. Esse julgamento foi muito importante porque com a decisão do caso Cadbury Schweppes, que repercutiu em toda Europa, muitos contribuintes britânicos entenderam que praticamente toda legislação "CFC" britânica era contrária ao direito comunitário, e na verdade não foi isso o que a Corte europeia quis dizer. Nesse julgamento, a Corte europeia deixou então claro seu entendimento de que as regras "CFC" britânicas, embora na maior parte dos casos não firam o direito comunitário, devem ser aplicadas de maneira razoável, e não indiscriminadamente. Será sempre contrária ao direito comunitário quando desconsiderar operações praticadas com substância econômica e propósito negocial, ou quando estabelecer critérios de tributação irrazoáveis que discriminem determinado contribuinte não residente britânico em favor de outro lá residente.

Por fim, cumpre-nos mencionar que há ainda outros casos de grande repercussão na Comunidade Europeia que discutem a aplicação das regras "CFC" britânicas, como o caso Vodafone, que possui participação societária em uma empresa *holding* que atuava em Luxemburgo na aquisição de investimentos pelo grupo. Nesse caso, julgado pela Alta Corte do Reino Unido, e que ainda poderá ser revisto, inclusive pelo Tribunal de Justiça Europeu,[295] o ponto central da discussão foi a aplicação da regra do *motive test*, em que o fisco britânico pode aplicar as regras "CFC" (uma vez preenchidas todas as outras condições legais) se o contribuinte não demonstrar que a redução da sua carga tributária na empresa estrangeira não foi o objetivo principal de suas operações ou que estas foram praticadas com a intenção de "desvios de lucros". A *High Court of Justice* entendeu que essa regra é demasiadamente subjetiva e não pode ser aplicada de forma ampla e genérica, sob pena de se ferir as liberdades fundamentais garantidas pela Comunidade Europeia, já que a *holding* em questão conduzia efetivamente atividades econômicas substanciais.

---

(295) Até o momento da edição desse Livro, as autoridades fiscais britânicas resolveram não levar esse caso ao ECJ, devido à sua substancial semelhança ao precedente Cadbury Schweppes.

6.3. França[296]

Como regra geral, a tributação de sociedades francesas está submetida ao princípio da territorialidade, isto é, apenas os lucros gerados dentro do território francês são nesse país tributados.[297] A exceção surge quando uma sociedade francesa que possui participação societária no exterior está sujeita à aplicação das regras "CFC" desse país.[298]

As regras "CFC" da França surgiram em 1980, também como forma de evitar que seus contribuintes elidissem o imposto de renda francês por meio da busca por sistemas tributários mais vantajosos. Atualmente, essas regras se encontram no art. 209-B do Regulamento Geral de Impostos francês (*Code Général des Impôts* — CGI), e determinam a aplicação das regras "CFC" nas seguintes condições:

- a sociedade francesa deve deter ao menos 50% de participação na sociedade estrangeira;

- a sociedade estrangeira deve estar sujeita a uma carga tributária sobre sua renda inferior a 50% da carga tributária francesa (regime de tributação favorecida).

No tocante à aplicação do conceito de regime de tributação favorecida, João Francisco Bianco relata que: "Para facilitar a identificação dos países com essas características (de tributação favorecida), a Administração Fazendária francesa publicou uma lista negra de países que se encaixam nessa definição. A lista, no entanto, segundo a doutrina, não é vinculante, é incompleta e — além de tudo — não vem sendo atualizada".[299]

A partir daí, a legislação francesa faz distinção de tratamento entre as sociedades estrangeiras domiciliadas na Comunidade Europeia e as sociedades estrangeiras domiciliadas em outros países.

Caso a sociedade estrangeira seja residente na Comunidade Europeia, as regras "CFC" somente se aplicarão se for identificado que a sociedade estrangeira foi constituída sob uma estrutura artificial, visando elidir a tributação francesa.

---

(296) Conforme KPMG. *Investment in France*. Paris: Fidal Direction Internationale, fev. 2005. p. 37-38.
(297) Conforme WALLACE, Cynthia Day. *The multinational enterprise and legal control:* host state sovereignty in an era of economic globalization. Haia: Martinus Nijhoff, 2002. p. 928.
(298) Como regra geral, o dividendo recebido de uma empresa estrangeira de seu controle não está sujeito à tributação, apenas 5% desse valor seria considerado como cobrança de serviço, computada como rendimento bruto e adicionado ao lucro tributável. A aplicação da legislação "CFC" na França, assim, tem a finalidade de evitar que contribuintes franceses busquem outras jurisdições mais favoráveis para exercer suas atividades.
(299) BIANCO, João Francisco. *Transparência fiscal internacional*, p. 35.

Se a sociedade estrangeira for residente em um país não pertencente à Comunidade Europeia, o primeiro ponto a se observar é se a natureza dos rendimentos por ela auferidos decorre de atividades comerciais ou industriais. Na hipótese negativa, as regras "CFC" francesas são aplicadas imediatamente. Caso contrário, teremos as seguintes hipóteses:

• se a renda passiva auferida pela sociedade decorrente de operações realizadas dentro do grupo for superior a 20% dos rendimentos totais da sociedade, ou a renda passiva somada aos serviços intragrupo forem superiores a 50% desses rendimentos; será verificada a existência de algum efeito relevante na adoção da estrutura além do efeito tributário (redução da tributação) — apenas constatando-se que não, as regras "CFC" serão aplicadas;

• se a renda passiva auferida pela sociedade decorrente de operações realizadas dentro do grupo for inferior a 20% dos rendimentos totais da sociedade, ou a renda passiva somada aos serviços intragrupo forem inferiores a 50% desses rendimentos, as regras "CFC" não se aplicam.

Como consequência da aplicação dessas regras, o lucro auferido pela sociedade estrangeira será incluído no montante tributável pelo imposto de renda corporativo na França — na medida da participação societária que a sociedade francesa detiver na sociedade estrangeira — e tributado à alíquota de 34,43%, sendo permitido o abatimento proporcional do tributo sobre a renda pago no exterior sobre tal rendimento.

Renata Fontana explica que as atuais regras "CFC" da França se deveram às recentes alterações na Lei de Finanças francesa que tiveram aplicação a partir de janeiro de 2006. Segundo a autora, essas mudanças foram introduzidas como reação à jurisprudência interna do caso Schneider — que comentaremos adiante — e provavelmente em antecipação à decisão do Tribunal de Justiça Europeu sobre o caso Cadbury Schweppes, no Reino Unido. Segundo Renata Fontana, além do aumento do percentual de participação para que seja caracterizado o controle (50%) e da diminuição da alíquota do país da sociedade estrangeira controlada considerada para caracterização da baixa tributação (cerca de 17%): "A principal inovação a este respeito é a exclusão geral de todas as SECs localizadas na União Europeia do âmbito de aplicação do regime, a menos que as autoridades fiscais francesas consigam demonstrar que uma estrutura consiste em 'expedientes puramente artificiais' que tenham por intenção evitar o imposto francês".[300]

---

(300) FONTANA, Renata. O futuro incerto dos regimes de sociedade estrangeira controlada dos Estados-membros da União Europeia. Vários autores, *Revista de Direito Tributário Internacional*, São Paulo: Quartier Latin, ano 2, n. 4, p. 194-195.

Além de as regras "CFC" francesas hoje estarem focadas em combater os casos em que o contribuinte francês visa elidir a tributação por meio de estruturas artificiais, sobretudo aqueles envolvendo a Comunidade Europeia, o art. L64 do Regulamento de Procedimentos Fiscais francês (*Livre dês Procédures Fiscales — LPF*) estabelece determinadas medidas antiabuso para combater operações praticadas pelos contribuintes com o único fim de elidir o pagamento de impostos na França, de modo que o Fisco francês possa desconsiderar tais operações para fins tributários.[301]

Apresentaremos a seguir os casos de grande repercussão que envolveram as regras "CFC" francesas, e seus mecanismos de antielisão.

6.3.1. Caso Schneider (Processo n. 232276, Acórdão de 28 de junho de 2002)[302]

O caso Schneider foi o primeiro grande caso francês que analisou a aplicação da legislação "CFC" da França com notória repercussão no país e na Comunidade Europeia, embora tenha sido julgado pela Corte Superior de Impostos Francesa (*Conseil d'État*) e não pelo Tribunal de Justiça europeu.

O caso envolveu a Société Schneider Eletric, uma empresa francesa que possuía 100% do capital de uma empresa *holding* em Genebra, na Suíça, denominada Parameter, que estava sujeita a um regime especial de tributação caracterizado pela legislação francesa como de tributação favorecida, e que auferia lucros, porém não os distribuía para sua controladora domiciliada na França.

O Fisco francês então autuou a Schneider com fundamento nas suas regras "CFC", exigindo na França a tributação sobre o valor auferido por sua sociedade controlada localizada na Suíça.

Para facilitar o entendimento da estrutura em questão, ilustramos com a figura a seguir.

---

(301) Mizabel Derzi também esclarece que a atual jurisprudência francesa caminha no sentido de que as regras antielisão francesas não devem ser aplicadas de maneira geral, devendo limitar-se a coibir práticas artificiais voltadas a evasão ou fraude tributária (DERZI, Mizabel. A tributação dos lucros auferidos no exterior por subsidiárias, controladas e coligadas e os paraísos fiscais. In: ROCHA, Valdir de Oliveira (coord.). *Grandes questões atuais de direito tributário*, v. 9, p. 421).
(302) Inteiro teor do acórdão disponível em: <www.curia.europa.eu/>.

Figura 25

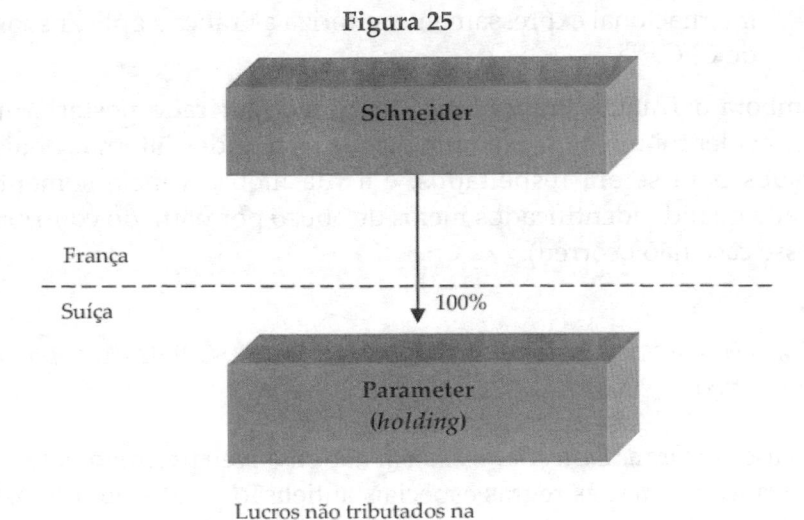

```
        Schneider
França
─────────────────┼──── 100% ────
Suíça            │
              Parameter
              (holding)

Lucros não tributados na
França
```

Estrutura da Schneider e sua *holding* Parameter.

A Corte Superior de Impostos francesa, no entanto, em decisão proferida em junho de 2002, anulou o auto de infração em tela com base no Tratado para evitar a dupla tributação internacional celebrado entre França e Suíça vigente à época, aplicando o disposto no art. 7º do referido Tratado (lucro das empresas).

O referido art. 7º continha a mesma redação do art. 7º da Convenção Modelo da OCDE (comentado no Capítulo 4 do presente estudo), que estabelece, em linhas gerais, que os lucros de uma empresa de um Estado Contratante somente são tributáveis nesse Estado, exceto se a empresa exercer sua atividade em outro Estado Contratante por meio de um estabelecimento permanente aí situado. Nesse caso, os lucros da empresa serão tributáveis no outro Estado unicamente na medida em que forem atribuíveis a esse estabelecimento permanente.

E como a Parameter não era considerada um estabelecimento permanente da Schneider, pois se tratava de uma subsidiária, o Tribunal francês negou a aplicação das regras "CFC" francesas por entender que essas regras violavam o tratado de dupla tributação internacional celebrado entre esses dois países, o qual já continha em seu bojo elementos e mecanismos suficientes para evitar a elisão fiscal.

Clóvis Panzarini Filho e Raffaele Russo destacam a respeito:

> (...) a decisão da Suprema Corte da França baseou-se no tratado internacional firmado entre França e Suíça antes de sua modificação pelo Protocolo datado 22 de junho de 1997. A nova versão do tratado

internacional expressamente autoriza a França a aplicar suas regras de CFC.⁽³⁰³⁾

Embora o Tratado França-Suíça tenha sido alterado posteriormente, o caso Schneider foi um bom exemplo de que os tratados internacionais foram celebrados para serem respeitados, e a sua inobservância somente seria justificada quando identificados meios de abuso por parte do contribuinte (o que nesse caso não ocorreu).

6.3.2. CASO HUGHES DE LASTEYRIE DU SAILLANT (PROCESSO C-9/02, ACÓRDÃO DE 11 DE MARÇO DE 2004)⁽³⁰⁴⁾

O caso *Hughes de Lasteyrie du Saillant* não envolveu propriamente as regras "CFC" francesas, mas as regras especiais antielisão para tributar o ganho de capital (mais-valia) apurado na transferência de domicílio de uma sociedade francesa para outro país.

O art. 167 *bis* do Código Tributário francês estabelecia que uma empresa francesa que tenha tido domicílio fiscal na França durante pelo menos seis dos últimos dez anos estava sujeita a tributação do ganho de capital na data da transferência do seu domicílio fiscal para fora da França, apurado pela diferença do valor de seus direitos na sociedade na data da transferência de domicílio e no valor de tais direitos na data de sua respectiva aquisição, desde que a participação dos acionistas nos direitos sociais da empresa transferida fosse equivalente a pelo menos 25% de seu capital social.

O item II do artigo em comento determinava que o pagamento do imposto relativo ao ganho de capital (mais-valia) verificado poderia ser diferido até o momento em que fossem efetuados a transmissão, o resgate, o reembolso ou a anulação dos direitos sociais em causa, desde que o contribuinte declarasse o montante da mais-valia verificada nas condições previstas na lei, requeresse o benefício da suspensão, designasse um representante com domicílio na França autorizado a receber as comunicações relativas à tributação, à cobrança e ao contencioso tributário, e constituísse, antes de sua partida, perante o tesoureiro encarregado da cobrança, garantias suficientes para assegurar a cobrança do crédito fiscal. Caso contrário, os acionistas franceses deveriam recolher o imposto sobre a mais-valia apurada, à alíquota de 16%, podendo imputar tais valores ao seu imposto de renda devido no período.

---

(303) PANZARINI FILHO, Clóvis; RUSSO, Raffaele. A compatibilidade entre as regras de CFC e os tratados internacionais. Vários autores, *Revista de Direito Tributário Internacional*, São Paulo: Quartier Latin, ano 1, n. 3, p. 26.
(304) Inteiro teor do acórdão disponível em: <www.curia.europa.eu/>.

Nesse contexto, a empresa H. de Lasteyrie deixou a França em 12 de setembro de 1998, para se instalar na Bélgica. A sociedade detinha nessa data, ou havia detido, em dado momento, no decurso dos seis anos anteriores até o momento de sua saída da França, direta ou indiretamente com os membros de sua família, títulos que lhe conferiam direito a mais de 25% dos lucros da sociedade. Sendo o valor venal desses títulos superior ao seu preço de aquisição, a H. de Lasteyrie foi sujeita ao imposto sobre as mais-valias em conformidade com o disposto no art. 167 bis do Código Tributário francês — CGI.

H. de Lasteyrie então recorreu à Corte francesa, pedindo a anulação da regra do art. 167 bis do Código Tributário francês, com base no fundamento de ser esse artigo contrário ao direito comunitário, uma vez que a legislação em questão impunha restrições ao exercício da liberdade de estabelecimento.

A Corte francesa considerou que essas disposições, contrariamente ao que sustentava a H. de Lasteyrie, não têm por objetivo nem por efeito sujeitar a quaisquer restrições ou condições o exercício efetivo, pelas pessoas por elas visadas, da liberdade de circular, embora o Direito Comunitário se oponha à instituição, por um Estado-membro, de regras que tenham por efeito criar entraves ao estabelecimento de algum dos seus nacionais no território de outro Estado-membro.

De acordo com o *Conseil d'État*, o art. 167 bis do CGI prevê a sujeição imediata dos contribuintes que se preparam para transferir para fora da França o seu domicílio fiscal, nas condições por ele definidas, a uma tributação incidente sobre as mais-valias ainda não realizadas — também chamadas de "mais-valias latentes" —, que, por essa razão, não seriam tributadas se os refe-ridos contribuintes mantivessem na França o seu domicílio. A Corte destacou, ainda, que o art. 167 bis do Código Tributário francês contém disposições que permitem evitar que esses contribuintes tenham, em definitivo, de suportar uma carga fiscal à qual não teriam sido sujeitos, desde que constituíssem garantias adequadas a assegurar a cobrança do imposto.

A H. de Lasteyrie, porém, ao recorrer ao Tribunal de Justiça europeu, alegou que as sujeições que a constituição de tais garantias podem comportar se opõem à liberdade de estabelecimento garantida pelo Tratado da Comunidade Europeia.

Até que, em acórdão de 11 de março de 2004, o Tribunal de Justiça europeu decidiu que:

> **O princípio da liberdade de estabelecimento** constante do art. 52 do Tratado CE (que passou, após alteração, a art. 43, CE) deve ser interpretado no sentido de que **se opõe a que um Estado-membro institua**, para fins de prevenção do risco de evasão fiscal, **um mecanismo de tributação das mais-valias ainda**

não realizadas, como o previsto no art. 167 *bis* do *Code Général des Impôts* francês, **para o caso de transferência do domicílio fiscal de um contribuinte para fora desse Estado**. (grifos nossos)

Ou seja, não pode o fisco francês exigir tributação sobre uma simples alteração de domicílio fiscal do contribuinte, de maneira que lhe reste, para se eximir de tal tributação, o cumprimento de uma série de obrigações onerosas, sob pena de se coibir sua liberdade de estabelecimento.

Analisando o Caso Hughes de Lasteyrie du Saillant, Mizabel Derzi explica que: "Em decorrência dos princípios, invocados pela Corte de Justiça Europeia, para disciplinar as normas antielisivas internas dos Estados-Membros, o Conselho de Impostos da França, mesmo sem suscitar questão prejudicial, passou a afastar dispositivos legais franceses similares. Assim, tornou-se inócuo (...) o art. 212 do Código Geral de Impostos — CGI. Segundo o referido art. 212, que visa a lutar contra a subcapitalização, a dedução dos juros vertidos por uma subsidiária francesa a sociedade-mãe estrangeira que lhe concedeu empréstimos em conta-corrente, superiores a uma vez e meia o capital social da subsidiária, será limitada, enquanto tal limitação é inexistente se a sociedade mãe tiver sede na França".[305] Ou seja, o julgamento do caso H. Lasteyrie du Saillant repercurtiu em diversas alterações na jurisprudência francesa.

6.4. JAPÃO[306]

A legislação japonesa de imposto de renda estabelece que as sociedades domiciliadas nesse país estão sujeitas à tributação de suas rendas em bases universais (princípio da universalidade). O lucro auferido no exterior por meio de participação societária que as sociedades japonesas detêm fora do Japão, no entanto, somente é tributado quando efetivamente distribuído,[307] exceto se aplicadas as regras "CFC".

As regras "CFC" no Japão surgiram em 1978, com o objetivo de impedir que as empresas japonesas diferissem indefinidamente a tributação sobre seus lucros no país.

---

(305) DERZI, Mizabel. A tributação dos lucros auferidos no exterior por subsidiárias, controladas e coligadas e os paraísos fiscais. In: ROCHA, Valdir de Oliveira (coord.). *Grandes questões atuais de direito tributário*, v. 9, p. 419-420.
(306) Conforme: Genzberger, Christine. *An enclyclopedic view of doing business with Japan*. San Rafael: World Trade, 1994.
(307) Desde 2009, o Japão adotou o método da isenção para evitar a dupla tributação internacional, através da exclusão, do lucro tributável de suas sociedades, de 95% do dividendo recebido de sociedades estrangeiras, de modo que apenas 5% do dividendo recebido é tributado no Japão, sem direito a crédito do imposto de renda pago no país da sociedade estrangeira.

Depois de recentes atualizações, tais regras se aplicam quando presentes as seguintes condições:[308]

- a sociedade japonesa detém mais de 50% do capital da sociedade estrangeira, direta ou indiretamente; e

- a sociedade estrangeira está domiciliada em país que não tribute a renda ou que a tribute em alíquota menor ou igual a 20%.[309]

A par dessas regras, a legislação japonesa prevê ainda determinadas condições que, se cumpridas **cumulativamente**, dispensam a aplicação de suas regras "CFC". São elas:

- a sociedade estrangeira deve exercer atividades ativas, isto é, sua atividade principal não pode ser a de deter investimentos, aplicar ou emprestar recursos financeiros, registrar patentes, *leasing* etc.);[310]

- a sociedade estrangeira deve ter substância, isto é, elementos que evidenciem que ela realmente existe e opera, e não se trata apenas de uma estrutura artificial, como, por exemplo, sede efetiva e demais facilidades necessárias para conduzir as atividades;

- a sociedade estrangeira deve ter gerência local, ou seja, sua atividade deve ser gerenciada em seu próprio país;

- nos casos em que a principal atividade da sociedade estrangeira é varejo, seguros, transporte aéreo, securitização, embarcação, atividade bancária ou *trust*,[311] ela deve ser exercida por funcionários próprios, e não por terceiros.

Caso a sociedade estrangeira cumpra cumulativamente essas quatro condições, não se aplicarão as regras japonesas "CFC". No entanto, ainda

---

(308) Conforme GAVIN, Declan. *Worldwide tax view* — controlled foreign corporation regimes, dez. 2007. Disponível em: <http://www.bcasonline.org/articles/artin.asp?742> Acesso em: 20 nov. 2008; Japanese Business Tax Group Newsletter — january 2010. Deloitte Touche Tohmatsu. All rights reserved. Disponível em: <http://www.deloitte.com/view/en_GB/uk/market-insights/international-markets/JSG-EN/taxservices/jbt/jbt-newsletters/ee82f29a015e6210VgnVCM100000ba42f00aRCRD.htm> Acesso em: 28 mar. 2010.
(309) Até dezembro de 2009 essa alíquota era de 25%.
(310) De acordo com as recentes alterações da legislação tributária japonesa, a partir de janeiro de 2010, se a sociedade estrangeira for considerada uma matriz regional, simples detenção de participação em outras empresas não a qualifica como uma sociedade CFC, desde que: (i) seja 100% controlada, direta ou indiretamente, pela empresa japonesa; (ii) deter pelo menos 25% das ações de ao menos duas sociedades que exerçam atividades substanciais nos países em que estiverem domiciliadas; (iii) constituir em um lugar fixo exercendo suas atividades através de empregados próprios diretamente envolvidos no gerenciamento das sociedades estrangeiras na qual participa.
(311) Embora exista em diversas modalidades, o *trust* é uma forma de entrega de um bem ou um valor a uma pessoa (fiduciário) para que seja administrado em favor do depositante ou de outra pessoa por ele indicada (beneficiário).

assim, caso a sociedade estrangeira aufira determinados rendimentos considerados passivos, tais rendimentos devem ser tributados no Japão.[312] São eles:

> i. Dividendos e ganho de capital (limitados a ganhos decorrentes de alienação de ações em bolsa ou mercado de balcão) em que a sociedade estrangeira detenha 10% ou menos das ações;
>
> ii. Juros sobre títulos ou ganho de capital sobre títulos (limitados a ganhos decorrentes de alienação de títulos em bolsa ou mercado de balcão);
>
> iii. Rendimento decorrente de direitos autorais e industriais (incluindo direitos de publicação e afins), exceto se tais direitos tenham sido adquiridos pela própria entidade;
>
> iv. Rendimento decorrente de arrendamento de navios ou aeronaves.

Recentemente, a Suprema Corte do Japão decidiu que os prejuízos incorridos pelas sociedades estrangeiras controladas de sociedades japonesas não são dedutíveis dos lucros tributários percebidos pelas suas respectivas controladoras domiciliadas no Japão.[313]

Embora o regulamento de imposto de renda japonês nada disponha expressamente a esse respeito, a Suprema Corte entendeu que não seria razoável tal dedução, mas apenas que o referido prejuízo seja utilizado para compensar futuros lucros auferidos pela mesma sociedade estrangeira.[314]

Por outro lado, o imposto de renda pago no exterior com base no lucro oferecido à tributação no Japão pode ser lá compensado, desde de que não superior ao imposto de renda devido nesse país.

Interessante notar que diversas regras de tributação internacional japonesas recentemente sofreram alteração, algumas delas com vigência a partir de 1º de abril de 2009, outras a partir de 1º de janeiro de 2010. Dentre as principais alterações podemos destacar as seguintes:

> • O dividendo recebido de uma sociedade estrangeira (não considerada CFC) será 95% isento do imposto de renda japonês, sendo, portanto, apenas 5% tributável no país.
>
> • Por outro lado, eventual imposto de renda pago sobre tais lucros distribuídos no exterior não serão recuperáveis na sociedade japonesa. Essa regra, por consequência, também é aplicada ao crédito tributário indireto, sobre o imposto de renda pago pelas sociedades na qual essa sociedade estrangeira participe.

---

(312) Há ainda algumas pequenas exceções para a não tributação dessa renda passiva, como por exemplo o rendimento passivo não ser superior a 5% de seu lucro antes dos impostos ou a renda passiva bruta não superior a 10 MM de ienes.
(313) JAPAN: inbound tax alert. 2007 Deloitte Touche Tohmatsu. All rights reserved. Disponível em: <http://www.deloitte.com/dtt/cda/doc/content/InboundTaxAlert_nov07.pdf> Acesso em: 21 nov. 2008.
(314) Decisão de 28 de setembro de 2007.

- Dividendos pagos por sociedades CFC (cujos lucros que os originaram já foram tributados anteriormente) passaram a ser 100% isentos no Japão, até o limite do lucro tributável do período e dos lucros não distribuídos pela CFC dos últimos 10 anos.

6.5. Estados Unidos da América[315]

Os Estados Unidos da América foram o primeiro país a introduzir regras "CFC" em seu ordenamento jurídico, em 1962, e, embora suas regras sejam relativamente semelhantes às dos demais países já analisados neste estudo, há uma série de detalhes e exceções que lhes conferem certo grau de complexidade.

De acordo com as regras desse país, o primeiro passo para a aplicação das regras "CFC" consiste em identificar se a sociedade estrangeira é considerada controlada para fins fiscais.

A legislação americana considera controlada a sociedade estrangeira quando mais de 50% das ações com direito a voto — ou sem direito a voto, mas que representem mais de 50% do valor total da sociedade estrangeira — sejam detidas por acionistas americanos. Para esse fim, acionista americano é aquele que detém pelo menos 10% dos poderes de voto na sociedade estrangeira. Tal controle pode ser identificado por participação direta, indireta ou construtiva.[316]

Assim, se uma sociedade estrangeira é controlada por 11 diferentes acionistas americanos (não relacionados), cada um deles detendo a mesma participação (aproximadamente 9,09%), a sociedade estrangeira não estará sujeita às regras "CFC" dos Estados Unidos, pois nenhum deles é considerado acionista segundo as regras americanas.

Da mesma forma, caso uma sociedade estrangeira seja controlada 50% por um acionista americano e 50% por seis diferentes acionistas americanos (cerca de 8,33% cada um), nenhum deles relacionados entre si, a sociedade estrangeira também não estará sujeita às regras "CFC" americanas. É necessário, conforme salientado, que mais de 50% das ações sejam detidas por um mesmo acionista ou acionistas americanos relacionados, isto é, com alguma ligação: mesmo grupo econômico, mesma família etc.

Uma vez identificado o controle da sociedade estrangeira por acionista(s) americano(s), a legislação americana qualifica essa sociedade como *Subpart F*, determinando a **tributação sobre sua renda passiva**, que inclui:

---

(315) Conforme KPMG US. *Master tax guide 2006*. Chicago: CCH Incorporated, 2005. p. 716-719, 146-147.
(316)A participação é considerada construtiva quando ações são detidas por pessoas relacionadas, como esposa, filhos, netos ou pais (conforme KPMG US. *Master tax guide 2006*. Chicago: CCH Incorporated, 2005. p. 263).

- dividendos;
- juros;
- aluguéis;
- *royalties*;
- investimentos em propriedades americanas;
- lucros de vendas de base estrangeira (*Foreign Base Company Sales Income*) — trata-se de lucros decorrentes de atividades de vendas de bens acabados para uso, consumo ou disposição destinados a empresas do grupo em outro país, ou cujas compras correspondentes tenham sido realizadas de empresas do grupo localizadas em outro país, exceto se as mercadorias tiverem sofrido substanciais transformações no país da sociedade estrangeira.

Por outro lado, as demais rendas auferidas pela sociedade estrangeira (ativas), como aquelas decorrentes de atividades mercantis, manufatura, revenda etc. — desde que não consideradas vendas de base estrangeira —, não serão tributadas nos Estados Unidos.

Além disso, há algumas exceções à aplicação da regra CFC que se dão ainda que a renda auferida pela sociedade estrangeira controlada seja considerada passiva:

- dividendos e/ou juros recebidos de fonte localizada no mesmo país da sociedade estrangeira, ainda que de parte relacionada;
- aluguéis e/ou *royalties* recebidos em virtude do uso de bens e/ou direitos localizados no mesmo país da sociedade estrangeira, ainda que de parte relacionada;
- aluguéis e/ou *royalties* recebidos de terceiros — partes não relacionadas —, desde que vinculados a uma conduta ativa de exploração de bens e/ou direitos;
- dividendos, juros, aluguéis e/ou *royalties* recebidos de parte relacionada quando tal rendimento não seja considerado um rendimento submetido às regras "CFC" — essa exceção, denominada *CFC Look Through Rule*, é aplicada somente para os fatos geradores ocorridos no período entre 1º de janeiro de 2006 e 1º de janeiro de 2009.

Há ainda outras quatro regras especiais para aplicação das regras "CFC" americanas:

1) a regra do mínimo (*The minimus rule*) — a regra "CFC" não é aplicada se a renda passiva da sociedade estrangeira controlada for inferior a USD 1 milhão e a 5% do seu lucro bruto total;

2) a regra da inclusão total (*Full inclusion rule*) — todo rendimento da sociedade estrangeira controlada será tributado se mais de 70% do seu lucro bruto for relativo à renda passiva;

3) exceção de alta tributação (*High tax exception*) — as regras "CFC" não se aplicam se o país de domicílio da sociedade estrangeira tributar a renda à alíquota equivalente a 90% da maior alíquota de imposto de renda federal vigente nos Estados Unidos da América (atualmente 35%, logo, a alíquota do país estrangeiro seria de 31,5%);

4) regra de limitação aos lucros e rendimentos (*Earnings and profits limitation rule*) — ao aplicar as regras "CFC", o lucro a ser tributado nos Estados Unidos não pode ser superior ao lucro auferido pela sociedade estrangeira de acordo com as regras de contabilidade do seu país de domicílio.

Sobre as regras "CFC" americanas, Clóvis Panzarini e Raffaele Russo esclarecem também que:

> (...) os rendimentos na subparte F serão considerados como dividendos distribuídos e, portanto, será garantido ao contribuinte a utilização dos respectivos créditos fiscais relativos à tributação de tais rendimentos em seu país de origem. Os Estados Unidos — assim como a maioria dos países — preveem o cômputo dos rendimentos das sociedades subsidiárias estrangeiras separadamente, sendo os prejuízos de uma sociedade estrangeira compensáveis com seus futuros lucros.[317]

Por fim, há ainda uma alternativa aos contribuintes americanos que pretendam não se sujeitar às regras "CFC" desse país, que consiste na escolha do tipo societário e do respectivo regime de tributação da empresa no momento de sua constituição, conhecido como *check the box*.

De acordo com essa alternativa, uma sociedade americana instituída sob a forma de sociedade limitada, optante pelo regime *check the box*, é considerada transparente para fins fiscais nos Estados Unidos (*pass through*), não se sujeitando às regras CFC americanas.

No entanto, para gozar desse benefício fiscal, tais sociedades não podem ter operações nem bens nesse país.

Por fim, é importante mencionar que as regras "CFC" americanas estão sendo atualmente revistas pelo governo americano e provavelmente serão alteradas em breve.

---

(317) PANZARINI, Clóvis; RUSSO, Raffaele. A compatibilidade entre as regras de CFC e os tratados internacionais. Vários autores, *Revista de Direito Tributário Internacional*, São Paulo: Quartier Latin, ano 1, n. 3, p. 19.

Capítulo 7

O Brasil tem, de Fato, uma Regra "CFC"?

Como vimos, a tributação de lucros auferidos no exterior de empresas por meio de suas filiais, sucursais, agências, sociedades controladas ou coligadas no exterior é internacionalmente aplicada somente sob determinadas condições.

A primeira delas é a caracterização de controle da sociedade estrangeira, daí a denominação regras "CFC" (regras de sociedade estrangeira **controlada**). A segunda é a localização da sociedade estrangeira em país de tributação favorecida; e a terceira é o auferimento de rendas passivas, isto é, não decorrentes do efetivo exercício de atividades empresariais, que possibilitaria à empresa estrangeira funcionar como um mero canal de condução entre os sócios e suas atividades empresariais verdadeiras.

Todas essas condições, de algum modo, foram identificadas nos países que analisamos neste estudo, quais sejam: Alemanha, Reino Unido, França, Japão e Estados Unidos da América.

A legislação brasileira, portanto, ao determinar a tributação de todos os rendimentos auferidos no exterior por sociedades cujas empresas brasileiras detenham participação, sem fazer qualquer distinção de controle, natureza do rendimento ou localização da empresa estrangeira, vai de encontro com as regras adotadas no plano internacional, reduzindo, de certa forma, a competitividade das empresas brasileiras que buscam se expandir globalmente.

João Francisco Bianco, após analisar as regras "CFC" de diversos países como Alemanha, Argentina, Austrália, Dinamarca, Espanha, Estados Unidos da América, Finlândia, França, Itália, Nova Zelândia, Portugal e Reino Unido, concluiu que apenas a Nova Zelândia[318] possui regras semelhantes às brasileiras, vejamos:

> De um modo geral, no entanto, podemos dizer que, em todos os casos (com exceção da Nova Zelândia), o objetivo visado pelo legislador foi evitar que a interposição de empresas sediadas em países de baixa tributação pudesse fazer com que os lucros, auferidos no exterior, tivessem sua tributação diferida ou evitada no país de residência dos seus sócios.
>
> É por isso que as principais características desse regime são a existência de controle societário; a localização da sede da empresa controlada em país de baixa tributação; e a submissão a esse regime principalmente dos lucros decorrentes de operações passivas ou de operações realizadas entre partes relacionadas.[319]

Clóvis Panzarini e Rafaelle Russo também tecem inteligentes críticas ao regime de tributação "CFC" brasileiro. Vejamos:

> (...) as feições das regras de CFC brasileiras representam uma séria distorção às regras de reconhecimento de lucros de sociedades subsidiárias não residentes normalmente adotadas por outras jurisdições. Isso porque, no caso das regras brasileiras, há um abandono do princípio básico que norteou a criação, pelos Estados Unidos, das regras CFC, posteriormente seguido por outras jurisdições, a partir de 1972. Tais regras, no sistema jurídico brasileiro, perdem a feição de regras "antiabuso", que visam a evitar a realocação de rendimentos a outras jurisdições, e passam a representar regras de cunho estritamente arrecadatório, que visam a aumentar as receitas tributárias do governo brasileiro.
>
> De fato, é cristalino que as regras brasileiras de CFC, da maneira que foram concebidas, não visam a evitar a obtenção de vantagens fiscais por meio da realocação de rendimentos a sociedades estrangeiras. As regras brasileiras de CFC têm a abrangência mais ampla possível: aplicam-se a rendimentos ativos e passivos, obtidos em quaisquer jurisdições, ainda que por uma sociedade estrangeira

---

(318) Explicando as razões da Nova Zelândia possuir regras CFC tão distintas, autor argumenta que: "Os argumentos apresentados por especialistas, para ser concedida uma isenção abrangendo os rendimentos ativos, não foram aceitos pelas autoridades fiscais fazendárias. Na ocasião, prevaleceu o entendimento de que não havia qualquer distinção econômica válida que justificasse a separação dos rendimentos entre ativos e passivos. Além disso, foi considerado que uma isenção desse tipo teria altos custos de fiscalização e seria de difícil aplicação". Além disso, o autor relata, que em relação a apenas sete países arrolados em uma denominada "lista cinza" não são aplicadas as regras "CFC" neozelandesas, de modo que também não há distinção entre um paraíso fiscal e um país de tributação regular para fins de aplicação dessa legislação (BIANCO, João Francisco. *Transparência fiscal internacional*, p. 34-35).
(319) BIANCO, João Francisco. *Op. cit.*, p. 39.

meramente coligada (e não controlada) da sociedade acionista brasileira.[320]

Mizabel Derzi e Sacha Calmon Navarro explicam que a intenção da regra brasileira trazida com a Medida Provisória n. 2.158-35/01 foi penalizar as empresas brasileiras que se aproveitavam das brechas existentes na legislação para criar estruturas voltadas para a elisão de tributação no Brasil, porém acabou por penalizar todas as empresas brasileiras que investem no exterior, reduzindo a competitividade de empresas sérias, que agem de boa-fé:

> Ninguém duvida de que um país soberano pode adotar medidas para conter a evasão e a fraude, aliás, tem o dever. Tem ainda o direito de criar medidas para reduzir os efeitos da singela elisão ou elusão fiscal, por meio da qual se investe no exterior em busca de tratamento fiscal mais favorecido. Entretanto, ao fazê-lo, a lei antielisiva não pode penalizar injustamente aqueles contribuintes que têm razões negociais reais para abrir controladas no exterior, muito menos privilegiar aqueloutros que procuram se instalar em paraísos fiscais. Infelizmente, são tantos os defeitos da nova legislação que ela conduz ao fortalecimento da evasão ou da elisão, justamente aquilo que deveria combater. Ao criar a presunção absoluta de "disponibilidade" com o simples registro dos lucros no balanço da controlada, a Medida Provisória n. 2.158-35/01 pressupôs injustamente que *todos os investimentos são fraudulentos e todos eles são feitos em paraísos fiscais*. Com isso, a MP citada penaliza as controladoras sérias, que, expandindo suas atividades, investem em outro país, onde a tributação é também rigorosa.[321]

Nesse sentido, portanto, podemos concluir que, em comparação às práticas internacionais, **não temos no Brasil uma regra "CFC"**, mas tão somente uma regra determinando a tributação integral dos rendimentos auferidos no exterior por meio de sociedades estrangeiras (filiais, sucursais, agências, controladas e coligadas) detidas por pessoas jurídicas brasileiras, por ocasião da apuração do balanço em 31 de dezembro de cada ano — ainda que tais rendimentos não tenham sido efetivamente distribuídos. E isso se torna ainda mais gravoso e sério quando as próprias regras brasileiras não permitem que eventual prejuízo auferido no exterior seja compensado aqui.

Parece-nos que a legislação brasileira de tributação de sociedades estrangeiras, com o fim de penalizar os contribuintes que criavam estruturas

---

(320) PANZARINI, Clóvis; RUSSO, Rafaelle. A compatibilidade entre as regras de CFC e os tratados internacionais. Vários autores, *Revista de Direito Tributário Internacional*, São Paulo: Quartier Latin, ano 1, n. 3, p. 39.
(321) DERZI, Mizabel; CALMON, Sacha. A tributação dos lucros auferidos no exterior por subsidiárias, controladas e coligadas e os paraísos fiscais. In: ROCHA, Valdir de Oliveira (coord.). *Grandes questões atuais de direito tributário*, v. 9, p. 424.

e/ou operações no exterior voltadas à redução da sua carga tributária, muitas vezes alocando seus lucros em países de tributação favorecida e utilizando as sociedades estrangeiras como mero canal entre os sócios brasileiros e as suas reais atividades, acabou por penalizar indiscriminadamente todo e qualquer contribuinte brasileiro que invista no exterior, indo de encontro com as melhores práticas internacionais.

Essa perda de competitividade das multinacionais brasileiras gerada pelas regras brasileiras de tributação de lucros auferidos no exterior também foi reconhecida pelo ministro Marco Aurélio de Melo, em seu voto no julgamento da ADIn n. 2.588:[322]

> Hoje o Brasil está no 65º lugar no *ranking* da competitividade internacional. Se a empresa é obrigada a recolher o tributo sem o aporte da renda em seu balanço, sem a disponibilidade, certamente terá de tirar o numerário respectivo de algum lugar, perdendo, ante a existência de ônus sem contrapartida, mais e mais, a competitividade. E ainda se fala em pacto federativo visando à tão esperada reforma tributária. Para tanto, desnecessário é ir ao fundo do poço.

Para o Ministro, a regra trazida pela Medida Provisória n. 2.158-35/01:

> (...) mostrou-se de miopia cegante, apenando não os sonegadores, no que sempre encontram meio de driblar o burocrático fisco, mas empresas sérias que buscam projetar, com inegáveis riscos e sacrifícios, além das fronteiras nacionais, o nome do Brasil, tornando-o merecedor da consideração e respeito internacionais. Sim, editem-se normas que punam o ato de sonegação e alcancem aqueles que, à mercê de práticas merecedoras de excomunhão maior, traem os interesses pátrios. O que não cabe é o trato de situações díspares da mesma forma, a dosagem cavalar, a apanhar as empresas em geral, os contribuintes que, sob o ângulo da forma e da realidade, da concretude, da transparência, já cumprem os deveres fiscais.[323]

Sábias as palavras do Ministro.

Como vimos no capítulo anterior (Panorama Internacional), o combate à elisão fiscal pelos países-membros da Comunidade Europeia é feito mediante análise detalhada de cada caso, e, na maioria dos casos, é identificado abuso quando o contribuinte se utiliza de estruturas artificiais. Foi, por exemplo, o

---

(322) Voto vista de 26 de setembro de 2006 (CONSULTOR Jurídico. Ramos no exterior. *Leia voto do Marco Aurélio sobre tributos de empresas no exterior*. Disponível em: <http//www.conjur.com.br/2006-set-29/leia_voto_marco_aurelio_tributos_empresas> Acesso em: 22 dez. 2008).
(323) Voto vista de 26 de setembro de 2006 (CONSULTOR Jurídico. Ramos no exterior. *Leia voto do Marco Aurélio sobre tributos de empresas no exterior*. Disponível em: <http//www.conjur.com.br/ 2006-set-29/leia_voto_marco_aurelio_tributos_empresas> Acesso em: 22 dez. 2008).

que o próprio Tribunal de Justiça Europeu decidiu nos casos *Cadbury Schweppes* e *CFC and Dividend Group Litigation*, e a legislação da França se adaptou após o julgamento do caso *Schneider* e a alemã, após o caso *Cadbury Schweppes* — e não de forma geral e indistinta como a legislação brasileira.

Nesse sentido, Renata Fontana sabiamente menciona que: "(...) de acordo com a jurisprudência do Tribunal da CE, medidas internas capazes de dificultar ou tornar menos atraente o exercício das liberdades fundamentais garantidas pelo Tratado da CE devem ser testadas sob a regra da razão, devendo satisfazer quatro condições. Estas medidas devem (1) ser aplicadas de maneira não discriminatória, (2) ser justificadas por requisitos imperativos de interesse geral, (3) ser apropriadas para assegurar a realização do objetivo que elas buscam e (4) não ir além do que é necessário para atingir este objetivo, conforme o princípio da proporcionalidade".[324]

No Brasil, no entanto, não foi esse o critério adotado pelo legislador.

A nosso ver, uma regra "CFC" mais adequada para o Brasil seria aquela que estivesse em consonância com as melhores práticas internacionais, que determinasse a tributação de lucros no exterior de pessoas jurídicas que possuem filial, sucursal, agência, sociedade controlada ou coligada em outros países somente nas hipóteses em que fosse identificado: (1) o controle; (2) a localização da empresa em país de tributação favorecida; e (3) o auferimento de rendas de natureza passiva, sendo tributável o lucro auferido no exterior nas demais hipóteses somente na sua distribuição. Isso, segundo nosso entendimento, já penalizaria as empresas que buscam a criação de sociedades sem substância no exterior, tornando as demais empresas brasileiras mais competitivas internacionalmente.

Para esse fim, o novo conceito ampliado de jurisdição com tributação favorecida (país ou dependência),[325] e de "regime fiscal privilegiado",[326] recém-introduzido pela Lei n. 11.727/08[327] e complementado pela Lei n. 11.941/09,[328] poderia servir para balizar esse regramento.

De acordo com o atual conceito de jurisdição de tributação favorecida, assim será considerado o país ou dependência que:

---

(324) FONTANA, Renata. O futuro incerto dos regimes de sociedade estrangeira controlada dos Estados--membros da União Europeia. Vários autores, *Revista de Direito Tributário Internacional*, São Paulo: Quartier Latin, ano 2, n. 4, p. 194-195.
(325) O conceito de jurisdição de tributação favorecida foi introduzido pela Lei n. 9.430/96, e ampliado pelas Leis ns. 10.451/02 e 11.727/08.
(326) O conceito de regime fiscal privilegiado foi introduzido pela Lei n. 11.727/08 e complementado pela Lei n. 11.941/09.
(327) Que introduziu os arts. 23-A e 23-B na Lei n. 9.430/96, no tocante ao controle dos preços de transferência, com vigência a partir de 1º de janeiro de 2009.
(328) Dá nova redação ao *caput* do art. 23-A anteriormente mencionado.

- não tribute a renda ou a tribute à alíquota máxima inferior a 20%;

- não permita o acesso a informações relativas à composição societária, titularidade de bens ou direitos ou às operações econômicas realizadas;

- não permita o acesso a informações relativas à identificação do beneficiário efetivo de rendimentos atribuídos a não residentes.

E, trazendo um conceito ainda mais amplo, a Lei definiu regime fiscal privilegiado aquele que:

- não tribute a renda ou a tribute à alíquota máxima inferior a 20% (tributação favorecida);

- conceda vantagem de natureza fiscal a pessoa física ou jurídica não residente:

    — sem exigência de realização de atividade econômica substantiva no país ou dependência (renda passiva + tributação favorecida);

    — condicionada ao não exercício de atividade econômica substantiva no país ou dependência (*conduit company* para renda passiva + tributação favorecida);

- não tribute, ou o faça em alíquota máxima inferior a 20%, os rendimentos auferidos fora de seu território (tributação favorecida para *conduit company*);

- não permita o acesso a informações relativas à composição societária, titularidade de bens ou direitos ou às operações econômicas realizadas[329] (demasiado sigilo fiscal e societário sem justificativa).

Ou seja, com o amplo conceito de país com tributação favorecida e regime fiscal privilegiado, introduzido na legislação regente dos preços de transferência, a própria lei acaba por coibir potenciais abusos (ou, ao menos, controlar mais de perto) de empresas brasileiras que interpõem sociedades no exterior para canalizar suas atividades em outros países, beneficiando-se de regimes tributários favorecidos ou altamente sigilosos.

Nesse sentido, o novo conceito de regime fiscal privilegiado abrange agora as jurisdições que concedem incentivos fiscais para sociedades que não possuem "atividade econômica substantiva" ou que se prestem a deter inves-

---

(329) A aplicação das regras de controle dos preços de transferência nos casos em que a empresa estrangeira está domiciliada em país que oponha sigilo quanto à sua composição societária ou titularidade de seus sócios, acionistas ou quotistas, já estava prevista na Lei n. 9.959/00 e na Instrução Normativa SRF n. 243/02.

timentos em outros países (isto é, não operem no país onde estão localizadas), incorrendo inevitavelmente no conceito de renda passiva.[330]

Ainda de acordo com o novo art. 25 da Lei n. 12.249/10, os juros pagos ou creditados por fonte situada no Brasil à pessoa física ou jurídica residente, domiciliada ou constituída no exterior, em país ou dependência com tributação favorecida ou sob regime fiscal privilegiado, somente serão dedutíveis,[331] para fins de determinação do IRPJ e da CSLL, quando se verifique constituírem despesa necessária à atividade da empresa, atendendo cumulativamente aos seguintes requisitos:[332]

I — o valor do endividamento com a entidade situada em país ou dependência com tributação favorecida ou sob regime fiscal privilegiado não seja superior a 30% do valor do patrimônio líquido da pessoa jurídica residente no Brasil;

II — o valor total do somatório dos endividamentos com todas as entidades situadas em país ou dependência com tributação favorecida ou sob regime fiscal privilegiado não seja superior a 30% do valor do patrimônio líquido da pessoa jurídica residente no Brasil.

Assim, verificando-se que a sociedade brasileira pagou juros superiores aos percentuais acima descritos, o valor dos juros relativos ao excedente será considerado despesa não necessária à atividade da empresa, e, portanto, indedutível para fins de apuração do IRPJ e da CSLL.[333]

Além disso, o novo art. 26 da referida Lei n. 12.249/10 estabelece que são indedutíveis na determinação do lucro real e da base de cálculo da contribuição social sobre o lucro líquido as importâncias pagas, creditadas, entregues, empregadas ou remetidas a qualquer título, direta ou indiretamente, a pessoas físicas ou jurídicas residentes ou constituídas no exterior e submetidas a um tratamento de país ou dependência com tributação favorecida ou sob regime fiscal privilegiado,[334] salvo se houver, cumulativamente:

I — a identificação do efetivo beneficiário da entidade no exterior, destinatário dessas importâncias;[335]

---

(330) Luiz Felipe Ferraz, embora demonstre determinada preocupação com a nova determinação de atividade econômica substancial que, em face do princípio constitucional da legalidade, pode gerar incerteza para o contribuinte, afirma que "A inclusão da exigência de atividade econômica substantiva na lista do art. 23 parece ser um passo em direção ao item (iv) do conceito da OCDE para paraíso fiscal, o qual aponta para a necessidade de *atividade econômica substancial*" (In: A ampliação do conceito de paraíso fiscal pela Lei n. 11.727. *Revista de Direito Tributário Internacional*, São Paulo: Quartier Latin, v. 10, p. 158, 2005-2008).
(331) Essa regra se aplica cumulativamente à regra de limitação estabelecida pela regra de preços de transferência estabelecidas, conforme descrevemos brevemente no item 2.3 desse Livro (dedutibilidade condicionada ao registro do contrato no Banco Central do Brasil ou limitada à taxa *libor* + 3% ao ano).
(332) Essas regras também são conhecidas como "regras de subcapitalização", ou *thin capitalization rules*.
(333) Nos temos do art. 47 da Lei n. 4.506/64.
(334) Na forma dos arts. 24 e 24-A da Lei n. 9.430/96 mencionados anteriormente.
(335) O parágrafo único do art. 26 da Lei n. 12.249/10 determina que se considera efetivo beneficiário a pessoa física ou jurídica, não constituída com o único ou principal objetivo de economia tributária, que

II — a comprovação da capacidade operacional da pessoa física ou entidade no exterior de realizar a operação; e

III — a comprovação documental do pagamento do preço respectivo e do recebimento dos bens, direitos ou a utilização de serviço.

Ou seja, a legislação tributária brasileira realmente restringiu ao máximo as operações realizadas com países de tributação favorecida, passando a controlar qualquer tipo de remessa feita a esses países.[336]

O art. 24-B da Lei n. 9.430/96 (este introduzido pela Lei n. 11.718/09), por sua vez, autoriza o Poder Executivo a reduzir ou restabelecer os percentuais de tributação sobre a renda no exterior que a lei considera como "país de tributação favorecida", podendo ainda tal faculdade ser aplicada, de forma excepcional e restrita, a países que componham blocos econômicos dos quais o Brasil participe.

Isso seria, a nosso ver, o início da harmonização da legislação tributária em vista de uma integração econômica, o que poderia acontecer em um momento futuro com o Brasil (*e.g.*, Mercosul) em dimensões semelhantes à da Comunidade Europeia, onde cada país abre mão de uma parte de sua soberania como forma de fazer parte de uma soberania maior.[337]

---

auferir esses valores por sua própria conta e não como agente, administrador fiduciário ou mandatário por conta de terceiro.
(336) Sob a égide da legislação anterior (que simplesmente trazia o conceito de jurisdição de tributação favorecida — país ou dependência), a Secretaria da Receita Federal editou a Instrução Normativa n. 188, de 6 de agosto de 2002, elencando os países assim considerados. Com base na legislação atual, a Receita Federal do Brasil editou a Instrução Normativa n. 1.037, de 4 de julho de 2010, ampliando substancialmente a lista anterior, incluindo países com a Suíça (na lista de jurisdições de tributação favorecida) e os regimes fiscais privilegiados: "I — com referência à legislação de Luxemburgo, o regime aplicável às pessoas jurídicas constituídas sob a forma de *holding company*; II — com referência à legislação do Uruguai, o regime aplicável às pessoas jurídicas constituídas sob a forma de "Sociedades Financeiras de Inversão — Safis" até 31 de dezembro de 2010; III — com referência à legislação da Dinamarca, o regime aplicável às pessoas jurídicas constituídas sob a forma de *holding company*; IV — com referência à legislação do Reino dos Países Baixos, o regime aplicável às pessoas jurídicas constituídas sob a forma de *holding company*; V — com referência à legislação da Islândia, o regime aplicável às pessoas jurídicas constituídas sob a forma de *International Trading Company* — ITC; VI — com referência à legislação da Hungria, o regime aplicável às pessoas jurídicas constituídas sob a forma de *offshore KFT*; VII — com referência à legislação dos Estados Unidos da América, o regime aplicável às pessoas jurídicas constituídas sob a forma de *Limited Liability Company* — LLC estaduais, cuja participação seja composta de não residentes, não sujeitas ao imposto de renda federal; ou VIII — com referência à legislação da Espanha, o regime aplicável às pessoas jurídicas constituídas sob a forma de *Entidad de Tenencia de Valores Extranjeros* — ETVEs; IX — com referência à legislação de Malta, o regime aplicável às pessoas jurídicas constituídas sob a forma de *International Trading Company* — ITC e de *International Holding Company* — IHC". Com isso, o Reino dos Países Baixos (Holanda) e Suíça ingressaram com pedido de revisão de seus enquadramentos na Lista, até que os efeitos da IN n. 1.037 foram suspensos para esses dois países por força dos os Atos Declaratórios Executivos — ADE 10.10 e 11.10, ambos publicados em 25.6.10. Posteriormente, a RFB editou a Instrução Normativa n. 1.045/10 prevendo o procedimento para as demais jurisdições que se sentiram prejudicadas ingressarem com o pedido de revisão de enquadramento.
(337) Segundo Laura de Castro Zoratto: "Enquanto o Mercosul atualmente não passa de uma união aduaneira (união aduaneira imperfeita, segundo alguns, pois apenas cerca de 67% dos bens possuem

Sérgio André R. G. da Silva, afirma, com sabedoria, que:

> (...) prestando-se a integração econômica ao fim das barreiras alfandegárias, com a livre circulação, no interior do bloco, das mercadorias, serviços e meios de produção, isso sem quaisquer limitações de cunho subjetivo decorrentes da nacionalidade dos mesmos, praticando os países integrados, ainda, políticas externas harmonizadas no que se refere à exportação de bens e serviços, **resta cristalina a importância de que sejam estabelecidas diretrizes tributárias comuns**, aplicáveis aos países do bloco como um todo.[338] (grifos nossos)

A reformulação das regras brasileiras de tributação de lucros auferidos no exterior por pessoas jurídicas detentoras de empresas ou participação societária em outros países, assim, é uma medida que **tornaria o Brasil mais preparado para uma futura integração econômica e jurídica, nos moldes da Comunidade Europeia**.

Nesse sentido, uma regra "CFC" que considerasse a caracterização de país com tributação favorecida, rendas passivas, jurisdição de baixa tributação, e controle, já daria às regras brasileiras maior adequação às regras internacionais atualmente praticadas, permitindo às sociedades brasileiras maior competitividade global e tornando viável uma integração econômica e jurídica do Brasil em grandes blocos econômicos. Nesse momento, a aplicação das regras "CFC" brasileiras de maneira generalista seria contrabalanceada com direitos fundamentais de outros Estados-membros, como a liberdade de estabelecimento e a livre circulação de bens e serviços.

A par disso, entendemos ainda que as autoridades fiscais brasileiras já dispõem de mecanismos jurídicos suficientes para coibir a prática de abuso e fraude à lei de empresas brasileiras que utilizam sociedades estrangeiras para outros fins, como pudemos verificar em casos identificados pelas autoridades fiscais e posteriormente julgados pelo CARF.

---

uma tarifa externa comum), num nível mais avançado de aprofundamento do processo de integração, a União Monetária e Econômica compreende a harmonização das políticas monetárias e fiscais, bem como o estabelecimento de políticas setoriais e macroeconômicas comuns e, como no caso da União Europeia, de organismos supranacionais" (ZORATTO, Laura de Castro. *Mecanismos de solução de controvérsias no Nafta e no Mercosul:* lógicas determinantes e seus reflexos sobre as relações entre estado e empresa. f. 10-13. Dissertação (Mestrado). Pontifícia Universidade Católica do Rio de Janeiro. Instituto de Relações Internacionais, 2004).
(338) SILVA, Sérgio André R. G. da. *Integração econômica e harmonização da legislação tributária.* Rio de Janeiro: Lumen Juris, 2003. p. 92-93.

Conclusões

Diante do que foi exposto no presente estudo, tecemos as seguintes conclusões sob os pontos centrais deste trabalho:

1. Após sucessivas alterações na recente legislação brasileira de tributação de lucros auferidos no exterior, a Medida Provisória n. 2.158-35/01 (art. 74) passou a determinar que as pessoas jurídicas que detêm participação em sociedades estrangeiras devem oferecer à tributação todo lucro por elas auferidos no momento em que estes forem considerados disponibilizados para a pessoa jurídica brasileira, considerando-se tal disponibilização o pagamento ou crédito de tais lucros, ou a data do balanço do exercício fiscal em que houverem sido apurados, em 31 de dezembro de cada ano. Essa determinação de disponibilização de lucros, independentemente de sua efetiva distribuição, em 31 de dezembro de cada ano (disponibilização ficta), fere a regra matriz de hipótese de incidência do imposto de renda concebida pela Constituição Federal e melhor detalhada no Código Tributário Nacional.

2. Entendemos que o acréscimo patrimonial da pessoa jurídica brasileira que possui participação societária no exterior não pode ser tributado no Brasil enquanto não lhe for disponível. Tal disponibilidade é elemento de vital relevância para a configuração do fato gerador do Imposto de Renda, e somente seria verificado se a empresa brasileira recebesse, de alguma forma, tais lucros (disponibilidade econômica), ou detivesse o direito líquido e certo, já reconhecido, de recebê-los (disponibilidade jurídica), não podendo se confundir o patrimônio da empresa estrangeira com o patrimônio de sua controladora ou coligada aqui no Brasil.

3. Essa questão vem sendo discutida no Supremo Tribunal Federal — STF, porém ainda não há uma posição definitiva da corte sobre assunto. O julgamento da Ação Direta de Inconstitucionalidade que contesta a matéria (ADIn n. 2.588) ainda encontra-se pendente, tendo sido já proferidos três votos favoráveis aos contribuintes, considerando inconstitucional a Medida Provisória n. 2.158-35/01 (art. 74), dois votos contra — considerando-a constitucional —, e um voto parcialmente favorável, da ministra relatora Ellen Gracie,

que considera inconstitucional a tributação de lucros não distribuídos apenas pelas "coligadas", das quais a pessoa jurídica não detém sequer a disponibilidade jurídica, no entendimento da ministra relatora, mantendo, no entanto, a tributação das sociedades "controladas".

4. Analisando as regras brasileiras de tributação de lucros auferidos no exterior em face dos tratados internacionais celebrados pelo Brasil para evitar a dupla tributação, chegamos às seguintes conclusões: (1) nos casos em que há previsão de competência exclusiva do país de residência para tributação dos lucros por uma empresa lá gerados, havendo a possibilidade de o país de fonte tributar tais rendimentos somente quando, e na medida que, essa empresa exerça em seu território uma atividade lucrativa através de um Estabelecimento Permanente (art. 7º), a tributação, no Brasil, de lucros de subsidiárias de empresas brasileiras[339] vai de encontro ao Tratado; (2) nos tratados em que há previsão de tributação de dividendos somente quando pagos/distribuídos (art. 10), a tributação de tais lucros antes de sua efetiva distribuição também fere o tratado; (3) nos casos em que o recebimento de dividendos é isento de impostos no Brasil (art. 23-A), a tributação de lucros ainda não distribuídos (dividendos fictos) é com o tratado totalmente incompatível.

5. No caso de incompatibilidade entre uma lei ordinária interna e um tratado internacional, em matéria tributária, entendemos que prevalece o Tratado. Entendemos que, com base no art. 5º, § 2º, da Constituição Federal, no art. 98 do CTN e no art. 27 da Convenção de Viena, bem como no entendimento da doutrina e da jurisprudência, uma lei ordinária (ou medida provisória com força de lei ordinária) não pode se sobrepor a um tratado internacional celebrado pelo Brasil e internalizado ao ordenamento jurídico nacional pelo Poder Executivo (com a publicação do respectivo Decreto).

6. No âmbito administrativo, no CARF, encontramos julgamentos com entendimentos diferentes e ainda não consolidados, sendo o último entendimento adotado pelo órgão no sentido de que o art. 7º do Tratado afasta a tributação automática dos lucros das subsidiárias brasileiras, porém os lucros auferidos pelas subsidiárias da subsidiária brasileira (controladas indiretas) consideram-se auferidos diretamente pela investidora brasileira, e sua tributação no Brasil não se submete às regras do tratado. Não concordamos com esse entendimento porque ele desconsidera a personalidade jurídica da sociedade controlada (direta) brasileira e nega a aplicação do tratado internacional legitimamente celebrado entre o Brasil e o país de sua controlada direta sem justificativa, considerando ainda que a própria legislação tributária determina a consolidação dos resultados auferidos no exterior, para fins tributários, na figura da sociedade controlada direta da empresa brasileira.

---

(339) Não consideradas estabelecimento permanente, portanto consideradas residentes do país estrangeiro.

7. Também entendeu o CARF, em algumas ocasiões, que a alienação do investimento detido no exterior configura emprego dos lucros em favor da beneficiária brasileira (hipótese de presunção de pagamento para fins de disponibilização antes da entrada em vigor da Medida Provisória n. 2.158-35/01). Não concordamos com esse entendimento, porque não há nessa hipótese a disponibilidade jurídica ou econômica do lucro no exterior pela empresa brasileira. Entendemos que essa operação poderia, eventualmente, ser tributada como ganho de capital da empresa brasileira, caso o valor de tal alienação fosse superior ao custo de aquisição do seu investimento, já ajustado pela correspondente equivalência patrimonial.

8. Quando a pessoa jurídica brasileira pratica operações comerciais ou financeiras com a sociedade estrangeira na qual detém participação, e tais operações geram tributação na empresa brasileira em decorrência de aplicação da legislação de controle dos preços de transferência, entendemos que tal tributação não deve ser realizada concomitantemente com a tributação (no Brasil) dos lucros auferidos pela mesma sociedade estrangeira. Isso porque a tributação via ajuste nos preços de transferência pressupõe que o lucro objeto do ajuste foi, para fins fiscais, transferido artificialmente para o exterior; logo, não haveria sentido tributá-lo de novo pela regra de disponibilização, sob pena de se gerar uma dupla tributação econômica na sociedade brasileira, ferindo os princípios da isonomia, capacidade contributiva, segurança jurídica, vedação de tributo com efeito de confisco e razoabilidade.

9. Embora o principal fundamento da legislação brasileira de instituir uma tributação de forma ampla e irrestrita, e sem ao menos possibilitar a compensação de prejuízos incorridos no exterior, como foi o caso da Medida Provisória n. 2.158-35, tenha sido o de evitar que as empresas brasileiras elidam o pagamento do imposto de renda brasileiro, essas regras prejudicam a competitividade das multinacionais brasileiras, que devem pagar imposto de renda sobre uma renda que ainda não lhes pertence. Nesse sentido, mais justo seria aplicar as regras brasileiras de antielisão nos casos em que fosse identificado abuso ou existência de estruturas artificiais criadas com a finalidade de evitar o pagamento de tributos no Brasil.

10. A análise de legislações de tributação de lucros auferidos no exterior de outros países (regras "CFC") revela que, no panorama internacional, a aplicação dessa regra se dá geralmente quando a sociedade estrangeira (1) é controlada pela investidora; (2) está localizada em país de tributação favorecida; (3) aufere a maior parte de seus rendimentos decorrentes de atividades passivas — *e.g.*, juros, dividendos, *royalties*, aluguéis etc. —, como é o caso de países como Alemanha, França, Reino Unido, Japão e Estados Unidos da América. Estudos mais abrangentes, desenvolvidos por outros autores, revelam que apenas a Nova Zelândia possui regras de tributação de lucros

auferidos no exterior semelhantes às brasileiras.⁽³⁴⁰⁾ Por essa razão, concluímos que não há no Brasil uma regra "CFC", mas apenas uma regra geral e extremamente nociva de tributação de todos os rendimentos auferidos em quaisquer circunstâncias que, embora tenha sido criada para penalizar as empresas que se utilizavam de mecanismos abusivos para elidir a tributação de seus rendimentos no País, acabou por penalizar as demais que vêm, de forma honesta, expandindo seus negócios globalmente.

11. No Direito Comunitário da União Europeia, mesmo com a existência de regras "CFC" bem menos restritas, ainda assim a jurisprudência caminha no sentido de que a aplicação dessas regras deve ser feita somente quando identificado o emprego de expedientes puramente artificiais, o que seria apurado mediante as circunstâncias de cada caso específico. Nas discussões das regras "CFC" na Comunidade Europeia, no entanto, outros argumentos estão envolvidos, como a garantia de liberdade de estabelecimento e a livre circulação de bens, capitais e serviços no bloco — típicos direitos de uma integração econômica e jurídica de direito comunitário com caráter supranacional.

12. No entanto, no âmbito da Comunidade Europeia a realidade é outra. A maior parte de seus Estados-membros possui regras internas que estabelecem a autoexecutoriedade dos tratados internacionais celebrados,⁽³⁴¹⁾ reconhecendo inclusive a superioridade hierárquica das normas da Comunidade Europeia em face de sua legislação interna,⁽³⁴²⁾ ao passo que no Mercosul, nenhum de seus países-membros adota a regra de recepção automática dos tratados,⁽³⁴³⁾ muito menos reconhecendo-lhes superioridade hierárquica.⁽³⁴⁴⁾

---

(340) Além de João Francisco Bianco, já citado, vide também FONTANA, Renata. O futuro incerto dos regimes de sociedade estrangeira controlada dos Estados-membros da União Europeia. Vários autores. *Revista de Direito Tributário Internacional*, São Paulo: Quartier Latin, ano 2, n. 4, p. 137.
(341) Exemplos: Portugal (art. 8º de sua Constituição), Alemanha (arts. 24 e 25 de sua Consituição) e Itália (art. 11 de sua Constituição).
(342) A Constituição de Portugal, por exemplo, prevê em seu art. 277, item 2, que: "A inconstitucionalidade orgânica ou formal de tratados internacionais regularmente ratificados não impede a aplicação das suas normas na ordem jurídica portuguesa, desde que tais normas sejam aplicadas na ordem jurídica da outra parte, salvo se tal inconstitucionalidade resultar de violação de uma disposição fundamental".
(343) Exemplos: Argentina (art. 75, item 22, de sua Constituição), Uruguai (art.s 85, item 7º, e 168, item 20, da sua Constituição) e Brasil (art. 49, I).
(344) Embora tenhamos no Brasil o art. 98 do CTN, já mencionado, o § 2º do art. 5º da CF/88 determina que: "Os direitos e garantias expressos nesta Constituição não excluem outros decorrentes do regime e dos princípios por ela adotados, ou dos tratados internacionais em que a República Federativa do Brasil seja parte". Posteriormente a Emenda Constitucional n. 45/04 acrescentou o § 3º ao mesmo artigo para prever que: "Os tratados e convenções internacionais sobre direitos humanos que forem aprovados, em cada Casa do Congresso Nacional, em dois turnos, por três quintos dos votos dos respectivos membros, serão equivalentes às emendas constitucionais".

13. A nosso ver, uma regra "CFC" mais adequada para o Brasil seria aquela que estivesse em consonância com as melhores práticas internacionais, que determinasse a tributação de lucros no exterior de pessoas jurídicas que detêm participação societária em outros países somente nas hipóteses em que fossem identificados o controle, a localização da empresa em país de tributação favorecida ou regime fiscal privilegiado e o auferimento de rendas de natureza passiva, o que, por si só, já penalizaria as empresas que buscam a criação de sociedades no exterior como mero canal entre os sócios e as suas reais atividades, tornando as demais empresas brasileiras mais competitivas internacionalmente.

Resumo

> Apresentamos a seguir um resumo sintetizado dos principais assuntos abordados neste estudo. Ressaltamos que o presente resumo não possibilita uma análise crítica e detalhada dos assuntos tratados nessa obra, consiste apenas em uma compilação dos principais tópicos nela analisados.

Evolução legislativa

A legislação brasileira de tributação dos lucros auferidos no exterior por filiais, sucursais, controladas e coligadas de sociedades brasileiras evoluiu da seguinte forma:

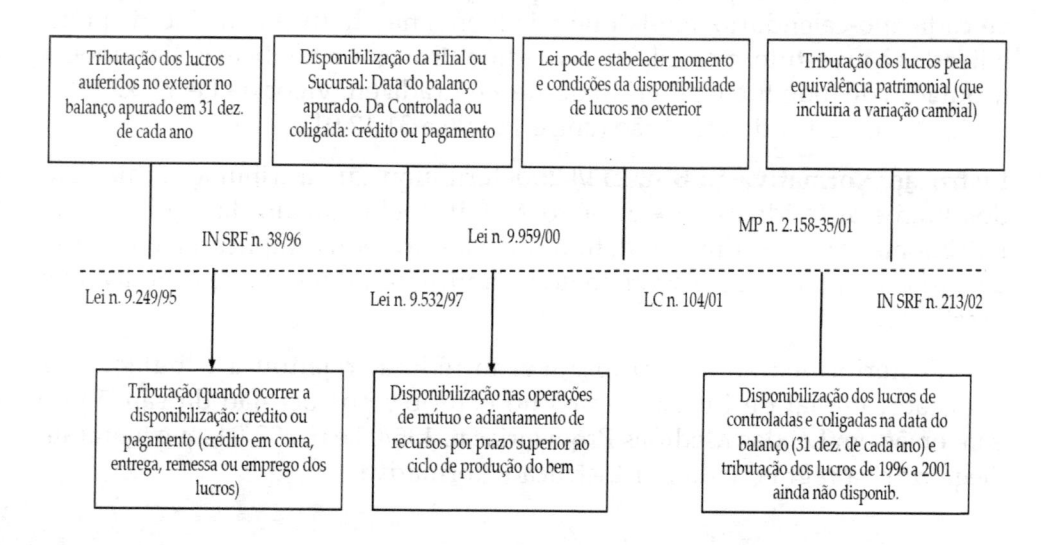

Tributação dos lucros auferidos no exterior no balanço apurado em 31 dez. de cada ano	Disponibilização da Filial ou Sucursal: Data do balanço apurado. Da Controlada ou coligada: crédito ou pagamento	Lei pode estabelecer momento e condições da disponibilidade de lucros no exterior	Tributação dos lucros pela equivalência patrimonial (que incluiria a variação cambial)
	IN SRF n. 38/96	Lei n. 9.959/00	MP n. 2.158-35/01
Lei n. 9.249/95	Lei n. 9.532/97	LC n. 104/01	IN SRF n. 213/02
Tributação quando ocorrer a disponibilização: crédito ou pagamento (crédito em conta, entrega, remessa ou emprego dos lucros)	Disponibilização nas operações de mútuo e adiantamento de recursos por prazo superior ao ciclo de produção do bem		Disponibilização dos lucros de controladas e coligadas na data do balanço (31 dez. de cada ano) e tributação dos lucros de 1996 a 2001 ainda não disponib.

Lei n. 9.249/95: determinou a tributação (automática) de todo lucro auferido no exterior por ocasião da apuração do balanço, em 31 de dezembro de cada ano-calendário.

Instrução Normativa SRF n. 38/96: estabeleceu a tributação de tais lucros somente quando ocorresse a sua disponibilização para a sociedade brasileira, que se daria com o pagamento ou crédito desses lucros, elencando também determinadas hipóteses em que estes seriam considerados disponibilizados presumidamente.

Lei n. 9.532/97: manteve a determinação da Instrução Normativa SRF n. 38/96 para as sociedades controladas ou coligadas de empresas brasileiras (tributação quando da disponibilização), e a determinação da Lei n. 9.249/95 para as filiais e sucursais das empresas brasileiras (tributação automática).

Lei n. 9.959/00: estabeleceu outras hipóteses de presunção de disponibilização de lucros auferidos no exterior para as sociedades controladas e coligadas de empresas brasileiras que possuam lucros ainda não pagos ou creditados ao Brasil: contratação de mútuo e adiantamento de recursos por prazo superior ao ciclo de produção do bem.

Lei Complementar n. 104/01: introduziu dispositivo no Código Tributário Nacional — CTN para prever que a lei poderá estabelecer o momento e as condições em que o lucro auferido no exterior se considerará disponibilizado para fins tributários.

Medida Provisória n. 2.158-35/01: Mantendo as previsões de tributação por ocasião do pagamento ou crédito dos lucros, estabeleceu a tributação automática de lucros auferidos por sociedades controladas e coligadas de sociedades brasileiras por ocasião da apuração do balanço, em 31 de dezembro de cada ano-calendário, ainda que tais lucros não houvessem sido disponibilizados à investidora brasileira. A Medida Provisória também determinou a tributação de todo lucro auferido desde a entrada em vigor da Lei n. 9.249/95 e não disponibilizado até então (entre 1º.1.96 a 31.12.01).

Instrução Normativa RFB n. 213/02: determinou que a tributação imediata dos lucros auferidos no exterior fosse feita pelo cálculo da equivalência patrimonial do investimento detido no exterior, o que implicaria a inclusão da variação cambial do investimento na apuração do montante tributável no Brasil.

Posteriormente, o próprio governo federal rejeitou a tributação da variação cambial de investimentos no exterior, por ocasião da sanção de conversão em Lei das Medidas Provisórias n. 135/03 e n. 232/04, que tentaram "legalizar" a regra criada por Instrução Normativa.

Constitucionalidade e legalidade da Medida Provisória n. 2.158-35/01

A regra de tributação automática dos lucros auferidos no exterior por controladas e coligadas de sociedades brasileiras, independentemente da efetiva disponibilização de tais lucros (disponibilização ficta), vem sendo amplamente contestada, especialmente sob os seguintes aspectos:

a. violação do conceito de renda estabelecido pela Constituição Federal e pelo Código Tributário Nacional, ante a exigência de imposto — IRPJ e contribuição — CSLL sobre situação que não configura renda ou lucro (acréscimo patrimonial disponível econômica ou juridicamente);

b. violação ao princípio constitucional da irretroatividade da lei tributária, ante a exigência de tributo sobre fatos geradores ocorridos antes do início da vigência da Medida Provisória.

No Supremo Tribunal Federal — STF, o julgamento da Ação Direta de Inconstitucionalidade (ADIn n. 2.588) impetrada pela Confederação Nacional da Indústria — CNI ainda se encontra pendente, tendo já sido proferidos os seguintes votos:

STF	
Ministro	Decisão
Marco Aurélio de Melo	Procedente
Sepúlveda Pertence	
Ricardo Lewandowski	
Nelson Jobin	Improcedente
Eros Grau	
Ellen Gracie	Parc. Procedente

No voto parcialmente procedente da ministra Ellen Gracie (relatora) foi feita uma distinção entre as expressões "sociedade controlada" e "sociedade coligada", ficando definido pela ministra que apenas em relação às sociedades coligadas a Medida Provisória é inconstitucional, porque não há, nesse caso, disponibilidade jurídica da renda, já que na sociedade coligada a empresa brasileira não possui preponderância das deliberações.

No Superior Tribunal de Justiça — STJ, em ocasiões pontuais julgadas até então, o órgão proferiu os seguintes entendimentos:

STJ	
Situação	Decisão
1º entendimento	Questão eminentemente constitucional (cabe ao STF julgar)
2º entendimento	Improcedente
3º entendimento	Parcialmente improcedente

O entendimento de "parcialmente improcedente" mencionado acima segue os mesmos termos do voto da ministra Ellen Gracie, do STF.

COMPATIBILIDADE COM OS TRATADOS

Quanto à compatibilidade da regra de tributação trazida pela Medida Provisória n. 2.158-35/01 com os tratados internacionais celebrados pelo Brasil para evitar a dupla tributação internacional, as alegações dos contribuintes se baseiam principalmente nos seguintes artigos, a depender do país:

Artigo	Conteúdo
Art. 7º (Lucro das empresas):	Os lucros auferidos pelas subsidiárias de empresas brasileiras no país com o qual o Brasil mantém tratado somente são lá tributáveis
Art. 10 (Dividendos):	Os dividendos recebidos do exterior somente podem ser tributados no Brasil quando efetivamente pagos
Art. 23 (Eliminação da dupla tributação pelo método da isenção):	Quando uma empresa brasileira receber dividendos que, de acordo com as disposições do tratado, sejam tributáveis no exterior, o Brasil deverá isentar o pagamento de impostos sobre tais dividendos

As questões relativas à compatibilidade das regras brasileiras com os tratados internacionais dos quais o Brasil é signatário estão sendo analisadas pelo Conselho Administrativo de Recursos Federais — CARF.

Até o presente momento, não há um entendimento consolidado no CARF sobre o assunto, sendo que o último entendimento que prevaleceu no órgão foi no sentido de que o tratado internacional prevalece sobre a legislação tributária brasileira, afastando a tributação de lucros auferidos no exterior por sociedades cujas empresas brasileiras detenham participação. Porém, para fins de aplicação do art. 74 da Medida Provisória n. 2.158-35, o CARF entendeu que os lucros de controladas indiretas consideram-se auferidos diretamente pela investidora brasileira, e sua tributação no Brasil não se submete às regras do tratado internacional firmado com o país de residência da controlada direta. Vejamos abaixo os principais casos julgados:

Caso	País envolvido	Interpretação do art. 7º	Interpretação do art. 10	Interpretação do art. 23	Prevaleceu o Tratado?
Refratec	Portugal	Até 2001 afastava a tributação de lucros auferidos por subsidiárias, porém a partir desse ano a Ilha da Madeira foi excluída do Tratado	Não analisado	Não aplicável	Até 2001 sim, porém a Ilha da Madeira foi excluída nesse ano e a alienação do investimento foi considerada "emprego em favor da beneficiária"
	Espanha	A nova regra da MP n. 2.158-35 tributa o lucro antes dos impostos e não o lucro líquido, protegido pelo Tratado	Dividendo "pago" é o colocado à disposição do acionista	Não analisado	Não
BBA	Portugal	Não analisado	Dividendo pago/creditado é uma das hipóteses previstas na Lei n. 9.532/96, incluindo o "emprego em favor da beneficiária"	Não aplicável	Sim, porém a Ilha da Madeira foi excluída nesse ano e a alienação do investimento foi considerada "emprego em favor da beneficiária"
Eagle 1	Espanha	Afasta a tributação de lucros auferidos por subsidiárias	Esses artigos se aplicam ao lucro líquido de impostos (dividendos) e a MP n. 2.158-35 tributa o lucro antes dos impostos		Sim
Eagle 2 (mais recente)	Espanha, Argentina e Uruguai	Afasta somente a tributação de lucros auferidos por subsidiária direta, não se aplicando aos investimentos que esta detém na Argentina e no Uruguai	Esses artigos se aplicam ao lucro líquido de impostos (dividendos) e a MP n. 2.158-35 tributa o lucro antes dos impostos		Sim, mas somente em relação ao país de domicílio da subsidiária

EMPREGO DOS LUCROS EM FAVOR DA BENEFICIÁRIA

Além disso, no CARF, foram analisados diversos casos sobre a caracterização da alienação da participação societária detida no exterior como "emprego dos lucros em favor da beneficiária" — hipótese definida como modalidade de pagamento para fins de presunção da disponibilização dos lucros auferidos no exterior nos termos da legislação em vigor anteriormente à publicação da Medida Provisória n. 2.158-35/01. Nesse sentido, o CARF emitiu as seguintes opiniões:

Caso	Operação	Caracterizou "emprego"?
Refratec	Simples alienação	Sim
BBA	Alienação na redução de capital	Sim
Casablanc	Dação em pagamento das ações para quitar distrato de AFAC	Sim
Boston	Alienação para aporte de capital	Não
Ediva	Dação em pagamento para quitar Redução de capital	Não
Safra	Simples alienação	Sim
Traffic	Simples alienação	Sim

Direito comparado

No panorama internacional, percebemos que as regras brasileiras de tributação de lucros auferidos no exterior (por meio de participação societária) destoam completamente das dos outros países, que geralmente estabelecem essas regras somente quando presentes as seguintes características:

a. Controle: a sociedade investidora do país deve deter o controle da sociedade estrangeira;

b. Tributação favorecida: a sociedade investida deve estar domiciliada em um país considerado "paraíso fiscal";

c. Renda passiva: a renda auferida pela sociedade estrangeira controlada deve ter natureza de renda passiva, isto é, não estar relacionada a uma atividade econômica substancial.

As características apontadas acima se identificam, de alguma forma, nas legislações dos cinco países que analisamos: Alemanha, Reino Unido, França, Japão e Estados Unidos da América, que podemos resumir da seguinte forma:

País	Conceito de paraíso fiscal	Conceito de controle	Conceito de renda passiva	Outras regras e exceções
Alemanha	Tributação < 25% exceto se a carga efetiva for reduzida em razão da compensação ou isenção de SEC detida pela SEC	(i) 50% + 1 detidos direta ou indiretamente; ou (ii) 1% se a SEC aufere renda passiva de investimento > € 62 mil por ano; ou (iii) Se 90% da renda da SEC for renda passiva (exceto se listada em bolsa)	Lista de atividades consideradas ativas (e.g.: agricultura, manufatura, revenda, serviços etc.), na maioria, desde que não envolva atividades com o acionista alemão	(i) Não enquadramento no Regulamento de Tributação de Investimentos; (ii) Regras antielisão (iii) Recente adequação ao caso Cadbury Schweppes
Reino Unido	Tributação < a 3/4 da alíquota atual de 28% do Reino Unido (ou seja, 21%)	> 50% de participação	Há apenas o "teste de intenção", onde a empresa deve mostrar que a criação de sua SEC não foi somente para fins tributários	(i) Não se aplica quando a SEC tenha política de distribuição de dividendos; ou (ii) Pelo menos 35% das ações listadas em bolsa; ou (iii) Lucro anual ≤ £ 50 mil
França	Tributação < a 50% da alíquota atual de 34.43% da França (ou seja, 17.21%)	≥ 50% de participação	Somente para SEC fora da UE: (i) 20% de renda passiva com operações intragrupo; ou (ii) 50% de renda passiva + operações intragrupo	Regras antielisão
Japão	≤ 25%	> 50% de participação direta ou indireta	Detenção de participações em outras empresas, aplicação de recursos financeiros, patentes, *leasing* etc.	Não se aplica se a SEC tiver (i) substância; (ii) gerência local; (iii) funcionários próprios
Estados Unidos	Tributação < a 90% da alíquota atual de 35% dos EUA (ou seja, 31.50%)	> 50% das ações detidas por acionistas americanos (aquele que detém ≥ 10% de participação direta, indireta ou construtiva)	Dividendos, aluguéis, juros, *royalties*, investimentos nos EUA, lucro de venda de base estrangeira etc. Possui lista de exceções	(i) Regra do mínimo; (ii) Regra de inclusão total; (iii) Regra de limitação aos lucros e rendimentos da controladora (iv) alternativa *check the box*

Na Comunidade Europeia, a discussão sobre a aplicação da legislação de tributação de lucros auferidos no exterior (regras CFC) envolve a análise da compatibilidade das regras de cada país com as regras de direito comunitário referentes à liberdade de estabelecimento e à livre circulação de bens e serviços. Em alguns casos, também foi analisada a compatibilidade das regras CFC dos países com os tratados dos quais estes são signatários.

O quadro abaixo sumariza o conteúdo dos julgamentos analisados:

País	Caso	Compatibilidade com o Direito Comunitário (liberdade de estabelecimento, livre circulação de bens e serviços)	Compatibilidade com o Tratado
Alemanha	Columbus Container Services (Bélgica)	Não fere o Direito Comunitário a aplicação das regras CFC sob determinadas circunstâncias antiabuso	O Tribunal Europeu não pode apreciar porque não envolve o Direito Comunitário
Reino Unido	Cadbury Schweppes (Irlanda)	Fere o Direito Comunitário a aplicação das regras CFC em outro Estado-Membro que tenha tributação menor, quando as atividades nele realizadas tenham substância econômica, e não sejam apenas estruturas artificiais	Não aplicável
Reino Unido	CFC and Dividend Group Litigation (Diversos)	Fere o Direito Comunitário: (i) a legislação britânica anterior que permitia a isenção sobre lucros de companhias de seguros somente quando domiciliadas no Reino Unido (ii) a aplicação das regras CFC em outro Estado-Membro que tenha tributação menor	Não analisou
França	Schneider (Suíça) Nota: decidido pela Corte francesa	Não analisou	Prevalece o Tratado (não tributação com fundamento no art. 7º)
França	Lasteyrie du Sailant (Bélgica)	Fere a liberdade de estabelecimento impor a tributação de mais valias sobre a simples transferência de domicílio para outro Estado-Membro	Não analisou

Considerações finais e nossa proposta

Entendemos que as atuais regras brasileiras de tributação de lucros auferidos no exterior, além de ferirem o conceito de renda preestabelecido pela Constituição Federal e posteriormente definido pelo Código Tributário Nacional, são incompatíveis com os tratados internacionais firmados pelo Brasil.

Entendemos também que as atuais regras brasileiras foram criadas como forma de evitar que empresas brasileiras diferissem indeterminadamente a tributação de lucros apurados no exterior (mediante a não distribuição efetiva, quando possível, do lucro pela sua sociedade estrangeira controlada), no entanto, essas regras prejudicam a competitividade das empresas brasileiras, que podem ser obrigadas a pagar imposto sobre renda não efetivamente auferida.

Ao nosso ver, uma regra mais adequada seria uma compatível com as melhores práticas internacionais, que estabelecesse a tributação de tais lucros somente quando presentes fatores como o controle da sociedade estrangeira pela sociedade brasileira, a baixa tributação do país de domicílio da sociedade estrangeira e o auferimento por ela de renda considerada passiva.

Essa adequação das regras brasileiras poderia possibilitar uma maior integração econômica e jurídica do Brasil em blocos econômicos regionais, nos moldes da Comunidade Europeia.

Além disso, como mecanismo antielisão, para coibir empresas brasileiras que poderiam agir com abuso e se utilizar de estruturas artificiais para elidir ou postergar a tributação no Brasil de lucros efetivamente auferidos, entendemos que a legislação tributária brasileira já possui regras suficientes para combater tais práticas.

REFERÊNCIAS BIBLIOGRÁFICAS

BIANCO, João Francisco. *Transparência fiscal internacional.* São Paulo: Dialética, 2007.

BRASIL. Supremo Tribunal Federal. STF. Ação Direta de Inconstitucionalidade n. 2.588-1. Distrito Federal. Disponível em: <http//www.apet.org.br/jurisprudência/pdf/juri_29_10_07_1.pdf> Acesso em: 22 dez. 2008.

_____. Supremo Tribunal Federal. STF — RE 213.907-6-PE — 1ª Turma — Rel. Min. Ilmar Galvão — *DJU* 6.2.1998.

CALIENDO, Paulo. *Estabelecimentos permanentes em direito tributário internacional.* São Paulo: Revista dos Tribunais, 2005.

CAMPO, Cândido H. *Exportações* — incentivos fiscais e planejamento tributário. São Paulo: Quartier Latin, 2006.

CONSULTOR Jurídico. Ramos no Exterior. *Leia voto do Marco Aurélio sobre tributos de empresas no exterior.* Disponível em: <http//www.conjur.com.br/2006-set-29/leia_voto_marco_aurelio_tributos_empresas> Acesso em: 22 dez. 2008.

DERZI, Mizabel; NAVARRO, Sacha Calmon. A tributação dos lucros auferidos no exterior por subsidiárias, controladas e coligadas e os paraísos fiscais. In: ROCHA, Valdir de Oliveira (coord.). *Grandes questões atuais de direito tributário.* São Paulo: Dialética, 2005. v. 9.

ECKL, Petra. The tax regime for controlled foreign corporations. *European Taxation,* Amsterdam: IBFD, n. 1, p. 2, 2003.

ESTRADA, Roberto Duque. Tributação dos lucros de controladas e coligadas no exterior. A interpretação do conceito de "emprego" do art. 1º, § 2º, b, "4" da Lei n. 9.532/97. Análise da jurisprudência do CARF sobre a matéria. *Revista de Direito Tributário Internacional,* São Paulo: Quartier Latin, v. 9, p. 198, 2008.

FONTANA, Renata. O futuro incerto dos regimes de sociedade estrangeira controlada dos Estados-membros da União Europeia. Vários autores. *Revista de Direito Tributário Internacional,* São Paulo: Quartier Latin, ano 2, n. 4, p. 137, 2006.

GAVIN, Declan. *Worldwide tax view* — controlled foreign corporation regimes, dez. 2007. Disponível em: <http://www.bcasonline.org/articles/ artin.asp?742> Acesso em: 20 nov. 2008.

GENZBERGER, Christine. *An enclyclopedic view of doing business with Japan*. San Rafael: World Trade, 1994.

GRECO, Marco Aurélio. *Planejamento tributário*. São Paulo: Dialética, 2004.

JAPAN: inbound tax alert. 2007 Deloitte Touche Tohmatsu. Disponível em: <http://www.deloitte.com/dtt/cda/doc/content/InboundTaxAlert_nov07.pdf> Acesso em: 21 nov. 2008.

JORNAL Oficial da União Europeia. Pedido de decisão judicial. High court of justice, chancery division (Reino Unido). Interpretação dos arts. 43, 49 e 56. Disponível em: <http://eur-lex.europa.eu/LexUriServ/LexUriServdo?uri=OJ:C:2008:209:0013:0014:PT:PDF> Acesso em: 22 dez. 2008.

KPMG LLP (UK): Investment in UK. *KPMG LLP*, 13 out. 2006, p. 22-23; e Regulamento do imposto de renda do Reino Unido, baixado na internet (*Income and corporation taxes act 1988*). Disponível em: <http://www.opsi.gov.uk/acts/acts1988/Ukpga_19880001_en_1> Acesso em: 14, 15 e 16 nov. 2008.

KPMG U. S. *Master tax guide 2006*. Chicago: CCH Incorporated, 2005.

KPMG. *Investment in France*. Paris: Fidal Direction Internationale, 2005.

LANG, Michael *et al.* (coords.). *CFC legislation, tax treaties and EC law*. London: Kluwer, 2004.

LOTHAR, Lammersen; SCHWAGER, Robert. *The effective tax burden of companies in european regions* — an international comparison. Mannheim: Centre for European Research (ZEW), 2005.

MACHADO, Hugo de Brito. *Curso de direito tributário*. São Paulo: Malheiros, 2007.

MARTINS, Ives Gandra da Silva (coord.). *Comentários ao Código Tributário Nacional*. 3. ed. São Paulo: Saraiva, 2002. v. I.

NEVES, Tiago Cassiano *et al.* Estratégia de internacionalização e sociedades *holding* na Europa: aspectos práticos e comparativos. *Revista de Direito Tributário Internacional*, São Paulo: Quartier Latin, ano 1, n. 3, p. 294, 2006.

OCDE. Model tax convention 2003. *Materials on international and EC tax law*. Selecionado e editado por Kees van Raad. Leiden: International Tax Center Leiden, 2005. v. 1.

_____ . Commentary on art. 7º concerning the taxaxion of business profits. *Materials on international and EC tax law*. Selecionado e editado por Kees van Raad. Leiden: International Tax Center Leiden, 2005. v. 1.

_____ . Committee on fiscal affairs. *Model tax convention on income and on capital*. Condensed version 17 july 2008.

_____ . The update to the model tax convention. 22 july 2010. *Centre for Tax Policy and Administration*. Disponível em: <http://www.oecd.org/dataoecd/23/43/45689328.pdf>.

PANZARINI FILHO, Clóvis; RUSSO, Raffaele. A compatibilidade entre as regras de CFC e os tratados internacionais. Vários autores, *Revista de Direito Tributário Internacional*, São Paulo: Quartier Latin, ano 1, n. 3, p. 12, 2006.

REVISTA DE DIREITO TRIBUTÁRIO INTERNACIONAL, São Paulo: Quartier Latin, 2005-2009, v. 1-13.

ROCHA, Sérgio André *et al*. Gênese histórica do art. 98 do Código Tributário Nacional. *Revista de Direito Tributário Internacional*, São Paulo: Quartier Latin, ano 4, n. 12, p. 215--222, 2009.

ROCHA, Valdir de Oliveira (coord.). *Grandes questões atuais de direito tributário*. São Paulo: Dialética, 2005. v. 9-13.

RUST, Alexander. National report Germany. In: LANG, Michael *et al*. (coords.). *CFC legislation, tax treaties and EC law*. London: Kluwer, 2004.

SANTI, Eurico Marco Diniz de; ZILVETI, Fernando Aurélio (coords.). *Direito tributário*: tributação internacional. São Paulo: Saraiva, 2007. Série (GV Law).

SAUVANT, Karl *et al. Internacionalização de empresas brasileiras*. Rio de Janeiro: Elsevier, 2007.

SCHOUERI, Luís Eduardo. Aplicação concomitante da legislação de preços de transferência e da tributação do lucro em bases mundiais. In: TÔRRES, Heleno Taveira (coord.). *Direito tributário internacional aplicado*. São Paulo: Quartier Latin, 2006. v. III.

_____. Direito tributário internacional. Acordos de bitributação. Imposto de renda: lucros auferidos por controladas e coligadas no exterior. Disponibilidade. Efeitos do art. 74 da Medida Provisória n. 2.158-35. In: SCHOUERI, Luis Eduardo *et al*. (coords.). *Direito tributário atual*. São Paulo: IBDT/Dialética, 2001. v. 16, p. 161-209.

SILVA, De Plácido e. *Vocabulário jurídico*. Rio de Janeiro: Forense, 2001.

SILVA, Eyvani Antonio da. Direito tributário internacional e globalização — dupla tributação — elementos de conexão. In: BRITO, Edvaldo; ROSAS, Roberto (coords.). *Dimensão jurídica do tributo* — homenagem ao professor Dejalma de Campos. São Paulo: Meio Jurídico, 2003.

SILVA, Sérgio André R. G. da. *Integração econômica e harmonização da legislação tributária*. Rio de Janeiro: Lumen Juris, 2003.

SILVERA, Rodrigo Maitto da. *Aplicação de tratados internacionais contra bitributação* — qualificação de *partnership joint ventures*. São Paulo: Quartier Latin, 2006. v. 1 (Série Doutrina Tributária).

STRENGER, Irineu. *Direito do comércio internacional e* lex mercatoria. São Paulo: LTr, 1996.

TÔRRES, Heleno Taveira (coord.). *Comércio internacional e tributação*. São Paulo: Quartier Latin, 2005.

_____. (coord.). *Direito tributário internacional aplicado*. São Paulo: Quartier Latin, 2004. v. I.

_____. (coord.). *Direito tributário internacional aplicado*. São Paulo: Quartier Latin, 2005. v. II.

_____. (coord.). *Direito tributário internacional aplicado*. São Paulo: Quartier Latin, 2006. v. III.

_____. (coord.). *Direito tributário internacional aplicado*. São Paulo: Quartier Latin, 2007. v. IV.

_____. (coord.). *Direito tributário internacional aplicado*. São Paulo: Quartier Latin, 2008. v. V.

_____. *Direito tributário internacional*. São Paulo: Revista dos Tribunais, 2001.

_____. *Pluritributação internacional sobre rendas de empresas*. São Paulo: Revista dos Tribunais, 2001.

_____. Lucros auferidos por meio de controladas e coligadas no exterior. In: TÔRRES, Heleno (coord.). *Direito tributário internacional aplicado*. São Paulo: Quartier Latin, 2003. v. 1.

UCKMAR, Victor. I trattati internazionali in materia tributaria. Corso di diritto tributário internazionale. In: TAVOLARO, Agostinho Tafolli. *O princípio da fonte no direito tributário internacional atual*. Disponível em: <http://www.tavolaroadvogados.com/doutrina/cs453.pdf> Acesso em: 5 jun. 2008.

UTUMI, Ana Cláudia Akie. O não residente na legislação do imposto de renda. In: TÔRRES, Heleno (coord.). *Direito tributário internacional aplicado*. São Paulo: Quartier Latin, 2006. v. V.

XAVIER, Alberto. *Direito tributário internacional do Brasil*. Rio de Janeiro: Forense, 2004. 3. tir. 2007.

WALLACE, Cynthia Day. *The multinational enterprise and legal control*: host state sovereignty in an era of economic globalization. Haia: Martinus Nijhoff, 2002.

ZORATTO, Laura de Castro. *Mecanismos de solução de controvérsias no Nafta e no Mercosul*: lógicas determinantes e seus reflexos sobre as relações entre estado e empresa. Dissertação (Mestrado). Pontifícia Universidade Católica do Rio de Janeiro. Instituto de Relações Internacionais, 2004.